Rosa-Maria Dallapiazza,

Eduard von Jan, Til Schönherr

TANGRAM 1
Deutsch als Fremdsprache

Arbeitsbuch

Max Hueber Verlag

Beratung:
Ina Alke, Beate Blüggel, Roland Fischer, Franziska Fuchs,
Helga Heinicke-Krabbe, Dieter Maenner, Gary McAllen,
Angelika Wohlleben

Phonetische Beratung:
Evelyn Frey

Grammatische Beratung:
Andreas Tomaszewski

Beratung für die Eurobearbeitung:
Ulrike Ernst, Sabine Götzfried

5.   4.   3.   Die letzten Ziffern
2010   09   08   07   06   bezeichnen Zahl und Jahr des Druckes.
Alle Drucke dieser Auflage können, da unverändert,
nebeneinander benutzt werden.
2. Auflage 2003
© 1998 Max Hueber Verlag, 85737 Ismaning, Deutschland
Zeichnungen: ofczarek!
Verlagsredaktion: Silke Hilpert, Werner Bönzli
Lithographie: Agentur Langbein Wullenkord
Druck: Schoder Druck, Gersthofen
Bindung: Ludwig Auer GmbH, Donauwörth
Printed in Germany
ISBN 3-19-011583-4

Inhalt

Inhalt

Inhalt

Piktogramme

Text auf Kassette und CD mit Haltepunkt
Die Transkriptionen der Texte zum Arbeitsbuch befinden sich in den Einlegern der Kassetten und CDs.

Schreiben

Wörterbuch

Hinweis aufs Kursbuch

Regel

Hallo! Wie geht's?

A

Willkommen!

A 1

Ergänzen Sie die Sätze.

| Dan- | dan- | geht | -gen | ~~Gu~~ | Gu- | ~~Gut~~ | Hal- | Ih- | -ke |
| | -ke | -lo | ~~Mor~~ | -nen | Tag | ~~ten~~ | -ten | wie | |

● *Guten* _____ *Mor* _____ .

■ _____ _____ .

● Wie _____ es _____ ?

■ *Gut* _____ , _____ .

▲ _____ , _____ geht's?

▼ _____ , gut.

A 2

Sortieren Sie die Dialoge.

Wie geht´s? ◆ *Entschuldigung, sind Sie Frau Yoshimoto?* ◆ *Wie geht es Ihnen?* ◆ *Gut, danke.* ◆
Hallo, Lisa! Hallo, Peter! ◆ *Danke, gut.* ◆ *Hallo, Nikos!* ◆ *Guten Tag, mein Name ist Bauer.* ◆
Ja. ◆ *Ah, Frau Bauer! Guten Tag.*

● _____

■ _____

▲ _____

■ _____

● _____

■ _____

● _____

■ _____

● _____

■ _____

A 3

Was „sagen" die Leute? Hören und markieren Sie.

1	☐ Guten Morgen.	3	☐ Gut, danke.	5	☐ Wie geht's?
	☐ Guten Tag.		☐ Danke, gut.		☐ Wie geht es Ihnen?
2	☐ Guten Tag.	4	☐ Auch gut, danke.	6	☐ Und Ihnen?
	☐ Hallo.		☐ Gut, danke.		☐ Wie geht es Ihnen?

Schreiben Sie jetzt den Dialog.   *Guten Morgen. . . .*

Hören und vergleichen Sie.

Und wie ist Ihr Name?

B 1

Ergänzen Sie die Namen.

Doris Meier: *Mein Familienname ist* _Meier_ .

Mein Vorname ist _____ .

Julia Meier: *Mein Familienname ist auch* _____ .

Aber mein Vorname _____ .

Und Sie? _____

(Vorname)

_____

(Familienname)

KURSB
B 3-E

B 2

1/2

Hören und markieren Sie.

Dialog	Bild	per du	per Sie
1 (eins)	*A*	X	X
2 (zwei)			
3 (drei)			

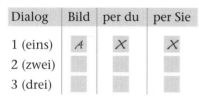

● *Dialog eins ist Bild ...* A   B   C

B 3

Per du oder per Sie? Sortieren Sie die Bilder.

Tobias, ...   *Aber Mama, ...*

A   B   C   D

Entschuldigung, ...

E   F   G   H

● per du _A,_ _____   per Sie _____

KURSB
B 5

B 4

Frage oder Antwort? Ergänzen Sie „?" oder „ ."

● Wie heißen Sie ?   ■ Mein Name ist Raab .

▲ Ich heiße Weininger   Und Sie   ▼ Spät, Udo Spät

◆ Ich heiße Daniel   Und wie heißt du   ○ Eva

B 5

Bilden Sie Sätze und markieren Sie die Verben.

Sie / Wie / heißen / ? _____

Yoshimoto / Mein Name / ist / . _Mein Name_ ⟩_ist_⟨ _Yoshimoto._ _____

du / Wie / heißt / ? _____

heiße / Ich / Nikos / . _____

Werner Raab / Ich / heiße / . _____

W-Fragen und Aussagen: Das _____ steht auf Position 2.

KURSBUCH C 1

C

C 1

Woher kommen Sie?

Wie heißen die Länder?

Öster-land	Frank-land	Chi-reich	Eng-da	Argenti-lien
Deutsch-ei	Brasi-chen	Austra-reich	Türk-na	Schweiz-land
Kana-lien	Ja-nien	Grie-pan		

Österreich, ... _____

_____

_____

KURSBUCH C 2-C 3

C 2

Schreiben Sie zwei Dialoge.

1
KommstduausÖsterreichNeinichkommeausderSch
weizUndduWoherkommstduIchkommeausKanada
ausToronto

2
WoherkommenSieIchkommeausFrankreichUndSieKo
mmenSieausDeutschlandJaausKöln

1 ● _Kommst du aus Österreich?_   2 ▲ _____

■ _Nein,_ _____   ▼ _____

_____   _____

● _____   ▲ _____

_____   _____

Markieren Sie die Akzente. Dann hören und vergleichen Sie.

1/3

KURSBUCH C 4-C 7

C 3

Suchen Sie die Wörter und ergänzen Sie die Buchstaben.

```
W Y H C N H F L S
Ü W A S B E R U F
P O L E N I A L L
N A L N V ß U E A
A K O M M E N H N
M K E L L N E R D
E G U T Ü R K E I
W I E W O H E R R
T D A N K E D P T
```

- Be**r**u**f**
- Fr**a**u
- H**a**ll**o**
- H**e**rr
- k**o**mm**e**n
- L**e**hr**e**r
- P**o**l**e**n
- W**a**s
- W**o**h**e**r

- d**a**nk**e**
- g**u**t
- h**e**i**ß**en
- K**e**lln**e**r
- L**a**nd
- N**a**m**e**
- T**ü**rke
- W**ie**

Sortieren Sie die Wörter.

Hallo	Name	Land	Beruf
wie	Frau	kommen	Lehrer
danke	Herr	Pollen	was
gut	heißen	woher	Kellner
		Türke	

C 4

„Frau ..." oder „Herr ..."? Ergänzen Sie die Namen.

Calvino (Fahrer / Italien)	Jablońska (Ärztin / Polen)
Hahn (Polizistin / Frankfurt)	Palikaris (Student / Griechenland)
Márquez (Friseur / Spanien)	Wang (Ingenieurin / China)
Born (Pilot / Hamburg)	Kahlo (Verkäuferin / Mexiko)

sales person

Frau ...

Frau Hahn
Frau Márquez
Jablónska
Wang
Kahlo

Herr ...

Herr Calvino
Herr Born
Palikaris

C 5

Fragen und antworten Sie.

● Woher kommt Herr Born?   ■ Aus Hamburg.

▲ Was ist Frau Wang von Beruf?   ▼ Frau ist Ingenieurin.

● Wie heißt der Fahrer?   ◆ ...Márquez ist Friseur

C 6

Schreiben Sie bitte.

Herr Calvino kommt aus Italien. Er ist Fahrer von Beruf.

Frau Hahn _____

_____

_____

_____

_____

Ich heiße _____   *Ich komme aus* _____

Ich bin _____   *von Beruf.* _____

KURSBUCH C 8–C 10

C 7

Markieren Sie die Verben und antworten Sie.

Wie ⟩heißt⟨ du? _____ .

Sind Sie Herr Spät?   *Nein, mein Name ist* _____ .

Woher kommst du? _____ .

Kommen Sie aus Kanada? _____ .

Was sind Sie von Beruf? _____ .

Bist du Pilot von Beruf? _____ .

> Ja/Nein-Frage: Das _____ steht auf Position 1.
> W-Frage: _____ .

C 8 1/4

Was hören Sie: ↗ oder ↘? Ergänzen Sie ↗ oder ↘.

1 Wie ist Ihr Name? ↘

2 Ich heiße Sandra Bauer. ↓

3 Sind Sie Frau Beckmann? ↗

4 Nein, mein Name ist Bauer. ↗

5 Wie heißt du?

6 Sandra. Und du?

7 Woher kommen Sie? ↘

8 Kommen Sie aus Brasilien? ↗

9 Was sind Sie von Beruf?

10 Sind Sie Ingenieurin?

11 Wie geht es Ihnen?

12 Danke, gut. Und Ihnen?

> W-Fragen und Aussagen: _____
> Ja/Nein-Fragen und Rückfragen („Und du?" „Und Ihnen?" „Wie bitte?"): _____

KURSBUCH C 11

To count

Zahlen

D 1

Schreiben Sie bitte oder üben Sie zu zweit.

Sie sind in Deutschland. Wie ist die Vorwahl von ... ?   *to 10 49*

- ● *Entschuldigung, wie ist die Vorwahl von England?*
  - ■ *(Die Vorwahl ist) null-null-vier-vier.*
- ● *Wie ist ...*
  - ■ *...*

Sie sind in ...

Wie ist die Vorwahl von Deutschland?

	A	**B**	**CH**	**D**	**DK**	**E**	**F**	**GB**	**I**	**USA**
A Österreich	–	0032	050	060	0045	0034	0033	0044	0	001
B Belgien	0043	–	0041	0049	0045	0034	0033	0044	040	001
CH Schweiz	0043	0032	–	0049	0045	0034	0033	0044	0039	001
D Deutschland	0043	0032	0041	–	0045	0034	0033	0044	0039	001
DK Dänemark	00943	00932	00941	00949	–	0034	0033	0044	0039	001
E Spanien	0743	0732	0741	0749	0745	00934	00933	00944	00939	0091
F Frankreich	1943	1932	1941	1949	1945	1934	0733	0744	0739	071
GB Grossbritannien	01043	01032	01041	01049	01045	01034	01033	1944	1939	191
I Italien	0043	0032	0041	0049	0045	0034	01033	–	01039	0101
USA USA	01143	01132	02241	01149	01146	01134	01133	0044	01144	01139	–

INTERNATIONALE TELEFONVORWAHLEN

ALLE ANGABEN OHNE GEWÄHR

D 2

Zahlenrätsel   *puzzle*

KURSBUC
D 3-D

```
5    f ü n f
11     e l f
43   d r e i u n d v i e r z i g
20  z w a n z i g
16   s e c h z e h n
6    s e c h s
19   n e u n z e h n
80  a c h t z i g
```

Word Solution

Lösungswort:

```
F L U G Z E U G
```
air craft

D 3
1/5

Was hören Sie? Markieren Sie.

1	2	3	13	5	15	7	17	9	19	11	67
	3		30		50		70		90		76

2	12	4	14	6	16	8	18	10	34	12	89
	20		40		60		80		43		98

KURSBU
D 5

D 4
1/6

Hören Sie und markieren Sie Ralfs Lottozahlen.

D 5
1/7

Hören und ergänzen Sie.

Die Gewinnzahlen lauten

Gewinnzahlen

Zusatzzahl

Superzahl

Ralf hat nur ___ richtige Zahlen.
Gewinn: 0 €.

Nicht traurig sein, Ralf!

KURSB
E 1-E

Zwischen den Zeilen

E 1

Wie sagen die Leute die Telefonnummern? Hören Sie und markieren Sie.

Entschuldigung, ist da nicht 45 61 23?

Nein, hier ist 4-5-6-1-2-3.

1 Meine Telefonnummer ist
X a) 33   44   76
b) 3- 3- 4- 4- 7- 6

2 Er hat die Telefonnummer
a) 2- 8- 3   5- 6   4- 1
X b) 2- 8   3- 5   6- 4- 1
zwo-acht

3 Turngemeinde Bornheim – das ist die
a) 4- 5- 3   4- 9- 0
X b) 45   34   90

4 Restaurant „Waldschänke":
X a) 0- 6- 1- 8- 3   4- 2- 0   3- 5- 9
b) 0   61   83   42   0 3   59

4-2-7 oder 4-3-7?

5 Die gewünschte Rufnummer lautet
X a) 0- 2- 3- 7- 1   2- 5- 3- 9- 5- 9- 4
b) 0- 2- 3- 7- 1   2- 5- 3   9- 5   9- 4

Am Telefon: zwo = zwei

E 2

Wie sagen Sie Ihre Telefonnummer? Schreiben Sie.

 0 6 0 7 1 / 3 4 5 6 2 8
(Vorwahl)   (Telefonnummer)

= null-sechs-null-sieben-<u>eins</u> ↗ drei-vier-<u>fünf</u> ↗ sechs-zwo-<u>acht</u>. ↘

oder null-sechs-null-sieben-<u>eins</u> ↗ drei-<u>vier</u> ↗ fünf-<u>sechs</u> ↗ zwo-<u>acht</u>. ↘

oder null-<u>sechzig</u>-<u>ein</u>undsiebzig ↗ <u>vier</u>unddreißig ↗ <u>sechs</u>undfünfzig ↗ <u>acht</u>undzwanzig ↘

 _____
(Vorwahl)   (Telefonnummer)

= _____
(Vorwahl   (Telefonnummer)

KURSBUCH
F

Der Ton macht die Musik

Hören Sie und sprechen Sie nach.

Vokale = **a**, **e**, **i**, **o**, **u**
Der Ton macht die Musik

a	da	Tag	ja	Japan	Kanada
e	der	er	es	geht	zehn
i	wie	Sie	dir	bin	bitte
o	von	Ton	wo	oder	Pilot
u	du	und	gut	zum	Beruf

Ergänzen Sie die Vokale.

H__ll__	d__nke	d__s	N__me	m__cht	d__e
__st	w__h__r	k__mmen	w__s	s__nd	__hnen
h__er	__ch	F__hrer	L__fth__ns__	__ntsch__ldig__ng	
r__cht__g	Fl__gsteig	M__rgen	j__tzt	__lle	

 Jetzt hören und vergleichen Sie.

Hören Sie und sprechen Sie nach.

Wie ist Ihr Name?
…
Wie bitte?
…

Woher kommen Sie?
…
Woher?
…

Was sind Sie von Beruf?
…
Ah ja.

Wie geht es Ihnen?
…
Auch gut, danke.

Ergänzen Sie den Dialog und üben Sie zu zweit.

Hören und sprechen Sie.

Hallo, wie geht's. Wie geht es dir?
Wie heißt du? Woher kommst du? Oder bist du von hier?

Guten Tag. Mein Name ist Kanada.
Ich bin Fahrer von Beruf, bei der Lufthansa.

Hallo. Ich bin Yoko Yoshimoto.
Ich komme aus Japan, aus Kyoto.

Entschuldigung, mein Name ist Behn.
Bin ich hier richtig? Ist hier Flugsteig zehn?

Guten Morgen, Herr Behn. Jetzt sind alle da.
Jetzt bitte zum Check-In der Lufthansa.

Üben Sie zu zweit oder zu dritt.

Deutsche Wörter – deutsche Wörter?

G 1 Was passt? Ergänzen Sie die Sprache(n).

Arabisch ◆ Chinesisch ◆ Englisch ◆ Französisch ◆ Griechisch ◆ Italienisch ◆
Deutsch ◆ Polnisch ◆ Portugiesisch ◆ Suaheli ◆ Spanisch ◆ Türkisch ◆ ...

Brasilien		*Ungarn*	*Ungarnisch*
China	*Chinesisch*	Marokko	
Deutschland	*Deutsch*	Österreich	*Österreichisch*
Frankreich	*Französisch*	Portugal	*Portugiesisch*
Griechenland	*Griechisch*	Polen	*Polnisch*
Italien	*Italienisch*	Schweiz	
Kanada	*Englisch Französisch*	Spanien	*Spanisch*
Kenia	*Suaheli, Englisch*	Türkei	*Türkisch*
		...	
		Russland – Russisch	

Ihr Land: *USA*

Ihre Sprache: *Englisch*

🎧 1/13 Hören Sie, sprechen Sie nach und vergleichen Sie.

KURSBUCH
G1-G4

G 2 Kennen Sie das Wort? Wie heißt das Wort in Ihrer Sprache?

	Meine Sprache:	Bild
der Kindergarten	*C*	C
das (Sauer)Kraut	*F*	F
das Schnitzel		B
der Zickzack	*zigzag*	D
der Walzer		A
das Bier		E

Sortieren Sie die Wörter.

Flughafen ◆ Nummer ◆ Name ◆ Beruf ◆ ~~Zahl~~ ◆ ~~Text~~ ◆ Rätsel ◆ Wort ◆ Taxi ◆ Pass ◆
Information ◆ Frage ◆ Übung ◆ Land ◆ ~~Telefon~~

der Artikel

die	der	das
die Zahl	*der Text*	*das Telefon*

Zahl *die*; -, -*en*; **1** ein Element des Systems, mit dem man rechnen, zählen u. messen kann ⟨e-e einstellige, zweistellige *usw*, mehrstellige Z.; eine hohe, große, niedrige, kleine Z.⟩: *die Zahl 1; die Zahlen von 1 bis 100* ‖ K-: **Zahlen-, -angabe, -folge, -kolonne, -kombination, -lotterie, -reihe, -symbolik, -sy-**

Zahl ⟨f. 20⟩ **1** *der Mengenbestimmung dienende, durch Zählen gewonnene Größe; Menge, Gruppe, Anzahl* **2** die ~ Neun; die ~ der **Mitglieder**, Zuschauer **3** eine ~ **abrunden**, aufrunden; ~en ad**dieren**, subtrahieren **4** arabische, römi-

Text *der*; -(*e*)*s*, -*e*; **1** e-e Folge von Sätzen, die miteinander in Zusammenhang stehen ‖ K-: **Text-, -ausgabe, -buch, -stelle, -teil, -vergleich, -vorlage 2** die Worte, die zu e-m Musikstück gehören ⟨der T. e-s Liedes⟩ ‖ ID **Weiter im T.!** mach weiter!

Text I ⟨m. 1⟩ **1** *Wortlaut (z. B. eines Vortrags, einer Bühnenrolle, eines Telegramms); Unterschrift (zu Abbildungen, Karten usw.); Worte, Dichtung (zu Musikstücken; Opern ~, Lieder ~); Bibelstelle als Grundlage für eine Predigt* **2** einen ~ (auswendig) **lernen**, lesen **3** ein

Te·le·fon [ˈteːlefoːn, teleˈfoːn] *das*; -*s*, -*e*; ein Apparat (mit Mikrophon u. Hörer), mit dem man mit anderen Personen sprechen kann, auch wenn diese sehr weit weg sind; *Abk* Tel. ⟨ein T. einrichten, benutzen, ans T. gehen; das T. läutet; ein öffentliches T.⟩

Te·le·fon ⟨n. 11⟩ ■ *Fernsprecher* [zu *grch. tele* „fern, weit" + *phone* „Stimme"]
Te·le·fon·an·ruf ⟨m.⟩ *Anruf mittels Telefons*, ⟨meist kurz⟩ *Anruf*
Te·le·fo·nat ⟨n. 11⟩ *Telefongespräch, Anruf*

f → die	m → der	n → das

Woher und wohin?

Sortieren Sie die Dialogteile und schreiben Sie 2 Dialoge.

● *Entschuldigung, ich suche Olympic Airways.*

● *Guten Tag. Ich möchte bitte ein Ticket nach Athen.*

● *Weininger, Max Weininger.*

● *B 46. Danke. Auf Wiedersehen.*

● *Danke.*

■ *Athen, kein Problem. Und wie ist Ihr Name, bitte?*

■ *… So, Ihr Ticket, Herr Weininger. Gehen Sie bitte gleich zu B 46.*

■ *Auf Wiedersehen und guten Flug.*

▲ *Halle B, Schalter 55.*

1 ○ Entschuldigung, ich suche Olympic Airways.
△ …
○ …

2 ○ Guten Tag. …
□ …

Hören und vergleichen Sie.

Ergänzen Sie Name, Land … Dann hören und sprechen Sie.

Sie sind am Flughafen und warten auf Ihren Flug nach Stockholm.
Ein Passagier spricht Sie an. Hören Sie und wiederholen Sie die Antworten.

▲ *Achtung bitte, alle Fluggäste gebucht auf Lufthansa-Flug 47-0-2 nach Madrid werden umgehend zu Flugsteig B 38 gebeten. All passengers booked for Lufthansa flight 4-7-0-2 to Madrid …*

● *Entschuldigung, ist das der Flug nach Athen?*

■ *Nein, das ist der Flug nach Madrid.*

Wiederholen Sie bitte.

…

Familienname:
Vorname:
Land:
Beruf:
Abflug: *Flug LH 3072 nach Stockholm*

Complete you *course information*

Ergänzen Sie die Kurzinformation.

Der Flughafen Frankfurt am Main

In Frankfurt gibt es seit 1936 einen Flughafen. Von hier flogen die Zeppeline in die USA und nach Südamerika, zum Beispiel die Luftschiffe „Graf Zeppelin" und „Hindenburg".

daily

Heute ist der Frankfurter Flughafen ein internationaler Verkehrsknotenpunkt. Täglich starten und landen etwa 1 253 Flugzeuge. Mehr als 135 000 Passagiere besuchen jeden Tag den Flughafen, das sind etwa 50 Millionen pro Jahr. Und die Zahl der Passagiere steigt weiter: Für das Jahr 2015 rechnet man erstmals mit 81 Millionen Fluggästen.

Doch der Frankfurter Flughafen ist nicht nur internationaler Verkehrsknotenpunkt, durch seine zentrale Lage verbindet er auch die wichtigsten Städte Deutschlands: Täglich gehen mehrere Flüge nach Hamburg, Bremen, Köln/Bonn, Stuttgart, Nürnberg, München, Berlin, Hannover, Münster, Leipzig, Dresden und Rostock. Mit der S-Bahn ist der Flughafen auch ohne Auto schnell zu erreichen: Bis zum Frankfurter Hauptbahnhof sind es nur 12 Minuten.

Mit über 460 Firmen und Behörden ist der Frankfurter Flughafen so groß

wie eine Stadt und zugleich Deutschlands größter Arbeitgeber: Hier arbeiten nicht nur Piloten und Flugbegleiterinnen, sondern auch Polizisten, Verkäufer, Fahrer, Kellner, Techniker und viele andere – insgesamt mehr als 62 000 Menschen.

Und die Zukunft? „Ein Flughafen wird niemals fertig", sagen die Planer und Ingenieure. Geplant ist eine neue Landebahn im Nordwesten des Flughafens.

Flughafen - Kurzinformation

opening year

Eröffnungsjahr: 1936

Luftschiffverkehr in die Zeppelin *und* Hindenburg

shipping traffic

Internationaler Großflughafen

täglich 1253 *Starts / Landungen*

und 135,000 *Passagiere*

Prognose: im Jahr 2015

81 Millionen *Passagiere*

Combination link

Verbindung zu _____ *Städten*

in Deutschland

nur 12 *S-Bahn-Minuten zur City*

Deutschlands größter Arbeitgeber

_____ *Firmen und Behörden*

_____ *Arbeitsplätze*

Pläne für die Zukunft:

eine neue _____

Kurz & bündig

Frage	**Antwort**

per Sie   *Guten Tag.* _____   _____

per du   *Hallo! Wie geht´s?* _____   _____

Name:

per Sie   *Wie* _____   _____

per du   _____   _____

Land:

per Sie   *Woher* _____   _____

per du   _____   _____

Beruf:

per Sie   *Was* _____   _____

per du   _____   _____

Verben

Welche Verben kennen Sie schon?

heißen, _____

Wo steht das Verb?

W-Fragen: Das Verb steht auf Position _____

Beispiel: _____

Aussage (Antworten):   Das Verb steht auf Position _____

Beispiel: _____

Ja- / Nein-Fragen: Das Verb steht auf Position _____

Beispiel: _____

Die Artikel

die	der	das
die Nummer	*der Name*	*das Foto*
_____	_____	_____
_____	_____	_____
_____	_____	_____

Die Zahlen

0 _____		
1 _eins_	11 _____	21 _____
2 _____	12 _____	32 _____
3 _____	13 _____	43 _____
4 _____	14 _____	54 _____
5 _____	15 _____	65 _____
6 _____	16 _____	76 _____
7 _____	17 _____	87 _____
8 _____	18 _____	98 _____
9 _____	19 _____	99 _____
10 _____	20 _____	100 _____

Der Wortakzent

●●	●●	●●●		
danke	_Beruf_	_Französisch_		

Interessante Wörter und Ausdrücke

_____

_____

_____

Ich spreche _____
und etwas Deutsch.

Auf Wiedersehen!

per Sie   _Auf Wiedersehen!_ _____

per du   _____

Begegnungen

A

Zahlen & Buchstaben

A 1

Sprechen und schreiben Sie diese Zahlen.

16	*sechzehn*	134	*(ein)hundertvierunddreißig*
17		277	
60		391	
66		409	
70		615	
98		856	

 Hören und vergleichen Sie.

A 2

Was ist das? Hören Sie und verbinden Sie die Zahlen.

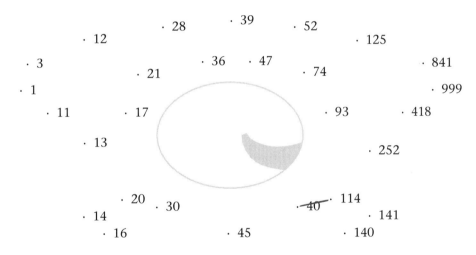

· 28   · 39   · 52
· 12   · 125
· 3   · 36   · 47   · 841
· 21   · 74
· 1   · 999
· 11   · 17   · 93   · 418
· 13   · 252
· 20   · 114
· 14   · 30   40   · 141
· 16   · 45   · 140

Das ist ein _____

Ergänzen Sie.

in Deutschland

in meinem Land

Wählton
Die Leitung ist frei.
Ich wähle eine Nummer.

Besetzt-Ton
Die Leitung ist nicht frei.
Ich telefoniere später noch einmal.

Rufton
Das Telefon klingelt.
Ist er/sie zu Hause?

Deutsche Zahlen

Die Deutschen lieben kleine Zahlen.

> Wie bitte?

Ja. Die Deutschen lieben kleine Zahlen. Sie schreiben Zahlen ganz normal, aber sie sprechen Zahlen anders.

> Wieso?

Sieben-und-achtzig

Zum Beispiel die Zahl **87**. Also 80 und 7. Die Deutschen sagen erst „**sieben**", dann sehen sie den Fehler und sagen noch schnell: „und achtzig", also: „**sieben**undachtzig".

> Aha.

Drei-und-zwanzig

Oder die Zahl **23**. Also 20 und 3. Die Deutschen sagen erst „**drei**" und dann schnell „und zwanzig" – „**drei**undzwanzig". Die Zahlen 1 bis 9 sind nie am Ende.

> Komisch. Stimmt das immer?

Na ja, sie sagen nicht „einszehn" und „zweizehn", sondern „elf" und „zwölf". Und bei 13 bis 19 vergessen sie das „und". Aber sonst stimmt es immer.

A 4

Was passt zusammen? Ergänzen Sie.

~~ADAC~~ ◆ DGB ◆ EU ◆ FAZ ◆ ICE ◆ KFZ ◆ VHS ◆ VW ◆ ZDF

ADAC   der **A**llgemeine **D**eutsche **A**utomobil-**C**lub

_____ die **F**rankfurter **A**llgemeine **Z**eitung

_____ der **I**nter **C**ity **E**xpress

_____ das **K**raft**f**ahr**z**eug (= Auto)

_____ das **Z**weite **D**eutsche **F**ernsehen

_____ der **D**eutsche **G**ewerkschafts**b**und

_____ die **V**olks**h**och**s**chule

_____ die **E**uropäische **U**nion

_____ der **V**olks**w**agen

Lerntipp:

Bei Abkürzungen mit Buchstaben ist der Akzent fast immer am Ende.

Lesen Sie diese Abkürzungen laut.

ADA<u>C</u>   DG<u>B</u>   E<u>U</u>   FA<u>Z</u>   IC<u>E</u>   KF<u>Z</u>   VH<u>S</u>   V<u>W</u>   ZD<u>F</u>

A 5

Buchstabieren Sie bitte.

● *Wie heißen Sie?*
■ *Polt.*
● *Wie schreibt man das? Buchstabieren Sie bitte.*
■ *P wie Paula, O wie Otto, L wie Ludwig, T wie Theodor. Polt.*

A	wie Anton	J	wie Julius	Sch	wie Schule
Ä	wie Ärger	K	wie Kaufmann	T	wie Theodor
B	wie Berta	L	wie Ludwig	U	wie Ulrich
C	wie Cäsar	M	wie Martha	Ü	wie Übermut
Ch	wie Charlotte	N	wie Nordpol	V	wie Viktor
D	wie Dora	O	wie Otto	W	wie Wilhelm
E	wie Emil	Ö	wie Ökonom	X	wie Xanthippe
F	wie Friedrich	P	wie Paula	Y	wie Ypsilon
G	wie Gustav	Q	wie Quelle	Z	wie Zeppelin
H	wie Heinrich	R	wie Richard		
I	wie Ida	S	wie Samuel		

Und Sie? Wie heißen Sie? _____

Wie schreibt man das? _____

A 6

Schreiben Sie die Buchstaben in Druckschrift.

Lieber Tobias,

leider kann ich nicht zur Party kommen. Ich bin wieder unterwegs: zwölf Tage quer durch Süd-amerika, dann vier Tage Japan. Kommen Max und Eva? Viele Grüße an alle, und alles Gut zum Geburtstag!

Deine Karin

A a __A, a__	H h _____	Ö ö _____	Ü ü _____
Ä ä _____	I i _____	P p _____	V v _____
B b _____	J j _____	Q q _____	W w _____
C c _____	K k _____	R r _____	X x _____
D d _____	L l _____	S s _____	Y y _____
E e _____	M m _____	ß _____	Z z _____
F f _____	N n _____	T t _____	
G g _____	O o _____	U u _____	

A 7

Wörter suchen

Sie suchen das Wort „Lied" in der Wortliste im Anhang.

Der 1. Buchstabe von „Lied" ist „L".
Sie suchen den Buchstaben „L"/„l" in der Wortliste.

```
...
Kursliste die, -n   16, 22, 59
kurz   14, 28, 42, 43, 56

L
lächeln   45, 47
lachen   45
Lampe die, -n   37, 20, 30
...
langweilig   32, 33, 34, 42
lassen   39
laut   27, 43, 46, 71, 76
leben   6, 59
Lebensmittel das, -   73
Ledersofa das, -s   31
...
lesen   2, 5, 6, 20, 30, 31,
letzte   50, 56, 62, 51
Leute die (nur Plural)   3, 6
Licht das (nur Sing.)   54, 6{
lieb   68
lieben   6
lieber   54, 56, 76
Lieblingsfarbe die, -n   47
Lied das, -er   22
liefern   AB 64
```

Hier ist der Buchstabe „L"/„l": alle Wörter hier beginnen mit „L"/„l".
Der 2. Buchstabe von „Lied" ist ein „i". Sie suchen „Li".
Hier ist „La" / „la" – also weiter!

Hier ist „Le"/„le" – also weiter!

Hier ist „Li" / „li"! Der 3. Buchstabe von „Lied" ist ein „e".
Sie suchen jetzt „Lie". Hier ist es schon.
Der 4. Buchstabe von „Lied" ist „d". Sie suchen jetzt „Lied".

Hier ist es! „Lied das, –er" heißt: „das Lied, Plural: die Lieder".

Suchen Sie die Wörter in der Wortliste im Anhang und ergänzen Sie.

	Singular	Plural
Adresse	*die Adresse*	*die Adressen*
Liste	_____	_____
Wohnung	_____	_____
Übung	_____	_____
Problem	_____	_____
Verein	_____	_____
Kind	_____	_____
Bild	_____	_____
Würstchen	_____	_____
Sessel	_____	_____
Zettel	_____	_____

A 8

1/19

Wo ist der Satzakzent? Hören und markieren Sie.

1 ☒ Wie <u>heißt</u> du?
   ☐ Wie heißt <u>du</u>?

2 ☐ <u>Wie</u> heißen Sie?
   ☐ Wie <u>hei</u>ßen Sie?

3 ☐ Wie ist Ihre Telefon<u>num</u>mer?
   ☐ Wie ist Tele<u>fon</u>nummer?

4 ☐ Wie ist deine A<u>dres</u>se?
   ☐ Wie ist deine A<u>dres</u>se?

5 ☐ Bitte <u>noch</u> einmal.
   ☐ Bitte noch <u>ein</u>mal.

6 ☐ Bitte <u>langsam</u>.
   ☐ Bitte lang<u>sam</u>.

7 ☐ <u>Wie</u> bitte?
   ☐ Wie <u>bit</u>te?

8 ☐ <u>Buch</u>stabieren Sie bitte.
   ☐ Buchsta<u>bie</u>ren Sie bitte.

9 ☐ Barbosa – wie <u>schreibt</u> man das?
   ☐ Barbosa – wie schreibt man <u>das</u>?

KURSBU
A 6-A

B

Ein Visum für Deutschland

B 1

Lesen Sie das Formular auf S. 19: Was passt? Markieren Sie bitte.

Frage	Nr.	Frage	Nr.
Wie heißen Sie?	☐	Was sind Sie von Beruf?	☐
Haben Sie noch andere Namen?	☐	Wann und wo sind Sie geboren?	☐
Wie ist Ihr Vorname?	*3*	Wie ist Ihre Adresse?	☐
Welche Staatsangehörigkeit haben Sie?	☐	Sind Sie verheiratet?	☐

Schreiben Sie die Antworten in das Formular.

ANTRAG AUF ERTEILUNG EINES VISUMS
APPLICATION FOR A VISA/FORMULAIRE DE DEMANDE DE VISA/IMPRESO DE SOLICITUD DE VISADO
Botschaft/Generalkonsulat der Bundesrepublik Deutschland

		Deutsch – Englisch Französisch – Spanisch

Bearbeitungsvermerke

1. NAME ....
   FAMILY NAME/NOM/APELLIDOS

2. SONSTIGE NAMEN ....
   (Geburtsname, alias, Pseudonym, vorherige Namen)
   OTHER NAMES (name given at birth, assumed name, previous names)
   AUTRES NOMS (nom à la naissance, alias, pseudonyme, noms portés antérieurement)
   OTROS APELLIDOS (apellidos de soltera, alias, pseudónimo, apellidos anteriores)

3. VORNAMEN ....
   GIVEN NAMES/PRENOMS/NOMBRES

4. GESCHLECHT   (M) ☐   (W) ☐
   SEX/SEXE/SEXO   (M)/(M)/(V)   (F)/(F)/(M)

5. GEBURTSDATUM UND -ORT ....
   DATE AND PLACE OF BIRTH/DATE ET LIEU DE NAISSANCE/
   FECHA Y LUGAR DE NACIMIENTO

6. GEBURTSLAND ....
   COUNTRY OF BIRTH/PAYS DE NAISSANCE/PAIS DE NACIMIENTO

7. STAATSANGEHÖRIGKEITEN ....
   NATIONALITY(IES)/NATIONALITE(S)/NACIONALIDAD(ES)

8. FAMILIENSTAND   ledig ☐   verheiratet ☐
   PERSONAL STATUS/SITUATION DE   single/célibataire   married/marié(e)
   FAMILLE/ESTADO CIVIL   soltero(a)   casado(a)

                         geschieden ☐   verwitwet ☐
                         divorced/divorcé(e)/divorciado(a)   widowed/veuf(ve)/viudo(a)

9. ANSCHRIFT ....
   ADDRESS/ADRESSE/DIRECCION

10. BERUF ....
    TRADE OR PROFESSION/PROFESSION/PROFESION

11. ARBEITGEBER ....
    EMPLOYER/EMPLOYEUR/EMPLEADOR

Lichtbild
neueren Datums

Recent
photograph

Photographie
récente

Fotografía
reciente

DATUM UND NUMMER DES
ANTRAGS:

BELEGE:

Aufenthaltsnachweis ☐
finanzielle Mittel ☐
Beförderungsausweis ☐
Unterkunft ☐
Rückkehrvisum ☐
Krankenversicherung ☐
weitere Belege

KURSBUCH
B 7

B 2

Vergleichen Sie die Leute und ergänzen Sie.

Anja Puhl
*1975 in Hamburg
Studentin
ledig, 1 Kind
deutsch

Antonio Musso
*1972 in Stuttgart
Ingenieur
verheiratet, 2 Kinder
italienisch

Oliver Puhl
*1972 in Hamburg
Ingenieur
verheiratet, –
deutsch

Ricarda Brandt,
geb. Musso
*1974 in Stuttgart
Flugbegleiterin
geschieden, –
italienisch

... haben ...   ◆   ... hat ...   ◆   ... sind ...   ◆   ... ist ...

1 _Anja und Oliver sind_ _____ in Hamburg geboren.
   _____ in Stuttgart geboren.

2 _____ Jahre alt, _____ Jahre alt,
   und Oliver und Antonio _____ Jahre alt.

3 _____ Studentin, _____ Flugbegleiterin,
   _____ Ingenieure.

4 _____ verheiratet, _____ nicht verheiratet.

5 _____ Kinder, _____ keine Kinder.

6 _____ die deutsche Staatsangehörigkeit,
   _____ die italienische Staatsangehörigkeit.

Ergänzen Sie den Dialog.

bin ◆ bist ◆ ist ◆ sind ◆ seid ◆ habe ◆ hast ◆ hat ◆ haben ◆ habt

1 _Anja_   „Wir ___sind___ in Hamburg geboren, Oliver 1972 und ich 1975.
              Und ihr? _____ ihr aus Italien?"

2 _____   „Nein, die Familie _____ aus Italien. Ricarda und ich _____ in Stuttgart
              geboren. Aber wir _____ die italienische Staatsangehörigkeit."

3 _____   „Antonio _____ Ingenieur, ich _____ Flugbegleiterin bei der Lufthansa.
              Was _____ ihr von Beruf?"

4 _____   „Ich _____ Studentin. Oliver _____ auch Ingenieur."

5 _____   „Auch Ingenieur? Und auch 1972 geboren! _____ du verheiratet, Oliver?
              _____ du Kinder?"

6 _____   „Ja, ich _____ verheiratet, aber ich _____ keine Kinder.
              Anja _____ ein Kind. Und ihr? _____ ihr Kinder?"

7 _____   „Antonio _____ verheiratet und _____ zwei Kinder.
              Ich _____ geschieden. Und ich _____ keine Kinder."

Wer sagt was? Ergänzen Sie die Namen.

Hören und antworten Sie.

Hören und antworten Sie. Sprechen Sie schnell und undeutlich.
Die Leute verstehen nicht gut und fragen „Wie bitte?".
Wiederholen Sie dann noch einmal langsam und deutlich.

Beispiel:

● *Ihr Name, bitte.*
■ *Ich heiße Müller-Thurgau.*
● *Wie bitte?*
■ *M ü l l e r - T h u r g a u .*
● *Ah, Müller-Thurgau. Danke.*

Beispiel	Name:	Müller-Thurgau			
1	Frau Dr. Krüger:	310 74 53	9	Ihr Name:	???
2	Meldestelle:	Ludwigstr. 28	10	Ihr(e) Vorname(n):	???
3	Herr Obutu:	aus Nigeria	11	Ihr Land:	???
4	Herr Schnelle:	Taxifahrer	12	Ihr Beruf:	???
5	Frau Schneider:	* 1949 in Hannover	13	Ihr Familienstand:	???
6	Herr Wecker:	Konstantin	14	Ihre Adresse:	???
7	Frau Schmidt:	verheiratet, 3 Kinder			
8	Herr Haufiku:	namibisch und britisch			

C

Die Eröffnung

C 1

Ergänzen Sie die Verben.

geht ◆ kommst ◆ ~~kommen~~ ◆ gehe ◆ arbeitet

DIE DISKO IN MÜNCHEN
HipHop Ludwigstraße 212, München Schwabing, Tel.: 233 29 46
V.i.S.d.P. Karsten Wecker

Markus und Peter _kommen_ immer zusammen ins HipHop.

Jasmin _____ nie vor 2 nach Hause. Auch ich _____

oft ins HipHop. Und sie _____ im HipHop. Wann _____

du ins HipHop?

C 2

Unterstreichen Sie die Verb-Endungen.

Ich spiele ...
Du spielst ...
Er spielt ...
Sie spielt ...
Wir spielen ...
Ihr spielt ...
Alle spielen ...

TANGRAM
Das Spiel für Kreative
Das Spiel für dich?

Moment mal! Ich lerne doch Deutsch mit Tangram! ...

C 3

Jetzt schreiben Sie eine Werbung.

Ich gehe ins Alabama.
Du _____

_____

_____

Alle _____ *ins Alabama.*

Wann _____ *Sie?*

Ergänzen Sie die Verb-Endungen und die Regeln.

Subjekt	kommen	gehen	spielen	arbeiten
ich	komm___	geh___	spiel___	arbeit___
du	komm___	geh___	spiel___	arbeite___
er/sie/es	komm___	geh___	spiel___	arbeite___
wir	komm___	geh___	spiel___	arbeit___
ihr	komm___	geh___	spiel___	arbeite___
sie	komm___	geh___	spiel___	arbeit___

Höflichkeitsform

Sie	komm___	geh___	spiel___	arbeit___

Diese Zeitform nennt man Präsens.

1 Das Subjekt bestimmt die _____ .

2 Im Präsens haben „wir" und „sie" / „Sie" die Endung _____ ,
  „er" / „sie" / „es" und „ihr" die Endung _____ .

3 Bei Verben mit *d* oder mit ___ kommt vor die Endungen -st und -t ein „e"
  (du find**e**st, er / sie / es arbei**t**et).

C 5

Ergänzen Sie die Verben und die Verb-Endungen.

● Ich _*bin*_ Ihr neuer Nachbar. Ich wohn_*e*_ in der Wohnung nebenan.

■ Komm___ Sie doch herein. _____ Sie schon lange hier in Deutschland?

● Nein, ich _____ erst 2 Wochen hier.

■ Wir wohn___ jetzt schon 20 Jahre hier. Mein Mann _____ nicht zu Hause. Er arbeit___ heute bis
7 Uhr. Komm___ Sie doch mal zum Kaffeetrinken vorbei.

● Woher komm___ ihr?

■ Wir komm___ aus Chile. Aber wir _____ schon 5 Jahre in Deutschland.

● _____ du auch Student?

■ Nein, ich _____ Angestellter.

● Arbeit___ du hier an der Universität?

■ Nein. Ich arbeit___ bei der Volkshochschule.

● Wo wohn___ Anja und Oliver?

■ Ich weiß nicht genau. Sie _____ in Hamburg geboren, aber ich glaube, sie wohn___ jetzt in
Bremen.

KURSB
C 5

D

Rätsel

D1

Lesen Sie den Text und ergänzen Sie.

eine ◆ ein ◆ keine ◆ kein ◆ – ◆ die ◆ der ◆ das

Auf der Meldestelle

Eine Zahl, _____ Dialog und _____ Formular sind auf der Meldestelle.

„Guten Tag, mein Name ist 38", sagt *die* Zahl. „Guten Tag", sagt die Angestellte. „Sie sind _____ Zahl? Das ist gut. _____ Zahlen sind hier immer willkommen. Wie heißt Ihr Partner? Alter, oder Hausnummer, oder Postleitzahl, oder … ?" „Ich bin nicht verheiratet", sagt _____ Zahl. „Oh nein!", sagt _____ Angestellte. „_____ ledige Zahl? Das geht nicht! Auf Wiedersehen!" Traurig geht _____ Zahl nach Hause.

„Hallo, wie geht's?", sagt _____ Dialog. „Guten Tag. Wie ist Ihr Name?", sagt _____ Angestellte. „Ich weiß nicht," sagt _____ Dialog. „Ich bin _____ Dialog." „So, so", sagt _____ Angestellte." „Und wo wohnen Sie?" „Hier!", sagt _____ Dialog. „Oh nein!", sagt _____ Angestellte. „_____ Name? Das geht nicht. Auf Wiedersehen!" Traurig geht _____ Dialog nach Hause.

„Guten Tag! Bin ich hier richtig?", fragt _____ Formular. „Sie sind _____ Formular? Sehr gut.", sagt _____ Angestellte. „Und wie heißen Sie?" „Ich heiße »Anmeldung«", sagt _____ Formular. „Oh, wie schön!", sagt die Angestellte, „da sind Sie hier richtig. _____ Formulare sind hier immer richtig."

Deshalb sind auf der Meldestelle viele Formulare, aber _____ Dialoge, und nur verheiratete Zahlen.

D2

Ergänzen Sie die Regeln.

die	Der unbestimmte Artikel ist _____ , der negative Artikel *keine* .
der und **das**	Der unbestimmte Artikel ist _____ , der negative Artikel _____ .
die (Plural)	Der unbestimmte Artikel ist — , der negative Artikel _____ .

Eine Zahl, **ein** Dialog und **ein** Formular sind auf der Meldestelle.

„Guten Tag, mein Name ist 38", sagt **die** Zahl. …

„Hallo, wie geht's?", sagt **der** Dialog. …

„Guten Tag! Bin ich hier richtig?", fragt **das** Formular.

In Texten, Dialogen, … steht zuerst der _____ Artikel, dann der _____ Artikel.

D3

Was ist das? Raten und ergänzen Sie.

~~halZ~~ ◆ lirsteKus ◆ rAdeses ◆ marloFur ◆ dilB ◆ tooF ◆ giloDa ◆ rahFer ◆ fonleeT

1 Sie sagt immer ihre Größe.   *eine Zahl* _____
2 Es spricht ohne Worte. _____
3 Er ist nie allein (immer zu zweit). _____
4 Er arbeitet im Auto. _____
5 Sie hat viele Namen. _____
6 Es möchte alles von Ihnen wissen. _____
7 Sie ist auf allen Briefen. _____
8 Es ist in jedem Pass. _____
9 Sein Name ist eine Nummer. _____

● *Nummer 1 ist eine Zahl.*
Was ist Nummer 2?

■ *Nummer 2 ist …*
Was ist Nummer … ?

sie	↔	die / eine …
er	↔	der / ein …
es	↔	das / ein …

KURSBUCH
D5

Zwischen den Zeilen

Hören und markieren Sie.

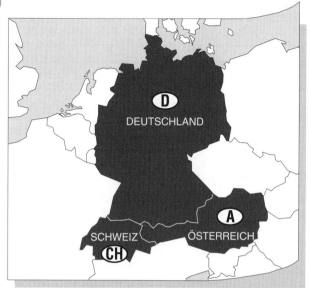 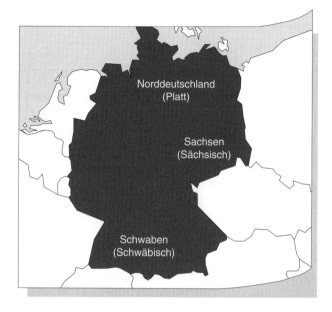

Die Leute kommen aus Ländern und Regionen, wo man Deutsch spricht. Sie begrüßen sich und sagen „Guten Tag" oder „Hallo!", aber es klingt immer anders.

1	Grüezi!	_in der Schweiz_
	Gudn Daach!	_____
	Gris Gott!	_____
	Moin, moin!	_____
	Servus!	_____

 Wo sagt man was? Raten Sie und ergänzen Sie die Länder, dann hören und vergleichen Sie.

 Wo ist das? Hören und markieren Sie.

Nr.	Land (Sprache)	„du"	„Sie"		Nr.	Land (Sprache)	„du"	„Sie"
	Österreich (Wienerisch)				1	Norddeutschland (Platt)	X	
	Schweiz (Berndeutsch)					Sachsen (Sächsisch)		
	Schwaben (Schwäbisch)							

 Per du oder per Sie? Hören Sie noch einmal und markieren Sie.

Was passt wo? Ergänzen Sie die Überschriften.

Hallo! / Guten Tag!	(Danke,) gut.	Tschüs! / Auf Wiedersehen!

Pfiat di!	Matt jo.	Servus!
Baba!	Dange, guad.	Grüezi!
Uf Wiederluege!	Ha gued.	Moin, moin!
Adiä!	Gans guud.	Grüaß Gott!
Mach's guud!	Nu ja, es geed.	Daach!

F

F 1

Was darf's denn sein? *What would you like*
Was das daf es sein?

Was passt wo? Ergänzen Sie die Namen.

Apfelsaft *(m)* ◆ Bier *(n)* ◆ Cola *(n)* ◆ Eier *(n)* ◆ Gulaschsuppe *(f)* ◆ Käsebrot *(n)* ◆
Kaffee *(m)* ◆ Kuchen *(m)* ◆ Mineralwasser *(n)* ◆ Orangensaft *(m)*
Rotwein *(m)* ◆ Salat *(m)* ◆ Schinkenbrot *(n)* ◆ Tee *(m)* ◆ Weißwein *(m)* ◆ Würstchen *(n)*

die Nachspeise *dessert*

1

das Würstchen
little sausage

2

die Eier (Pl)
das Ei (Sing)

3

der Kuchen
ein Stück (Kuchen)

4

die Gulaschsuppe

5

der Orangensaft

6

das
Mineralwasser
"ein stilles wasser"
nonsparkling

7

der Apfelsaft

8

das Käsebrot

9

der
Weißwein
Rotwein

10

der Tee

11

die Cola

12

der Salat

13

das Bier

14

das Schinkenbrot

15

der Kaffee

1/23

Hören Sie und sprechen Sie nach.

Welche Wörter haben den Wortakzent _nicht_ am Anfang? Ergänzen Sie.

Salat

Was bestellen die Gäste? Hören und ergänzen Sie.

Gast 1 _____

Gast 2 _____

nehmen / möchten / trinken / bestellen			
	f	*m*	*n*
Ich **nehme**	eine Gulaschsuppe	ein**en** Salat	ein Schinkenbrot.
Nein,	keine Gulaschsuppe	kein**en** Salat	kein Schinkenbrot.

Hören und antworten Sie.

Sie bestellen im Lokal.

Beispiel:

● *Was darf's sein?* ↗
■ *Ich nehme ein Schinkenbrot* ↘ ...
  Nein,→ *kein Schinkenbrot,*→ *ein Käsebrot, bitte.* ↘
● *Und was möchten Sie trinken?* ↗
■ *Ein Bier.* ↘ ... *Nein, kein Bier,*→ *einen Rotwein, bitte.* ↘
● *Also ein Käsebrot und einen Rotwein.* ↘ *Danke.* ↘

Nein, kein Bier. Ein Cola, bitte.

Beispiel Schinkenbrot *(n)* → Käsebrot *(n)*   Bier *(n)*   → Rotwein *(m)*

1 Würstchen *(n)*   → Gulaschsuppe *(f)*   Mineralwasser *(n)* → Cola *(n)*
2 Gulaschsuppe *(f)* → Salat mit Ei *(m)*   Apfelsaft *(m)*   → Tee *(m)*
3 Eis *(n)*   → Apfelkuchen *(m)*   Cola *(n)*   → Kaffee *(m)*
4 Salat *(m)*   → Würstchen *(n)*   Weißwein *(m)*   → Bier *(n)*
5 Kuchen *(m)*   → Eis *(n)*   Orangensaft *(m)*   → Mineralwasser *(n)*
6 Käsebrot *(n)*   → Schinkenbrot *(n)*   Rotwein *(m)*   → Apfelsaft *(m)*

Schreiben Sie kleine Dialoge oder üben Sie zu dritt.

● *Was darf's sein?*
■ *Ein Schinkenbrot und* ...
● *Was möchten Sie trinken?*
■ *Ein Bier und einen Tee, bitte.*

KURSB
F

Der Ton macht die Musik

G

G 1

Hören Sie, sprechen Sie nach und markieren Sie.

1/26

Die Vokale **a**, **e**, **i**, **o** und **u** spricht man im Deutschen lang (a̱, e̱ ...) oder kurz (ạ, ẹ ...)

a	Za̱hl	Hạmburg	Datum	dạnn	Paar	Name	Stạdt
e	geht	Studẹnt	Tee	den	dẹnn	ẹtwas	ledịg
i	Spiel	Bịld	bịtte	Lied	ịst	Tịpp	viel
o	Brot	kọmmen	vọn	dọch	Cola	wohnt	Zoo
u	Buchstabe	gut	Grụppe	Stuhl	Beruf	du	hụndert

G 2

Lang oder kurz? Ergänzen Sie die Regeln.

schreiben		
„ah" (wie in „Zahl") und „aa" (wie in „Paar")		[a:]
„eh" (wie in „geht") und „ee" (wie in „Tee")	spricht man _____	[e:]
„oh" (wie in „wohnt") und „oo" (wie in „Zoo")		[o:]
„uh" (wie in „Stuhl")		[u:]
„ie" (wie in „Spiel", „Lied" oder „viel")	spricht man _____	[i:]
„i" (wie in „Bild" oder „ist")	spricht man _____	[ɪ]
Vokal (a, e, i, o, u) + Doppel-Konsonant (mm, nn, tt, ...) wie in „dann", „denn", „bitte", „Tipp" „kommen" oder „Gruppe"	spricht man immer _____	[a], [ɛ], [ɪ], [ɔ], [ʊ]

Lang oder kurz? Markieren Sie.

Ja̱hr	hạllo	Staatsangehörigkeit	Wạsser	Fahrer
steht	Sẹssel	Idee	Lehrer	kẹnnen	zehn
stịmmt	hier	rịchtig	Bier	sieben	
oh	Boot	Lọtto	Wohnung	kọmmen	
Sụppe	Stuhl	Nụmmer	Uhr	nụll	

Hören Sie, sprechen Sie nach und vergleichen Sie.

1/27

G 3

Hören und sprechen Sie.

1/28

Vokal-Interview	a	Hallo, da sind Sie ja. Name? Staatsangehörigkeit? Aha.
	e	Ledig? Sehr nett. Sprechen Sie denn etwas Englisch?
	i	Wie ist die Anschrift hier in Innsbruck, bitte?
	o	Wo wohnen Sie? ... Woher kommen Sie?
	u	Und Ihr Beruf? Studentin? Gut.
	a / e / i / o / u	Oh, es ist schon vier Uhr. Ich muß jetzt weg. Kommen Sie doch bitte morgen noch mal vorbei.

Ein Verein stellt sich vor

Was ist das? Markieren Sie.

1 Der Text ist

   ☐ ein Brief   ☐ eine Werbung   ☐ ein Formular   ☐ ein Dialog

2 Die Turngemeinde Bornheim ist

   ☐ eine Firma   ☐ eine Schule   ☐ ein Sportverein   ☐ eine Kneipe

---

Turngemeinde Bornheim 1860

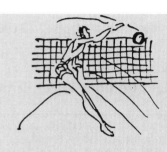

Geschäftsstelle:
Berger Straße 294
60385 Frankfurt/Main
Telefon: 069/453490
Geschäftszeiten:

Mo. – Fr.: 13.00 – 14.00 Uhr
Di. u. Do.: 20.00 – 21.00 Uhr

Volleyball

Es gibt bei uns zwei Gruppen: die Montagsgruppe und die Mittwochsgruppe.
Die Montagsgruppe trainiert intensiv und macht auch Wettkämpfe. Die Mittwochsgruppe ist
eine Hobby- und Freizeitgruppe - alle können mitmachen.
Wir machen 30 Minuten Gymnastik zum Aufwärmen und dann 30 Minuten Training zur
Verbesserung der Volleyball-Techniken und der Spiel-Taktik. Dann spielen wir eine Stunde.
Am Freitag und Samstag gibt es weitere Möglichkeiten zum Volleyball-Spielen: die
Spielgruppen. Wir machen erst etwa 30 Minuten Gymnastik zum Aufwärmen, dann spielen
wir bis ... Wie lange? Das kommt darauf an ...
Spielt ihr gerne Volleyball? Trefft ihr gerne nette Leute?
Dann kommt doch mal vorbei!

Montag:	21 - 23 Uhr	in der Turnhalle der
Mittwoch:	21 - 23 Uhr	Turngemeinde Bornheim 1860 e.V.
Samstag:	18 - 21 Uhr	Berger Str. 294
und		
Freitag:	18 - 20 Uhr	in der Turnhalle der Helmholzschule
		Habsburger Allee 57

Lesen Sie noch einmal und markieren Sie.

1 Karin sucht eine Volleyballgruppe. Sie spielt sehr gut Volleyball. Sie möchte intensiv trainieren. Für Karin passt

   ☐ die Montagsgruppe
   ☐ die Mittwochsgruppe
   ☐ die Spielgruppe (Freitag oder Samstag)

2 Wolfgang sucht auch eine Volleyballgruppe. Er spielt nicht so gut Volleyball. Er möchte nicht trainieren, er möchte spielen. Für Wolfgang passt

   ☐ die Montagsgruppe
   ☐ die Mittwochsgruppe
   ☐ die Spielgruppe (Freitag oder Samstag)

I

Kurz & bündig

Fragen mit „Wo", „Woher", „Wie", „Wann", „Was" und „Wie lange"

Herr Obutu wohnt in Aschaffenburg.	*Wo wohnt Herr Obutu?*	?
Er kommt aus Nigeria.		?
Er ist 20 Jahre alt.		?
Herr Palikaris ist Student.		?
Er ist 1975 in Griechenland geboren.		?
Seine Adresse ist Ludwig-Landmann-Str. 257.		?
Frau Barbosa arbeitet bei TransFair.		?
Ihre Telefonnummer ist 5 60 98 72 04.		?
Sie ist schon drei Monate in Deutschland.		?
Wir spielen Volleyball bei der TG Bornheim.	*ihr*	?
Ich möchte einen Orangensaft.		?

Ich

Ich komme aus _____ . Ich bin _*19*_ in _____ geboren.

Meine Staatsangehörigkeit: _____ .

Ich bin _____ (von Beruf) und arbeite bei _____ .

Ich bin _____ und habe _____ Kinder.

Ich buchstabiere meinen Namen:

_____

Meine Adresse ist:

_____

Meine Telefonnummer ist

(Vorwahl) _____ (Rufnummer) _____

Antworten Sie.
(„Ich auch." / „Ich nicht." / „Ich auch nicht." / „Aber ich.")

Ich lebe in Deutschland.	_____
Ich bin verheiratet.	_____
Ich habe zwei Kinder.	_____
Ich spreche Englisch.	_____
Ich esse gerne Kuchen.	_____
Ich trinke gerne Cola.	_____
Ich trinke nicht gerne Bier.	_____
Ich esse kein Eis.	_____

Das Präsens

9 Uhr	10 Uhr	11 Uhr
Ich höre.	Ich frage.	Ich verstehe nicht.
Du markierst.	Du _antwortest_ .	Du verstehst nicht.
Er fragt.	Er _____ .	Er versteht nicht.
Sie antwortet.	Sie _____ .	Sie fragt: „Versteht ihr"?
Wir schreiben.	Wir _____ .	Wir verstehen nicht.
Ihr ergänzt.	Ihr _____ .	Aber das macht nichts.
Alle lernen Deutsch.	Alle lernen Deutsch.	Alle machen Pause.

Ich bestelle im Lokal

(„nehmen", „möchten" + Akkusativ)

_____

Interessante Ausdrücke

_____

_____

_____

Interessante Wörter (Nominativ)

der (ein, kein)	die (eine, keine)	das (ein, kein)
_____	_____	_____
_____	_____	_____
_____	_____	_____
_____	_____	_____

Guten Tag, ich suche...

A

Euro, Dollar, Rupien

A 1

Wie heißt das Geld in ... ? Ergänzen Sie.

Dollar ◆ Franken ◆ Rupien ◆ Yen ◆ Pesos ◆ Euro ◆ ~~Rubel~~ ◆ Dinar ◆ Kronen ◆ Rand ◆ Pfund

Russland *Rubel*	Tunesien _____	Südafrika _____
Schweiz _____	Ägypten _____	Japan _____
USA _____	Deutschland _____	Chile _____
Indien _____	Norwegen _____	... _____

KURSBUCH
A 1-A 3

A 2

Ergänzen Sie die Zahlen auf den Schecks.

~~dreitausendzweihundert~~

zweitausendsechshundertfünfzig

vierzigtausend

fünftausenddreihundertzwölf

neuntausendzweihundertzwanzig

achttausendachthundert

> 3 000 = drei**tausend**
> 200 000 = zweihundert**tausend**
> 1 000 000 = eine **Million**

A 3   Hören und ergänzen Sie die Zahlen.

1 Der Kunde wechselt _____ Yen in Euro.

2 Das Menü kostet _____ Pesos.

3 Im Jackpot sind _____ Euro.

4 Das Bild von Picasso kostet _____ Euro.

5 Frau Hansen gewinnt _____ Euro.

A 4   Fragen und antworten Sie. Ergänzen Sie die fehlenden Zahlen.

● *Wie viel Euro bekomme ich für zehntausend norwegische Kronen?*

▲ *Eintausendzweihundertsiebenundsiebzig Euro.*

100 000 MAD (Marokko)   10 214,– Euro

10 000 NOK (Norwegen)   *1 277,–* Euro

300 000 MXP (Mexiko)   34 680,– Euro

2 800 CHF (Schweiz)   _____ Euro

17 000 TND (Tunesien)   13 147,– Euro

4 200 USD (USA)   _____ Euro

5 400 MAD (Marokko)   550,– Euro

35 000 NOK (Norwegen)   _____ Euro

12 600 JPY (Japan)   116 258,– Euro

4 500 TND (Tunesien)   _____ Euro

JPY = japanische Yen
TND = tunesische Dinar
MAD = marokkanische Dirham
CHF = Schweizer Franken
NOK = norwegische Kronen
MXP = mexikanische Pesos
USD = US-Dollar

4 500 TND (Tunesien)   3 480,– Euro

12 600 JPY (Japan)   _____ Euro

35 000 NOK (Norwegen)   4469,– Euro

5 400 MAD (Marokko)   _____ Euro

4 200 USD (USA)   4782,– Euro

17 000 TND (Tunesien)   _____ Euro

2 800 CHF (Schweiz)   1895,– Euro

300 000 MXP (Mexiko)   _____ Euro

10 000 NOK (Norwegen)   1 277,– Euro

100 000 MAD (Marokko)   *10 214,–* Euro

USD = US-Dollar
MXP = mexikanische Pesos
NOK = norwegische Kronen
CHF = Schweizer Franken
MAD = marokkanische Dirham
TND = tunesische Dinar
JPY = japanische Yen

● *Zehntausendzweihundertvierzehn Euro.*

▲ *Wie viel Euro bekomme ich für hunderttausend marokkanische Dirham?*

 KURSB A

B

Im Möbelhaus

B 1 Finden Sie die Fehler. Üben Sie zu zweit oder schreiben Sie.

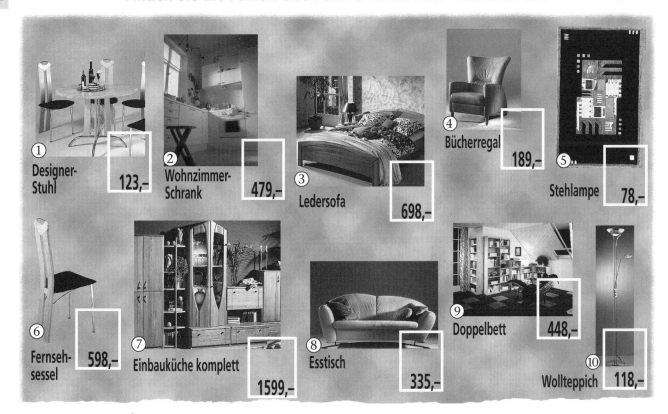

① Designer-
Stuhl **123,–**
② Wohnzimmer-
Schrank **479,–**
③ Ledersofa **698,–**
④ Bücherregal **189,–**
⑤ Stehlampe **78,–**
⑥ Fernseh-
sessel **598,–**
⑦ Einbauküche komplett **1599,–**
⑧ Esstisch **335,–**
⑨ Doppelbett **448,–**
⑩ Wollteppich **118,–**

Nr. 1 ist kein Stuhl,→ das ist ein Tisch. ↘
Ich glaube,→ das ist der Esstisch für 335 Euro. ↘

B 2 Wie heißt das Möbel? Ergänzen Sie.

___der___ Schreib _tisch_ ____

_____ Hoch_____

_____ Kleider_____

_____ Garten_____

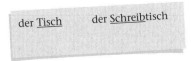

der Tisch   der Schreibtisch

_____ Küchen_____

_____ Einbau_____

1/30 Markieren Sie die Wortakzente. Dann hören Sie, sprechen Sie nach und vergleichen Sie. **B 3-B 4**

Hören und sprechen Sie.

1/31

altmodisch	bequem	ganz hübsch	günstig	interessant	langweilig
modern	nicht billig	nicht schlecht	nicht so schön	originell	praktisch
<u>sehr</u> <u>gün</u>stig	super	unbequem	unpraktisch	zu teuer	

Markieren Sie jetzt die Wortakzente.
Dann hören Sie noch einmal und vergleichen Sie.

1/31

B 4

Wie heißt das Gegenteil? Ergänzen Sie die passenden Adjektive.

altmodisch	*modern*		langweilig	_____
bequem	_____		praktisch	_____
günstig	_____		super	_____
hübsch	_____		originell	_____

KURS
B

B 5

Widersprechen Sie! Schreiben Sie oder üben Sie zu zweit.

Artikel + Nomen (Nominativ)		Artikel ohne Nomen (= Pronomen) (Akkusativ)	
Die Lampe ist ganz hübsch.	Hübsch?	**Die** ~~Lampe~~	finde ich nicht so schön.
Der Sessel ist originell.	Originell?	**Den** ~~Sessel~~	finde ich langweilig.
Das Regal ist günstig.	Günstig?	**Das** ~~Regal~~	finde ich zu teuer.
Die Stühle sind praktisch.	Praktisch?	**Die** ~~Stühle~~	finde ich unpraktisch.

1 Schau mal, der Kleiderschrank. Sehr modern! *Modern? Den finde ich altmodisch.*
2 Das Sofa finde ich ganz hübsch. *Hübsch? Das finde ich* _____
3 Das Hochbett ist doch praktisch! _____
4 Der Sessel ist sehr bequem. _____
5 Die Stehlampe ist günstig, nur 195 Euro. _____
6 Der Wollteppich ist interessant. _____
7 Die Gartenstühle sind zu teuer. _____
8 Den Küchenschrank finde ich nicht so schön. _____
9 Die Futon-Betten finde ich langweilig. _____
10 Die Einbauküche ist super. _____

Ergänzen Sie die Tabelle und die Regeln.

Singular	*f*		*m*		*n*		Plural *f* , *m* , *n*	
Nominativ	*die*	Küche	_____	Teppich	_____	Sofa	_____	Betten
Akkusativ	_____	Küche	_____	Teppich	*das*	Sofa	_____	Betten

1 Der bestimmte Artikel

Nominativ *der*____ Akkusativ _____

Nominativ und Akkusativ gleich bei: ____ und ____

2 Die Verben „sein" und „finden":

Verb mit Akkusativ: _____

Verb ohne Akkusativ: _____

KURS
B 6-

B 6 · Sortieren Sie die Dialoge.

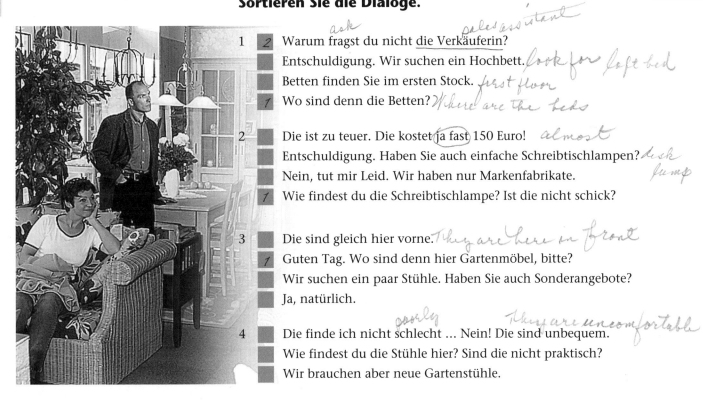

1 · 2 Warum fragst du nicht die Verkäuferin? *ask* *sales assistant*
· Entschuldigung. Wir suchen ein Hochbett. *look for loft bed*
· Betten finden Sie im ersten Stock. *first floor*
· 1 Wo sind denn die Betten? *Where are the beds*

2 · Die ist zu teuer. Die kostet ja fast 150 Euro! *almost*
· Entschuldigung. Haben Sie auch einfache Schreibtischlampen? *desk lamp*
· Nein, tut mir Leid. Wir haben nur Markenfabrikate.
· 1 Wie findest du die Schreibtischlampe? Ist die nicht schick?

3 · Die sind gleich hier vorne. *They are here in front*
· 1 Guten Tag. Wo sind denn hier Gartenmöbel, bitte?
· Wir suchen ein paar Stühle. Haben Sie auch Sonderangebote?
· Ja, natürlich.

4 · Die finde ich nicht schlecht … Nein! Die sind unbequem. *poorly* *They are uncomfortable*
· Wie findest du die Stühle hier? Sind die nicht praktisch?
· Wir brauchen aber neue Gartenstühle.

 1/32 Jetzt hören und vergleichen Sie.
Dann markieren Sie die Akkusativ-Ergänzungen.

> mit Akkusativ-Ergänzung: fragen, suchen, finden, kosten, haben, brauchen , …
> ohne Akkusativ-Ergänzung: sein, heißen, …

B 7 · Was passt wo? Ergänzen Sie Sätze mit Akkusativ aus B6.

A.

Subjekt	Verb	(…)	Akkusativ-Ergänzung
Wir	suchen		ein Hochbett.

B.

Akkusativ-Ergänzung	Verb	Subjekt	…
Betten	finden	sie	im ersten Stock.

C.

…	Verb	Subjekt	(…)	Akkusativ-Ergänzung
Warum	fragst	du	nicht	die Verkäuferin ?

D.

Verb	Subjekt	(…)	Akkusativ-Ergänzung
Haben	Sie	auch	einfache Schreibtischlampen ?

Welche Möbel kennen Sie? Markieren Sie bitte.

Frankfurt kauft ein

MöbelFun

Hanauer Landstr. 424, Tel. 2847596
Mo-Fr 9-20 Uhr, Sa 9-16 Uhr (eigener Parkplatz)

Möbel-Fun ist ein preiswertes Möbelhaus für den jugendlichen Geschmack. Hier finden Sie günstige Kompletteinrichtungen, moderne Systemmöbel und interessante Einzelstücke. Eine einfache, aber komplette <u>Einbauküche</u> kostet knapp 800,– €, einen praktischen Schreibtisch für Büro oder Arbeitszimmer bekommen Sie für 689,– €. Ein flottes Ledersofa (in vielen aktuellen Farben) gibt es für 798,– € und – dazu passend – einen Sessel für 499,– € (sehr schön, aber nicht sehr bequem). Lieben Sie Asien? Dann empfehlen wir den Verkaufshit „Yin & Yang", einen Beistelltisch mit asiatischem Charme für „nur" 444,– €. Sie haben keinen Platz für große Möbel? Dann empfehlen wir das Modell „Sesam", einen originellen und praktischen Kombi-Schrank mit Regaltüren für 599,– €. Ein zeitloses und solides Bücherregal (Modell „Esprit") gibt es ab 190,– € (Basis-Einheit mit nur 3 Böden, weitere Böden extra!). In der 3. Etage finden Sie farbenfrohe Teppiche und schicke Lampen für jeden Geschmack. Kleinigkeiten zur Verschönerung Ihrer Wohnung und Geschenkartikel aller Art bekommen Sie in der Boutique im Erdgeschoss. Leider gibt es keine Gartenmöbel – doch sonst ist das Angebot wirklich komplett.

Möbel-Studio Thomas

Bergen-Enkheim, Hessen-Center, Tel. 06109/35982
Mo-Fr 9-13 Uhr + 15-19.30 Uhr, Sa 9-14 Uhr (FVV: U7, Parkplatz Hessen-Center)

Klassisches Mobiliar auf gehobenem Niveau für den anspruchsvollen Kundenkreis. Sie finden das komplette Einrichtungsangebot in den

Ergänzen Sie die Artikel und die Regeln.

Bei Möbel Fun gibt es _____ Einbauküche für 788,– €, _____ Schreibtisch für 689,– €, _____ Ledersofa für 798,– € und _____ Sessel für 499,– €. Sie finden _____ Beistelltisch für 444,– €, _____ Kombi-Schrank für 599,– € und _____ Regal-System für 190,– €. Im 3. Stock finden Sie _____ Teppiche und _____ Lampen.

Singular	*f*	*m*	*n*	Plural *f* , *m* , *n*
Nominativ	*eine* ___ Küche	*ein* ___ Sessel	*ein* ___ Sofa	— Teppiche
Akkusativ	___ Küche	___ Sessel	___ Sofa	Teppiche

1 Der unbestimmte Artikel Feminin und Neutrum: Nominativ und Akkusativ sind gleich.

Maskuline Nomen: Nominativ *ein* Akkusativ _____

2 Neue Verben mit Akkusativ: *es gibt,* _____

C

Haushaltsgeräte

Schreiben Sie den Text richtig.

Fast alle Haushalte in Deutschland haben eine Waschmaschine, einen Fernseher und ein Telefon. Fast alle – aber nicht mein Freund Achim.

die Waschmaschine	→ Er hat **keine** Waschmaschine.
der Fernseher	→ Er hat **keinen** Fernseher.
das Telefon	→ Er hat **kein** Telefon.

Achim hat eine große Wohnung, aber ___ 1). Er hat ___ 2) und ___ 3), aber ___ 4) und ___ 5). Er hat ___ 6) und ___ 7), aber ___ 8) und ___ 9). Achim liest gerne. Er hat viele, viele Bücher, aber ___ 10). Achim hört auch gerne Musik. Er hat ___ 11) und viele, viele CDs, aber ___ 12). Er hat auch ___ 13), ___ 14), ___ 15) und ___ 16), aber er hat ___ 17), ___ 18), ___ 19) und ___ 20). Achim hat ___ 21), ___ 22) und natürlich auch ___ 23), aber er hat ___ 24).

Bei Achim ist eben alles etwas anders.

Achim hat eine große Wohnung, aber keine Küche. Er hat keine Waschmaschine und keinen Staubsauger, aber eine Spülmaschine und ...

1	die Küche	7	der Kühlschrank	13	das Telefon	19	der Computer
2	die Waschmaschine	8	die Mikrowelle	14	der Video-Recorder	20	die Videokamera
3	der Staubsauger	9	die Tiefkühltruhe	15	der Fotoapparat	21	das Fahrrad
4	die Spülmaschine	10	das Bücherregal	16	der Fernseher	22	der Wohnwagen
5	die Bügelmaschine	11	die Stereoanlage	17	das Fax-Gerät	23	das Auto
6	der Herd	12	der CD-Player	18	das Handy	24	der Führerschein

Machen Sie das Kreuzworträtsel und ergänzen Sie die passenden Wörter.

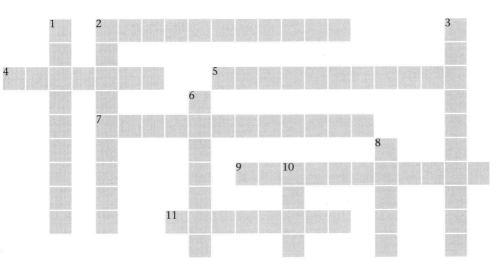

Waagerecht:
2 Ich möchte Bilder machen. Ich brauche einen ~.
4 Man braucht keinen Führerschein für ein ~.
5 Schrank für Bier, Cola, Schinken, Käse, …
7 Musik von rechts und links
9 Er ist laut. Er isst Staub.
11 Maschine für Texte, Zahlen und Spiele

Senkrecht:
1 Wohnung ohne Adresse
2 Die Welt im Wohnzimmer
3 Moderner Herd
6 Kommunikationsgerät
8 Modernes Telefon
10 Volkswagen, Honda, BMW, …

Was passt wo? Ergänzen Sie bitte.

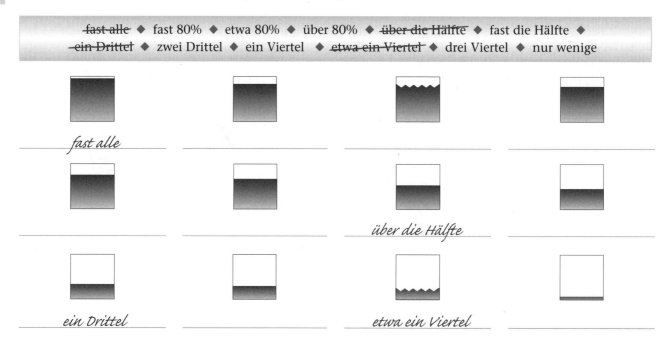

~~fast alle~~ ◆ fast 80% ◆ etwa 80% ◆ über 80% ◆ ~~über die Hälfte~~ ◆ fast die Hälfte ◆
~~ein Drittel~~ ◆ zwei Drittel ◆ ein Viertel ◆ ~~etwa ein Viertel~~ ◆ drei Viertel ◆ nur wenige

fast alle

über die Hälfte

ein Drittel   *etwa ein Viertel*

Jetzt schreiben Sie einen Text.

In ... haben fast alle Leute ...
Etwa ... % haben ...

... der Haushalte besitzen ...
Ich habe ..., aber ich habe kein ...

In Japan haben fast alle Leute einen Fernseher. Etwa drei Viertel der Haushalte besitzen

C 4 Hören und antworten Sie.

1/33

Es klingelt. Sie öffnen die Wohnungstür.

Guten Tag. Mein Name ist Spät. Ich komme von der Firma Allkauf – Haushaltsgeräte, Sport und Elektronik. Wir führen erstklassige Geräte zu wirklich günstigen Preisen. Zum Beispiel unser Staubsauger, der Vampir Deluxe: ein Spitzenfabrikat für nur 198 Euro – mit allem Zubehör.

*Ein Staubsauger? Nein, danke.
Ich brauche keinen, ich habe schon einen.*

Sie brauchen keinen, Sie haben schon einen. Aha. Sie haben aber doch sicher viel Bügelwäsche. Da sparen Sie viel Zeit mit unserer Bügelmaschine „Performa".

*Eine Bügelmaschine? Nein, danke.
Ich habe keine, und ich brauche auch keine.*

Sie haben keine, und Sie brauchen auch keine. Nun ja ...

f	**Eine** Bügelmaschine? ↗ Ich habe **keine,**→ und ich brauche auch **keine.** ↘
m	**Ein** Staubsauger? ↗ Ich brauche **keinen,**→ ich habe schon **einen.** ↘
n	**Ein** Fahrrad? ↗ Ich brauche **keins,**→ ich habe schon **eins.** ↘

Das brauchen Sie nicht, das haben Sie schon

Staubsauger	Spülmaschine	Videorekorder
Fotoapparat	Handy	

Das haben Sie nicht und brauchen Sie auch nicht

Bügelmaschine	Mikrowelle	Videokamera
Faxgerät	Computer	

D

Kann ich Ihnen helfen?

D 1

Was ist wo? Ergänzen Sie und markieren Sie die Pluralendungen.

4. Stock:	**Möbel, Lampen, Teppiche, Bilder**
3. Stock:	**Foto, TV & Video, Musik, Computer, Elektronik**
2. Stock:	**Sportbekleidung, Sportgeräte, Fahrräder**
1. Stock:	**Textilien, Damen- und Herrenbekleidung**
Erdgeschoss:	**Information, Lederwaren, Schreibwaren, Zeitungen, Zeitschriften, Bücher, Kosmetik**
Untergeschoss:	**Haushaltswaren, Haushaltsgeräte**

Betten ◆ ~~Weingläser~~ ◆ Bilder ◆ Computer ◆ Fahrräder ◆ Fernseher ◆ Fotoapparate ◆ Handys ◆ Kühlschränke ◆ Kulis ◆ Mäntel ◆ ~~Schals~~ ◆ Sessel ◆ Sofas ◆ Spülmaschinen ◆ Staubsauger ◆ Stehlampen ◆ Stereoanlagen ◆ Stühle ◆ Teppiche ◆ Töpfe ◆ Jogginganzüge ◆ Videokameras ◆ Wörterbücher ◆ Zeitungen

4. Stock: _____

3. Stock: _____

2. Stock: _____

1. Stock: *Schals,* _____

Erdgeschoss: _____

Untergeschoss: *Weingläser,* _____

Ergänzen Sie die Pluralendungen.

Teppich___   Bett___   Stehlampe___   Bild___   Schal___   Staubsauger___

D 2

Spielen Sie „Information" oder schreiben Sie vier Fragen und Antworten.

Entschuldigung, wo finde ich ... ?   ... finden Sie im ...
Haben Sie hier keine ... ?   Doch, natürlich. ... finden Sie im ...

● *Entschuldigung, wo finde ich Betten?*

■ *Betten finden Sie im vierten Stock.*

D 3

Wörter suchen

Sie suchen das Wort
„Töpfe". Aber „Töpfe" steht
nicht in der Wortliste.
→ „Töpfe" ist vielleicht
Plural.

> Tipp der, -s   53, 54, 55, 73
> Tisch der, -e   31, 32, 33, 39
> Toastbrot das, -e   45
> Toaster der, -   45
> toll   32, 33, 39
> Ton der, ˉe   11, 27, 39, 51
> Topf der, ˉe   36, 37, 38, 42
> Tourist der, -en   3
> Träne die, -n   45, 46, 47

Bei „ä", „ö", „ü" probieren Sie immer „a", „o" und „u",
also „Topf" oder „Topfe".

Hier steht es: „Topf der, ˉe", das heißt „der Topf,
Plural: die Töpfe".

Sortieren Sie die Wörter aus D 1 nach den Pluralendungen.

-e / ˉe	-(e)n	-er / ˉer	-s	- / ˉ
der Fotoapparat	*das Bett*	*das Weinglas*	*das Handy*	*der Computer*
		das Bild		*der Fernseher*
		das Fahrrad		

D 4

Ergänzen Sie die Regeln und finden Sie Beispiele aus D 3.

1	____ wird im Plural oft zu „ä"	*das Weinglas, die Weingläser*
	____ wird im Plural oft zu „ö"	
	____ wird im Plural oft zu „ü"	
2	Fast alle Wörter auf -e bilden den Plural mit -n	
3	Wörter auf -er haben oft keine Plural-Endung	

D 5

Schreiben Sie Wortkarten für die Möbel und Haushaltsgeräte aus Lektion 3.

Zum Beispiel: der Fernseher, (die) Fernseher   →

der Stuhl, (die) Stühle   →

Sortieren Sie die Wortkarten in Gruppen.

Zum Beispiel:
Büro – Küche – Schlafzimmer – Wohnzimmer
Bilder – Musik – Sprache
Groß oder klein
Alt oder modern
Artikel: die – der – das
…

Lesen Sie Ihre Wortkarten-Gruppen
ohne Überschriften vor.
Die anderen raten die Überschriften.

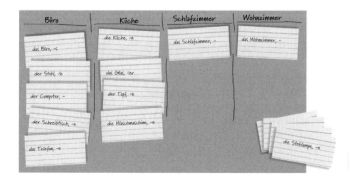

D 6

1/34

Was „sagen" die Leute? Lesen Sie, dann hören und markieren Sie.

1 ☒ Guten Tag.
    ☐ Entschuldigung.

2 ☐ Kann ich Ihnen helfen?
    ☐ Haben Sie hier keine Computer?

3 ☐ Ja, bitte. Ich suche ein Handy.
    ☐ Doch, natürlich.

4 ☐ Computer finden Sie da hinten rechts.
    ☐ Handys sind gleich hier vorne.

5 ☐ Was für eins suchen Sie denn?
    ☐ Fragen Sie doch bitte dort einen Verkäufer.

6 ☐ Vielen Dank.
    ☐ Ich weiß auch nicht genau.

Foto & Film		Computer & Elektronik
TV Video Musik	Sie sind hier.	Telekommunikation

Stereoanlagen	(die Stereoanlage)	Was für	eine	suchen Sie denn?
Computer	(der Computer)		einen	
Handys	(das Handy)		eins	

Schreiben Sie jetzt zwei Dialoge.

1 ● *Guten Tag. Kann ich* _____
   ■ *Ja, bitte. Ich* _____
   ● _____
   ■ _____

2 ■ *Entschuldigung. Haben Sie hier* _____
   _____
   ● *Doch, natürlich.* _____
   _____
   ■ _____

1/34 **Hören Sie, vergleichen Sie und sprechen Sie nach.**

Schreiben Sie ähnliche Dialoge.

KURSBUCH E 1-E 2

E

Der Ton macht die Musik

E 1

1/35

Lang (_) oder kurz (.)? Hören Sie, sprechen Sie nach und markieren Sie.

a	Land	Plan	Glas	Mantel	Schrank		o	Ton	Topf	Wort	froh	schon
ä	Länder	Pläne	Gläser	Mäntel	Schränke		ö	Töne	Töpfe	Wörter	fröhlich	schön

E 2

1/36

Welche Laute klingen gleich? Markieren und ergänzen Sie.

1 ☐ a) Gast
   ☒ b) Gäste
   ☒ c) Geste

2 ☐ a) Sätze
   ☐ b) Satz
   ☐ c) setzen

3 ☐ a) schenke
   ☐ b) Schränke
   ☐ c) Schrank

4 ☐ a) Sessel
   ☐ b) Pässe
   ☐ c) Pass

5 ☐ a) Städte
   ☐ b) Betten
   ☐ c) Stadt

Ein kurzes „ä" spricht man immer wie ein kurzes _____ [ɛ].

Üben Sie.

Sagen Sie:
Gläser, Rätsel, Pläne, ähnlich, erzählen, Käse, spät

*) Oft sagt man auch [e:] statt [ɛ:].

Langes „ä" = [ɛ:] *)
Sagen Sie: „eeeeeeeeeeeeeee"   [e:]

Öffnen Sie dabei den Mund: „eeeeee"
wird zu „äääää".   [e:] → [ɛ:]
Sagen Sie „ääääääää" – „ääääää" – „äää" –
„ää" – „ää" – „ää" …

E 4

Ergänzen Sie „a" oder „ä" und sprechen Sie.

| Gl _ä_ ser | Gl _a_ s | Fahrr__d | Fahrr__der | m__nnlich | M__nn |
| g__nz | erg__nzen | n__mlich | N__me | T__g | t__glich |

 Jetzt hören und vergleichen Sie.

E 5

Lang (_) oder kurz (.)? Hören Sie, sprechen Sie nach und markieren Sie.

möchte   hören   Töpfe   öffnen   Töne   Französisch   schön   Möbel   zwölf   höflich

Üben Sie.

Langes „eeeee" = [e:]
Sagen Sie „Teeeeee"

Langes „öööööö" = [ø:]
Sagen Sie weiter „eeeeee" und machen
Sie die Lippen rund (wie bei „o"):
„eeeee" wird zu „öööööö".
Sagen Sie „schöööööööööön!"

Kurzes „ö" = [œ]
Sagen Sie „öööööö" – „öööö" –
„öö" – „ö" – „ö" – „ö" …

Sagen Sie: „schöne Töpfe" – „schöne Töpfe" – „schöne Töpfe"…

Hören und sprechen Sie.

Lernen	Schön	Information	Ende
Sätze ergänzen,	Späte Gäste,	Wo gibt es hier Möbel?	Es ist sehr schön, es ist sehr spät,
Rätsel raten	volle Gläser,	Wo finde ich Töpfe?	es ist schon zwölf – sie geht.
Pläne markieren,	Käse essen,	Ich suche ein Faxgerät.	
Wörter lernen,	Musik hören …	Haben Sie Schränke?	
Töne hören,		Wo finde ich Gläser?	
Texte sortieren.		Was kosten die? – Das geht.	

Gebrauchte Sachen

F

F 1 **Lesen Sie die Anzeigen und schreiben Sie die Zahlen in die Liste.**

Möbel, Haushalt

1030 Küchenzeilen, Einbauküchen

EBK, m. Bosch Einbaugeräten, grau/weiß. Anschauen lohnt sich, 1300,– € VB. 069/563412

EBK über Eck, 5 Unter-/Oberschränke, weiß, rot abgesetzt, m. Spüle u. Armatur, ohne Arbeitsplatte, ohne E-Geräte, 320,– €. 069/613715

Küchenzeile, 280 cm, beige-braun, m. Spüle, AEG-Umluftherd, Dunstabzugshaube, Kühlschrank, 4 Ober- u. 4 Unterschränke

1080 Kühl- und Gefrierschränke

Kühlschrank, 2-Sterne-Gefrierfach, 80,– €. 069/230340

Kühl-Gefrierkombination von Liebherr, 4 Jahre alt, sehr gut erhalten, 180,– € VB. 069/356149

Kühlschrank, 85 x 60 x 45 cm, 50,– €, 069/357153

2 Kühlschränke je 40,– €. 069/416572

1090 Waschmaschinen, Trockner

Waschmaschine, Miele, an Selbstabholer, 50,– € VB. 069/309912

WaMa, Markengerät, VB. 069/412540

Kl. WaMa, Frontlader, gt. Zust., 140,– €. 069/441408

Nagelneue Waschmaschine, 30 Proz. billiger, NP 430,– €, 069/444334

1200 Polster, Sessel, Couch

Liegesessel, schwarzer Stoff, Armlehnen, modernes Design, NP 158,– €, 40,– €. 069/ 302747

Kunstledersofa, schwarz, 4er, 1 Sessel, 120,– €. 069/317802 ab 16.30

Ledercouch mit Bettkasten, rotbraun, für 600,– €. 2 Ledersessel, cremefarben, für 450,– € VB. 069/342179

Gesucht

Suche Kuschelsofa oder Sofagruppe oder/und Sessel. 069/444385 ab 19 Uhr

Suche Bettsofa, ca. 130 x 150 cm, gerne auch Futon Sofa von Ikea. 069/525583

Suche Ledersofa, 3-Sitzer, gefedert, in gt. Zust. 0611/ 425279

1220 Sonstige Wohnzimmereinrichtung

Couchtisch, 150x70 cm, Kiefer massiv, 40,– €, kl. Fernsehtisch Kiefer m. Rollen, 20,– €. 069/301451

Dunkelbrauner Wohnzimmertisch. Möbel Thomas, 1 Jahr alt, sehr modern, NP 110,– €, für 50,– €, 069/307027

Weißer Marmor-Bistrotisch, Durchm. 60 cm, VB, außerdem zwei fast neue Chrom-Stühle, Sitzbezug ist aus Leder, für je 30,– €. 069/307027

1290 Gardinen, Lampen

Halogen-WZ-Lampe, aufziehbar, Gestell schwarz, auf Glasplatte, 50,– €. 069/469244

Stehlampe m. Messingfuß. 0172/6109713

Ikea Fotolampe, Dulux Energiesparlampe, 25,– €. 0611/401145

Weiße WZ-Lampe m. 6 weißen Kugeln, f. 35,– €. 0611/42579

2x Jalousien, wie neu, 110 cm breit, 150,– €. 0611/609479

Wunderschöne Mahagoni WZ-Pendelleuchte, Glasscheiben mit geschliffenem Dekor, 1-flammig, 55 cm Durchm., gleiche Beistellleuchte, 3-flammig, NP 500,– €, 150,– €. 06002/1672

Stehlampe, 06187/91565

1300 Regale

Ikea Onkel Regal, NP 49,– € für 25,– €. 069/250973

2 schwarze mod. Regale f. 120,– €. 069/456908

10 Holzregale, braun, 105x128x34cm, VB. 069/598101

Kleines Bücherregal für 10,– €. 069/702709

TV, Radio, Video

1700 Fernseher

Farb-TV, Multisystem, 50,– €. 069/29843

Kl. TV-Gerät m. FB, Schlafmodus, 28er Bild, 80,– €. 069/235668

Grundig Supercolor Stereo, 63/260 CTI, gt. Zust. m. FB, NP 800,– €. 180,– €. 069/366927

Computer

8300 Apple-Computer und Zubehör

Performa 475 mit 8 MB RAM, 270 MB FP, System, 220,– € VB. 069/231807

Nagelneues Powerbook 190, 33/66 MHz, Garantie, wg. Doppelschenkung für 25 Proz. unter NP. 069/818522

8315 PC bis 1 GHz

Fujitsu-Siemens Komplett PC T-Bird C 100, 1 GHz, incl. Maus, Tastatur, Software (u.a. Windows XP + Office XP), 1 Woche alt und wenig benutzt, 2 Jahre Garantie, 700,– €. 06172/45986

Athlon 900 MHz, 128 MB, PC 133 RAM, 64MB Grafik, 20 GB Festplatte, Netzwerkkarte, Sound und 56k-Modem onboard, USB, 50x CD-ROM, 3,5'' Floppy, ATX-Midi Tower 300 W, 420,– €. 069/344376

Sie suchen …	Nummer
ein Bücherregal	*1300*
eine Waschmaschine	
einen Computer	
einen Fernseher	
eine Einbauküche	
einen Kühlschrank	
eine Stehlampe	
einen Sessel	
ein Sofa	
einen Tisch	

F 2 **Markieren Sie fünf Geräte oder Möbel und notieren Sie.**

	Gerät	Alter	Preis	Telefon-Nummer
1	Waschmaschine	?	140,–	069/441408
2				
3				
4				
5				

F 3 **Was bedeuten die Abkürzungen? Ergänzen Sie.**

~~Einbauküche~~ ◆ Prozent ◆ guter Zustand ◆ mit ◆ Neupreis ◆ und ◆ Verhandlungsbasis ◆ klein ◆ für ◆ Waschmaschine

EBK   Einbauküche _____   NP   _____

f.   _____   Proz.   _____

gt. Zust.   _____   u.   _____

kl.   _____   VB   _____

m.   _____   WaMa   _____

F 4 **Sie möchten Möbel oder ein Gerät verkaufen. Schreiben Sie ein Fax.**

Peter Johannson
Tel. + Fax: +49 7201 686192
18–07–02

TELEFAX   1 Seite

An

„das Inserat"

Fax-Nummer 06195-928-333

Sehr geehrte Damen und Herren,

bitte veröffentlichen Sie folgende Kleinanzeige
in Ihrer Zeitung:

Mit freundlichen Grüßen

Zwischen den Zeilen

G

G 1 „Finden" oder „finden"? Markieren und ergänzen Sie.

A finden   Ich **finde** meinen Kuli nicht.

B finden   Deutsch **finde** ich **super**.

1 Bei Möbel Fun finden Sie günstige Möbel für wenig Geld. *A*
2 Ich finde das Regal zu teuer. *B*
3 Wie findest du die Schreibtischlampe? ☐
4 Betten finden sie im ersten Stock. ☐
5 Ergänzen Sie die Regeln und finden Sie Beispiele. ☐
6 Wo finde ich Fernseher? ☐
7 Die Stühle finde ich unpraktisch. ☐
8 Mist! Ich finde meinen Pass nicht. ☐
9 Wie findest du die Stühle hier? ☐
10 Entschuldigung, wo finde ich Frau Meyer? ☐
11 Wie findest du Picasso? ☐
12 Lesen Sie den Text und finden Sie die Fehler. ☐

Was heißt „finden" in Ihrer Sprache?   A _____   B _____

G 2 „Sprechen" oder „sagen"? Ergänzen Sie die richtige Form.

1 Hören und _sprechen_ Sie.

2 _Sagen_ Sie: „schöne Töpfe".

3 In der Schweiz _____ man meistens „Grüezi!".

4 _____ Sie über die Bilder.

5 Was _____ die Leute?

6 Du _____ aber gut Deutsch.

7 Die Deutschen _____ nicht „einszehn", sondern „elf".

8 _____ Sie Englisch?

9 Ich _____ Spanisch, Englisch und etwas Deutsch.

10 In Österreich _____ wir „Servus!".

In meiner Sprache heißt **sprechen** _____ und **sagen** _____

G 3 Ergänzen Sie „finden", „sprechen" oder „sagen".

Salih und Mirjana _____(1) über den Deutschkurs. „Wie _findest_(2) du den Kurs?", fragt Salih.
„Nicht schlecht", _____(3) Mirjana, „wir hören und _____(4) viel, das _____(5) ich gut."
„Das _____(6) ich auch gut", _____(7) Salih, „aber Deutsch ist schwierig. Ich _____(8)
oft nicht die richtigen Wörter."
„Die Grammatik _____(9) ich auch schwierig.", _____(10) Mirjana. „Du _____(11) doch
auch Englisch. Was _____(12) du schwieriger: Deutsch oder Englisch?", fragt Salih. „Ich weiß nicht",
_____(13) Mirjana, „vielleicht Deutsch. Auf Englisch _____(14) man nur ‚you', auf Deutsch
heißt es ‚du' oder ‚Sie'."

Das Inserat

Was gibt es alles im „inserat"? Raten Sie mal.

Waschmaschinen,

Lesen Sie den Text und markieren Sie.

In Deutschland gibt es inzwischen in fast jeder Stadt eine Anzeigenzeitung. Anzeigenzeitungen sind ein „Supermarkt" für alle, die etwas verkaufen oder günstig kaufen möchten. Sie erscheinen mindestens einmal pro Woche und sind überall erhältlich. In Frankfurt und Umgebung heißt diese Zeitung „das inserat".

„das inserat" erscheint dreimal pro Woche (montags, mittwochs und freitags) und kostet 2,15 €. Im „inserat" findet man vor allem gebrauchte Möbel, Haushaltsgeräte, Fernseher und Videogeräte, Fotoartikel, Sportgeräte, Computer, Autos, Wohnmobile und vieles andere. Oft gibt es aber auch Sonderangebote für Neugeräte.

Sie suchen eine neue Wohnung, eine neue Arbeit oder Partner für Ihre Hobbys? Im „inserat" finden Sie auch Wohnungs- und Stellenanzeigen, Gruppen für alle Arten von Freizeitgestaltung und sogar Kontakt- und Heiratsanzeigen. Sie möchten jemandem Grüße schicken oder zum Geburtstag gratulieren? Setzen Sie einfach eine Anzeige ins „inserat". Wer eine Anzeige aufgeben möchte, schickt ein Fax, schreibt einen Brief oder greift zum Telefon. Eine Anzeige im „inserat" kostet nichts (in anderen Zeitungen kosten Inserate zwischen 12 und 50 €).

Viele Leute nutzen diese günstige Gelegenheit. Deshalb ist „das inserat" in den letzten Jahren immer dicker geworden.

1 „das inserat" ist
- ☐ ein Supermarkt in Frankfurt.
- ☐ eine Anzeigenzeitung in Frankfurt.

2 „das inserat" gibt es
- ☐ montags, mittwochs und freitags.
- ☐ einmal pro Woche.

3 Die Zeitung kostet
- ☐ nichts.
- ☐ 2,15 €.

4 Hier gibt es
- ☐ nur gebrauchte Sachen.
- ☐ viele Angebote.

5 Sie möchten etwas verkaufen. Sie
- ☐ kaufen „das inserat".
- ☐ telefonieren, schreiben einen Brief oder schicken ein Fax.

6 Eine Anzeige im „inserat" kostet
- ☐ nichts.
- ☐ 12 bis 50 €.

Kurz & bündig

Möbel und Geräte

Welche Möbel und Geräte kennen Sie (auf Deutsch)?

die Waschmaschine,

Die Akkusativ-Ergänzung

Was haben Sie? Was haben Sie nicht? Was brauchen Sie? Was brauchen Sie nicht?

Ich habe eine _____ , aber keine _____

Ich habe einen _____

Ich habe kein _____

Ich brauche _____

Antworten Sie.

Haben Sie ein Deutschbuch? *Ja, ich habe eins.* _____

Haben Sie ein Handy? _____

Haben Sie einen Wohnwagen? _____

Haben Sie eine Tiefkühltruhe? _____

Sie sind im Kaufhaus und suchen ... Was fragen Sie an der Information?

_____

Widersprechen Sie.

Der Tisch ist doch toll. *Den finde ich nicht so schön.* _____

Die Stehlampe ist langweilig. _____

Der Sessel ist sehr originell. _____

Das Bett ist unpraktisch. _____

Die Stühle sind günstig. _____

Welche Verben haben eine Akkusativ-Ergänzung?

haben,

Meine Regeln für den Akkusativ:

_____

_____

Der Plural

Ergänzen Sie Beispiele.

-e/∸e   *der Teppich – die Teppiche,* _____

-(e)n   _____

-er/∸er _____

-s   _____

-/∸   _____

Weiter so?

1945 Frieden

1950 Heirat

1952 Kind

1953 Fahrrad

1954 2. Kind

1955 Motorrad

1960 Fernseher

1965 Kühlschrank

1968 Waschmaschine

1970 Auto und Stereoanlage

1975 Einbauküche mit Spülmaschine

1980 Tiefkühltruhe, Video-Recorder, neues Auto

1985 Nähmaschine, Bügelmaschine, Videokamera, Wohnwagen

1990 Mikrowelle, CD-Player, Computer, Fax-Gerät, neue Einbauküche, neues Auto

1995 Handy, neuer Wohnwagen, neuer Computer, neue Möbel, neuer Video-Recorder, neues Auto

2000 _____

2005 _____

erst, schon, fast, über, etwa

Was antworten Sie?

Wie lange sind Sie schon hier in … ?   _____

Wie lange lernen Sie schon Deutsch?   _____

Wie viel verdienen Sie im Monat?   _____

Wie alt ist Ihr Auto?   _____

Gebrauchte Sachen

Preis, Alter, …

Sie suchen ein gebrauchtes Fahrrad. Sie lesen eine Anzeige und telefonieren. Was fragen Sie?

_____

_____

_____

Interessante Ausdrücke

_____

_____

_____

_____

Im Supermarkt

A

Kleine Geschenke erhalten die Freundschaft

A 1

Welche Lebensmittel kennen Sie schon auf Deutsch?

Schreiben Sie Wortkarten.

trinken

essen
du isst
sie / er isst

der Kaffee

die Orange, –n

das Mineralwasser

das Mehl

der / das Joghurt

> Ein paar Lebensmittel und fast
> alle Getränke haben keinen
> Plural. Man sagt:
> 2 (Tassen) Kaffee,
> 3 (Gläser) Mineralwasser,
> 4 (Flaschen) Bier,
> 2 Kilo Mehl

A 2

Sortieren Sie die Lebensmittel.

Das essen oder trinken Sie …
    … gern – nicht so gern.
    … oft – nicht so oft.

Das ist teuer – günstig …
    … in Ihrem Land.
    … in Deutschland.

Das essen oder trinken die Leute …
    … in Ihrem Land.
    … in Deutschland.

    Das essen/trinken Kinder gern – nicht gern.

Sprechen oder schreiben Sie.

Ich esse gern Orangen und Eis. Ich trinke keinen Kaffee, aber ich trinke oft …

Bei uns in … isst man viel …

In Deutschland trinkt man viel …

In … sind … nicht teuer, aber hier in …

Kinder essen gern …, aber sie essen nicht gern …

KURSBUCH
A 1-A 3

Ergänzen Sie die Personalpronomen.

dir ◆ uns ◆ mir ◆ ihm ◆ euch ◆ ihnen ◆ uns ◆ ihr ◆ Ihnen

Kleine Geschenke erhalten die Freundschaft

(frei nach Ephraim Kishon)

Ein Freund schenkt _mir_ Pralinen.

Ich esse keine Pralinen. Aber **du** hast bald Geburtstag. Ich schenke _dir_ die Pralinen.

Du isst auch keine Pralinen. Aber deine Mutter hat bald Namenstag. Du schenkst _____ die Pralinen.

Sie macht eine Diät. Aber ein Kollege hat bald Jubiläum. Sie schenkt _____ die Pralinen.

Er macht auch eine Diät. Aber ihr habt bald Hochzeitstag. Er schenkt _____ die Pralinen.

Ihr esst keine Pralinen, aber ihr habt Freunde. Sie heiraten bald. Ihr schenkt _____ die Pralinen.

Sie essen auch keine Pralinen. Aber wir haben eine neue Wohnung und machen ein Fest. Sie schenken _____ die Pralinen.

Wir machen einen Fehler: Wir öffnen die Pralinen. – Oh!

Möchten Sie vielleicht Pralinen? Ich schenke _____ gern ein paar Pralinen …

Du hast bald Geburtstag.
Ich schenke **dir** die Pralinen.

Nominativ	ich	du	er	sie	es	wir	ihr	sie	Sie
Dativ		*dir*							

KURSBU A 4-A

Schreiben Sie Sätze.

1 Papa! Schau mal, Luftballons. _Kaufst du mir einen Luftballon_ _____ ?
   mir / du / kaufst / einen Luftballon

2 Vera hat Geburtstag. _____ .
   schenkt / ihr / Daniel / einen Volleyball

3 Ihr sucht einen Kühlschrank? Ich habe zwei. _____ .
   gebe / ich / einen / euch

4 Thomas hat Geburtstag. _____ .
   ihm / Anna / kauft / ein Überraschungsei

5 Wir möchten Möbel kaufen und haben kein Auto. _____ ?
   du / dein Auto / gibst / uns

6 Möchten Sie vielleicht Pralinen? _____ .
   schenke / gern / ein paar Pralinen / Ihnen / ich

7 Achim und Jasmin möchten Nikos anrufen. _____ ?
   du / ihnen / die Telefonnummer / gibst

Die Verben _kaufen,_ _____ haben eine Dativ-
Ergänzung und eine Akkusativ-Ergänzung.
Die Dativ-Ergänzung ist fast immer eine _____ . Die Dativ-Ergänzung steht meistens
_____ von der Akkusativ-Ergänzung.

KURSB A 6

B

Bilder beschreiben

B 1

Die Leute sprechen über die Bilder? Welches Bild passt?

Hören und markieren Sie.

| auf dem Flughafen ◆ in der Kneipe ◆ |
| auf der Meldestelle ◆ im Möbelhaus ◆ |
| im Hotel ◆ im Supermarkt ◆ |
| im Kaufhaus ◆ zu Besuch bei … ◆ |
| in der Sprachschule |

Dialog	Bild	Wo?
1		
2		
3		

B 2

Sprechen oder schreiben Sie über die anderen Bilder.

Wo ist das? Was machen die Leute? Was denken und sagen die Leute?

Die Leute sind …	Sie …	Sie sagen … / Sie denken …
traurig	haben keine Zeit ◆ warten …	„Prost!"
fröhlich	weinen ◆ lachen	„Das dauert aber lange."
nervös	suchen … ◆ kaufen …	„Warum weinst du?"
sauer	bestellen … ◆ essen … ◆ trinken …	„Wo ist denn die Mutter?"
	spielen … ◆ lesen …	

Die Leute sind in der Kneipe. Sie möchten …
Nein, das glaube ich nicht. Sie sind bestimmt zu Besuch bei …
Aber… – das passt nicht!

Ergänzen Sie die fehlenden Verbformen und die Regel.

Geben und nehmen

Du gibst – ich nehme,
du nimmst – ich gebe:
wir tauschen.

Du gibst – sie nimmt,
du _____ – sie _____ :
ihr tauscht.

Sie gibt – er _____ ,
sie _____ – er _____ :
sie tauschen.

Wir _____ – ihr nehmt,
wir _____ – ihr _____ :
wir tauschen.

Ihr _____ – sie _____ ,
ihr _____ – sie _____ :
ihr tauscht.

Und Sie?
_____ Sie? – Nehmen Sie?
Tauschen Sie auch?

Essen und sein
(frei nach Descartes)

Ich esse, also bin ich.

Du bist, also isst du.

Er isst, also _____ er.

Sie ist, also *isst* sie.

Wir essen, also _____ wir.

Ihr seid, also _____ ihr.

Sie sind, also _____ sie.

Sie essen, also _____ Sie.

Man ist, also _____ man –

oder isst, also _____ man?

⬦ Bei den Verben
„geben", „nehmen", „sprechen", „helfen" und „essen" heißt es:
du _____
er/sie/es/man _____

Der Vokal **e** wird zu _____ .

Hilfe! Hilfe! Hilfe!
Hilfe! Hilfe!

Ich helfe dir
und du *hilfst* mir,

sie *hilft* ihm
und er _____ ihr,

wir _____ euch
und ihr _____ uns,

sie _____ Ihnen
und Sie _____ ihnen.

Jetzt hören und vergleichen Sie.
Lesen Sie dann die Texte noch einmal laut.

Schreiben Sie jetzt einen ähnlichen Text.

Hören und sprechen
du sprichst – ich höre,
du hörst – ich spreche:
wir kommunizieren.

...

C

Können Sie mir helfen?

C 1

Was steht auf dem Küchentisch? Markieren Sie.

√ Butter   Waschpulver
Käse   Gulasch
Öl   Pizza
Hefe   Zucker
10 Eier   Toastbrot
Fisch   2 l Milch
2 Fl. Bier   Mehl
Pfeffer

C 2

Hören und markieren Sie.

2/3

1 Ein Kilo Kartoffeln kostet
   ▢ 2,00 €.
   ▢ 1,10 €.

2 Das Sonderangebot kostet
   ▢ 2,45 €.
   ▢ 245,– €.

3 Der Mann kauft
   ▢ das 5-Kilo-Paket für 6,85 €.
   ▢ das 3-Kilo-Paket für 4,65 €.

4 Es gibt kein Mirdir Bier
   ▢ im Kasten.
   ▢ im Sechserpack.

5 Die Frau
   ▢ möchte 125 g und bekommt etwas mehr Salami.
   ▢ möchte 125 g und bekommt 125 g Salami.

6 Der Mann kauft
   ▢ eine Tüte Milch.
   ▢ eine Flasche Milch.

C 3

Was passt zusammen? Ergänzen Sie.

| 250 g ◆ 2,60 € ◆ 1/2 l ◆ |
| 3 l ◆ 5 kg ◆ 620,– € ◆ |
| 0,79 € ◆ ~~1/4 l~~ ◆ 1/2 kg ◆ |
| ~~0,25 l~~ ◆ 500 g ◆ ~~125 g~~ ◆ |
| 6,20 € ◆ 0,5 l |

Man schreibt	Man sagt
_1/4 l; 0,25 l; 125 g_	ein Viertel …
	sechs Euro zwanzig
	zwei Euro sechzig
	drei Liter
	ein halbes Kilo
	ein halber Liter
	fünf Kilo
	ein halbes Pfund
	ein Pfund
	sechs zwanzig
	neunundsiebzig Cent
	zweihundertfünfzig Gramm
	sechshundertzwanzig Euro

C 4   Was möchten Sie? Schreiben oder sprechen Sie.

die Flasche

die Packung

das Paket

die Tüte

Jetzt schreiben oder sprechen Sie.

Ich möchte gern 1 Kilo Bananen.
Ich hätte gern 2 Flaschen Milch.
Eine Packung Erdnüsse, bitte.
...

die Dose

die Schachtel

KURSBI
C 2

2/4

C 5   Hören Sie, sprechen Sie nach und markieren Sie den Wortakzent.

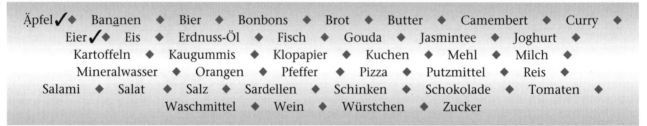

Äpfel ✓◆ Ban<u>a</u>nen ◆ Bier ◆ Bonbons ◆ Brot ◆ Butter ◆ Camembert ◆ Curry ◆
Eier ✓◆ Eis ◆ Erdnuss-Öl ◆ Fisch ◆ Gouda ◆ Jasmintee ◆ Joghurt ◆
Kartoffeln ◆ Kaugummis ◆ Klopapier ◆ Kuchen ◆ Mehl ◆ Milch ◆
Mineralwasser ◆ Orangen ◆ Pfeffer ◆ Pizza ◆ Putzmittel ◆ Reis ◆
Salami ◆ Salat ◆ Salz ◆ Sardellen ◆ Schinken ◆ Schokolade ◆ Tomaten ◆
Waschmittel ◆ Wein ◆ Würstchen ◆ Zucker

Wo gibt es was? Sortieren Sie.

Backwaren	Fleischwaren	Gemüse	Getränke	Gewürze	Haushaltswaren
___	___	___	___	___	___
___	___	___	___	___	___
___	___	___	___	___	___

Käse	Milchprodukte	Obst	Spezialitäten	Süßwaren	Tiefkühlkost
___	___	*Äpfel*	___	___	___
___	___	___	___	___	___
___	___	___	___	___	___

andere Lebensmittel

Eier _____

Was kaufen Sie oft? Schreiben Sie.

C 6

Ich kaufe oft ...

Die/Den/Das

Die | gibt es bei ...

Wo?			
Singular:	f	**bei der** Tiefkühlkost	
	m	**beim** Käse	
	n	**beim** Gemüse / Obst	
Plural:		**bei den**	Getränken / Gewürzen / Haushaltswaren / Milchprodukten / Spezialitäten ...

KURSBUCH C 3–C 4

Was passt wo? Ergänzen Sie die Dialoge und markieren Sie.

C 7

Entschuldigung ◆ Vielen Dank ◆ Da sind Sie hier falsch. ◆ Wo ist das, bitte? ◆ Bitte, bitte. ◆
wo finde ich hier ◆ Ich suche ◆ der Tiefkühlkost ◆ tut mir Leid ◆ Gibt es hier keinen ◆
hier vorne rechts ◆ Was suchen Sie denn? ◆ da hinten

Kundin = K   Angestellte / Angestellter = A

1 K _Entschuldigung_____ , können Sie mir helfen?

  A Aber natürlich. _____ ?

     Die Leergut-Annahme.

     Die ist gleich _____ , bei den Backwaren.

     Danke.

     _____ .

2   Entschuldigen Sie, _____ Fisch?

      Den bekommen Sie bei _____ , im nächsten Gang links.

      _____ frischen Fisch?

      Nein, _____ .

3   Kann ich Ihnen helfen?

      Ja, bitte. _____ Waschpulver.

      _____ . Waschpulver gibt es bei den Haushaltswaren.

      Haushaltswaren? _____ ?

      Ganz _____ , im letzten Gang.

      _____ !

      Nichts zu danken.

Hören und vergleichen Sie.

2/5

Was passt zusammen? Markieren Sie.

C 8

1 Entschuldigung,
   können Sie mir helfen? _a + j; g + j_

2 Kann ich Ihnen helfen? _____

3 Wo finde ich hier ... ? _____

4 Ich suche ... _____

5 Gibt es hier keine ... ? _____

6 Vielen Dank! _____

a) Aber natürlich.	g) Ja, bitte.
b) Bitte, bitte.	h) Nein, tut mir Leid.
c) Doch, natürlich.	i) Nichts zu danken.
d) Ich suche ...	j) Was suchen Sie denn?
e) Gleich hier vorne rechts.	k) Wo finde ich ... ?
f) Im nächsten Regal links oben.	l) ... bekommen Sie bei ...

Schreiben Sie jetzt einen Dialog.

KURSBUCH C 5

Der Ton macht die Musik

D 1
2/6

Hören und markieren Sie: „u" oder „ü"?

Vergleichen Sie: Stuhl [u:] Stühle [y:]
Mutter [ʊ] Mütter [y]

Nr.	u	ü	Nr.	u	ü	Nr.	u	ü	Nr.	u	ü
1	X		7			13			19		
2		X	8			14			20		
3	X		9			15			21		
4			10			16			22		
5			11			17			23		
6			12			18			24		

D 2
2/7

Lang (_) oder kurz (.)? Hören Sie, sprechen Sie nach und markieren Sie.

süß Stück fünf üben Tür über flüstern Gemüse Würstchen

Bücher Küche Tüte für wünschen Stühle gemütlich günstig natürlich

D 3
2/8

Üben Sie.

Langes „iiiiiiii" = [i:]
Sagen Sie „Siiiiiiiiie"

Langes „üüüüü" = [y:]
Sagen Sie weiter „iiiiiii" und
machen Sie die Lippen rund (wie
bei „o"): „iiiii" wird zu „üüüüü".
Sagen Sie „süüüüüüüüüüüüß!"

Kurzes „ü" = [y]
Sagen Sie "üüüüü" – "üüüü" –
„üü" – „ü" – „ü" – „ü" …

Sagen Sie: „süße Stücke" – „süße Stücke" …

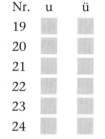

Zum Geburtstag viel Glück,
Zum Geburtstag viel Glück,
Viel Glück zum Geburtstag,
Zum Geburtstag viel Glück!

D 4
2/9

Hören Sie und sprechen Sie nach.

vier – für hier – Tür spielt – spült lieben – üben viele – Stühle

Tiefkühltruhe Spülmaschine Überschrift Süßwaren nützliche Ausdrücke

D 5
2/10

Üben Sie zu zweit.

Vereinslokal

Sie wünschen?
Fünf Bier, vier Würstchen,
eine Gemüsesuppe
und eine Tüte Erdnüsse, bitte.

Sonderangebot

Wie finden Sie die Spülmaschine?
445 Euro? Die ist günstig.

Tschüs

Wo ist die Tür?
Die Tür ist hier.
Tschüs!

2/11

Wählen Sie ein Gedicht und üben Sie. Dann lesen Sie vor.

Geburtstag

Sieben Bücher wünsch' ich mir,
natürlich schenkt er mir nur vier.
Sieben Bücher ich mir wünsch' –
vielleicht schenkt er mir ja auch fünf?

FEIERABEND

Die Küche um sieben:
Sie spielt – er spült
gemütlich

Deutschkurs

Markieren Sie die Überschriften.
Üben und sortieren Sie.
Schließen Sie die Bücher.
Spielen Sie zu fünft.
Buchstabieren Sie „Würstchen".
Fünf nach vier!
Tschüs, auf Wiedersehen!

KURSBUCH
E 1-E 3

E

E 1

Im Feinkostladen

Was sagt die Kundin? Ergänzen Sie bitte.

Guten Tag! ◆ Nein, danke. Das wär's . ◆ Ja, ein Pfund Tomaten, bitte. ◆ Nein, das ist ein bisschen viel. ◆
Ja, gut. Aber bitte nur ein Pfund. ◆ Hier bitte, 20 Euro ◆
Ich hätte gern ein Viertel Mailänder Salami. ◆ Ja, bitte. … Danke. … Wiedersehen! ◆
Nein, danke. Was kostet denn das Bauernbrot da? ◆ Haben Sie Jasmintee?

Der Verkäufer sagt:

Guten Tag. ↘ Sie <u>wünschen</u>? ↗
Darf´s ein bisschen mehr sein?   160 Gramm?
Haben Sie noch einen Wunsch?
Darf´s noch etwas sein?
Nein, tut mit Leid.   Den bekommen wir erst morgen
wieder.   Möchten Sie vielleicht einen anderen Tee?
3,80 das Kilo.
Sonst noch etwas?
Das macht dann … 5 Euro 80.
Und 14,20 zurück.   Möchten Sie vielleicht eine Tüte?
Vielen Dank und auf Wiedersehen!

Die Kundin sagt:

Guten Tag! ↘
Ich hätte gern ein Viertel Mailänder Salami.
_____
_____
_____

_____
_____
_____
_____

2/12

Hören und vergleichen Sie.

2/12

Markieren Sie den Satzakzent (_) und die Satzmelodie (↗ oder ↘).
Dann hören Sie den Dialog noch einmal, vergleichen Sie und sprechen Sie nach.

Mit oder ohne Artikel? Ergänzen Sie die Sätze und die Regel.

Ich suche Orangen.

Haben Sie Orangen?

Was kosten die Orangen?

Zwei Kilo Orangen, bitte.

> – ◆ die ◆ der ◆ das ◆ drei ◆ Zehn ◆ Einen Kasten ◆ drei Kilo ◆ ein Viertel ◆ zwei Dosen ◆ Zwei Liter

Haben Sie	___–___	Fisch?	Ich möchte	_____	Joghurts.
Haben Sie	_____	Kandiszucker?	Ich suche	_____	Kräutertee.
Ich suche	_____	Curry.	Was kosten	_____	Eier?
	_____	Mineralwasser, bitte.	Ich hätte gern	_____	Tomaten.
Ich hätte gern	_____	Kartoffeln.	Was kostet	_____	Kaffee?
	_____	Eier, bitte.	Ich möchte	_____	Salami.
Was kostet	_____	Brot?		_____	Milch, bitte.

			mit ◆ ohne	
Gibt es …?	„Haben Sie … ?" / „Ich suche …"		Lebensmittel _____ Artikel.
Preis?	„Was kostet … ?", „Was kosten … ?"		Lebensmittel _____ Artikel.
Ich kaufe …	„Ich möchte …" / „Ich hätte gern …" / „… , bitte"		Lebensmittel _____ Zahl und
			Maßeinheit/Verpackung.

Maßeinheit = kg, l, … / Verpackung = Flasche, Paket, …

2/13

Jetzt sind Sie Kunde im Lebensmittelgeschäft. Hören und sprechen Sie.

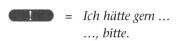 **!** = *Ich hätte gern …*

…, bitte.

? = *Haben Sie …?*

?Preis? = *Was kostet …?*

Was kosten …?

!	200g Gouda	➡	am Stück
?Preis?	Orangen?	➡	2 kg
?	Kandiszucker?	➡	1 Paket
!	3 Bananen		
?	Basmati-Reis?	➡	1 Pfund
!	2 Flaschen Cola	➡	4 Dosen
?Preis?	Kaffee?	➡	500g
!	ein Viertel Salami	➡	+
…			

KURS
E

E 4

Welches Wort passt *nicht*? Markieren und ergänzen Sie.

kein/ein	Getränk	Gewürz	Lebensmittel	Spielzeug
	Milchprodukt	Obst	Wort mit ...	...
keine/eine	Maßeinheit	Süßware	Verpackung	...

Beispiel: Kilo, ~~Reis~~, Pfund, Gramm   *ein Lebensmittel, keine Maßeinheit*

1   Paket, Packung, Pfund, Schachtel   _____

2   Liter, Gramm, Pfund, Flasche   _____

3   Mineralwasser, Tomaten, Wein, Bier   _____

4   Salami, Milch, Butter, Käse   _____

5   Schokoriegel, Luftballon, Bonbon, Lolli   _____

6   Orangen, Bananen, Kartoffeln, Äpfel   _____

7   Pfeffer, Curry, Salz, Wein   _____

KURSBUCH
F 1-F 2

Machen Sie ähnliche Listen und tauschen Sie.

F

Zwischen den Zeilen

F 1

Machen Sie aus einem Wort zwei Wörter und ergänzen Sie die Regel.

Beispiele: das Milchprodukt   die Milch + das Produkt

                 die Dosenmilch   die Dose(n) + die Milch

                 die Haushaltswaren   der Haushalt + die Ware(n)

1   die Fleischwaren   _____

2   das Vanilleeis   _____

3   das Spielzeugauto   _____

4   der Luftballon   _____

5   das Klopapier   _____

6   das Toastbrot   _____

7   der Butterkäse   _____

8   der Apfelkuchen   _____

9   der Orangensaft   _____

10   das Vereinslokal   _____

11   die Pralinenschachtel   _____

12   das Hammelfleisch   _____

Viele deutsche Wörter sind „Komposita" (2 Wörter → 1 langes Wort).

Bei Komposita bestimmt das ▨ erste   Wort den Artikel.

                           ▨ letzte

Wie heißen die Wörter? Ergänzen Sie.

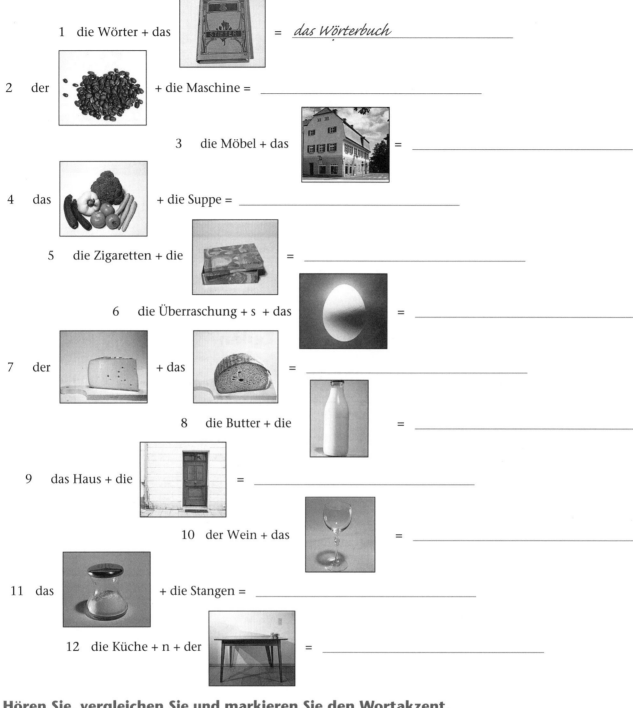

1 die Wörter + das [Buch] = *das Wörterbuch*

2 der [Kaffee] + die Maschine = _____

3 die Möbel + das [Haus] = _____

4 das [Gemüse] + die Suppe = _____

5 die Zigaretten + die [Schachtel] = _____

6 die Überraschung + s + das [Ei] = _____

7 der [Käse] + das [Brot] = _____

8 die Butter + die [Milch] = _____

9 das Haus + die [Tür] = _____

10 der Wein + das [Glas] = _____

11 das [Wasser] + die Stangen = _____

12 die Küche + n + der [Tisch] = _____

 Hören Sie, vergleichen Sie und markieren Sie den Wortakzent.

2/14

Bei Komposita hat fast immer das ☐ erste Wort den Wortakzent.
☐ letzte

Suchen Sie weitere Komposita in den Lektionen 1–3.

das Bauernbrot, die Telefonnummer, die Wortliste, …

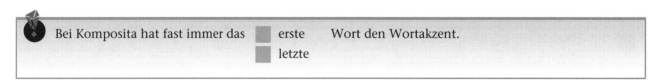

G

Machen Sie mehr aus Ihrem Geld!

G 1

Was passt wo? Markieren Sie.

Werbung für	Bild
Geld	
Lebensmittel, …	*C*
Kommunikation	

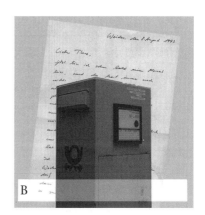

RIECHT GUT UND SCHMECKT GUT: MOODS.

1 *Bezahlen Sie mit Ihrem guten Namen!*

2 **Hallo, Raucher! Denkt doch mal an die Nichtraucher.**

3 *Iss es – schmeck es – spür es!*

4 **Mach mal Pause – trink Coca Cola!** *D*

5 **Bestellen Sie doch mal online.**

6 *Schreib mal wieder!*

G 2

Welcher Text passt zu welcher Anzeige? Markieren Sie.

SPIEGEL ONLINE – Kultur Extra: Von Abba bis Zappa, von Oper bis Musical – bestellen Sie Ihre CD doch mal online! Per Datenbankabfrage aus 150.000 CDs – täglich, ohne Warteschlange.
SPIEGEL ONLINE – die erste Adresse im Netz. http://www.spiegel.de

Probieren Sie das Zigarillo, das bei Rauchern und Nichtrauchern gleichermaßen beliebt ist: Das neue Moods. Verlangen Sie eine Musterpackung und schicken Sie den nebenstehenden Gutschein an: Dannemann GmbH, Moods, 32310 Lübbecke.

Du willst fit sein? Dann iss das Richtige: den Dreiklang aus Eiweiß, Fett und Kohlehydraten. Zusammen mit vielen Vitaminen und Mineralstoffen.
FITMACHER-ACTION-SHOW – Hol dir Infos und mehr bei der Beachvolleyball Masters-Tour in Essen am 14./15. Juni 1997.

G 3

Schreiben Sie die Werbetexte zu den Bildern.

> **Der Imperativsatz**
>
> „du": Schreib ~~st du~~ mir mal ✎! | **per du:** Singular: wie „du", aber:
> | keine „-st-Endung" beim Verb, kein Subjekt
> „ihr": Denkt ~~ihr~~ *doch mal* an die | Plural: wie „ihr", aber: kein Subjekt.
> Nichtraucher ✎! | **alle Imperativsätze:**
> „Sie": Machen Sie mehr aus | kein Fragezeichen (?) → Ausrufezeichen (!) oder Punkt (.)
> Ihrem Geld ✎! | manchmal: + *doch, mal* oder *bitte*

> Ausnahme: Imperativ von „sein"
> „du": sei (freundlich)
> „ihr": seid (freundlich)
> „Sie": Seien Sie (freundlich)

„du"
nett sein – „Ja!" sagen
~~nicht lange suchen – ins „inserat" schauen~~
die Chance nutzen – Lotto spielen
nicht nach Amerika gehen – mit uns fliegen

„Sie"
ihr nicht einfach nur Pralinen schenken
ganz bequem von zu Hause bestellen
nicht so viel arbeiten – mal Urlaub machen
mehr aus Ihrem Geld machen – mit den Experten sprechen
nicht irgendwas nehmen – Persil nehmen

„ihr"
zu uns in den Verein kommen
den Tieren eine Chance geben
cool sein – Milch trinken

 1  2  3 4 5

 6  7  8

 9 10

 11 12

1 Such nicht lange – schau ins „inserat"!

2

G 4

Imperativ (↘) oder Ja/Nein-Frage (↗)? Hören Sie und ergänzen Sie „?" oder „!".

1 Kommen Sie zur Party **?**   5 Spielen Sie Lotto
2 Nehmen Sie eine Gulaschsuppe   6 Machen Sie einen Deutschkurs
3 Trinken Sie Buttermilch   7 Bezahlen Sie mit Scheck
4 Kaufen Sie „das inserat"   8 Fliegen Sie nach Australien

Üben Sie die Sätze als Aufforderungen (↘) und als Fragen (↗).

Die Produktbörse

Lesen Sie den Text und markieren Sie bitte.

1 Die Produktbörse ist
☐ eine Information für Verbraucher.
☐ ein Bauernhof.

2 Die Produktbörse informiert über
☐ Spezialitäten aus Hessen.
☐ internationale Spezialitäten.

3 Die Produkte gibt es
☐ direkt beim Erzeuger.
☐ im Supermarkt oder Feinkostgeschäft.

4 Beim Infotelefon können Sie
☐ Lebensmittel bestellen.
☐ Adressen und Informationen bekommen.

Produktbörse
für hessische Spezialitäten
direkt vom Bauernhof

Qualität frisch
vom Bauernhof

**Vereinigung der
Hessischen
Direktvermarkter e.V.**

📞 **Infotelefon
für Verbraucher**

**0 64 24 / 62 06
Mo–Fr von 9–12 Uhr
und 14–17 Uhr
Telefax: 0 64 24 / 62 09**

Die Vereinigung der Hessischen Direktvermarkter e.V. ist ein Zusammenschluss von über 400 landwirtschaftlichen Betrieben aus unterschiedlichen hessischen Regionen.

Unser Ziel ist es, Sie als Verbraucher über gesunde, regional erzeugte Spezialitäten von hessischen Bauernhöfen zu informieren.

Unter dem Motto „Qualität frisch vom Bauernhof" wollen wir Ihnen Möglichkeiten für den direkten Einkauf beim Erzeuger aufzeigen.

Bei unserem Infotelefon können Sie jederzeit nachfragen, wo und wie Sie bequem und in Ihrer Nähe „Qualität frisch vom Bauernhof" einkaufen können.

Ihre Wünsche geben unseren Betrieben Anregungen und Hilfestellung für die weitere Zusammenarbeit und die Gestaltung unserer Produktpalette.

Die Produktbörse enthält Spezialitäten der hessischen Bauernhöfe. Das Angebot ist groß! Wir können Ihnen hier nur eine grobe Übersicht unserer Produkte vorstellen. Nutzen Sie unser Infotelefon für Ihre Fragen, Anregungen und zur weiteren Information.

**Bitte rufen Sie uns an!
Infotelefon: 0 64 24 / 62 06
Mo–Fr von 9–12 Uhr und
14–17 Uhr**

+
Kartoffeln

–
Waschmittel

TANGRAM

Was gibt es hier?
Was gibt es nicht? Machen Sie eine Liste.

Ergänzen Sie die Überschriften.

Fleisch & Wurst ◆ Gemüse & Blumen ◆ Milch & Milchprodukte ◆ Obst & Obstsäfte ◆
Honig & Marmeladen ◆ Brot & Gebäck ◆ Spezialitäten ◆ Wein & Spirituosen

1
_____

Wir bieten Ihnen je nach Saison erntefrische Äpfel, Birnen, Erdbeeren, Kirschen und andere heimische Obstsorten, frischgepressten Most und Obstsäfte.

4
_____

Verschiedene Teesorten, heimische Nüsse und hochwertige Speiseöle finden Sie in unserem Spezialitäten-Angebot.

7
_____

Frische Vorzugsmilch vom Bauernhof, diverse Käsesorten sowie Butter, Quark, Schmand und andere köstliche Milchprodukte für die ganze Familie.

2
_____

Genießen Sie unsere ofenfrischen Bauernbrote, Vollkornbrote, Brötchen und Kuchen, die wir nach alten Rezepten in verschiedenen Geschmacksrichtungen herstellen.

5
_____

Für Ihr tägliches Frühstück bieten wir Ihnen Blütenhonig, aromatischen Waldhonig sowie Marmeladen und Konfitüren nach Bauernart.

8
_____

Unsere nach alter Tradition erzeugten Apfel-, Obst- und Honigweine sowie Obstler, Liköre und Korn sind ein Genuss für Ihren Gaumen.

3
_____

Frisch vom Feld und aus dem Garten liefern Ihnen unsere Landwirte und Gärtner Salate, Kartoffeln, verschiedene Gemüse und Kräuter sowie Blumen für jeden Anlass.

6
_____

Probieren Sie mal zartgeräucherten Schinken, hausgemachte Leberwurst oder ein saftiges Steak – unsere Wurst- und Fleischspezialitäten sind wirkliche Leckerbissen.

**Viel Spaß
beim Einkauf auf
„Ihrem" hessischen
Bauernhof!**

Was passt zusammen? Markieren Sie.

1 die Saison _____
2 erntefrisch _____
3 die Obstsorte _____
4 heimisch _____
5 ofenfrisch _____
6 hochwertig _____
7 täglich _____
8 Leckerbissen _____
9 die Käsesorte _____
10 nach alter Tradition _____

a) Äpfel, Birnen, Orangen …
b) Camembert, Butterkäse, Gouda …
c) die Jahreszeit
d) frisch aus dem Garten und vom Feld
e) frisch aus dem Ofen
f) gute Qualität
g) hier: aus Hessen
h) jeden Tag
i) schmeckt sehr gut
j) wie vor 100 Jahren

I

Kurz & bündig

Lebensmittel

Welche Lebensmittel kaufen und essen und trinken Sie oft?

_____

_____

Welche Lebensmittel essen Sie

morgens?   mittags?   abends?

_____   _____   _____

_____   _____   _____

Wo gibt es was im Supermarkt?

Fisch _____   _findet man bei der Tiefkühlkost_

_____   _gibt es_

_____   _ist_

_____

Was passt? Sie sagen: „...., bitte."

Eine Dose _Tomaten, bitte._   Ein Pfund _____

Eine Tüte _____   Ein Kilo _____

Eine Packung _____   100 Gramm _____

Ein Paket _____   Ein Viertel _____

Eine Flasche _____   Einen Liter _____

Eine Schachtel _____   Einen Kasten _____

Einkaufen

Sie suchen im Supermarkt Hefe, ... Was sagen oder fragen Sie?

_____

Hat der Laden/Supermarkt Erdnussöl, Kandiszucker, ... ? Wie fragen Sie?

_____

Sie sind im Feinkostladen und brauchen Käse, ... Was sagen Sie?

_____

Sie sind Verkäufer. Es gibt keinen Käse mehr. Was sagen Sie?

_____

Ergänzen Sie.

ganz da

links

gleich hier vorne

Personalpronomen im Nominativ und Dativ

Ein deutsches Sprichwort: „Wie du mir – so ich dir"

(Wie du mir begegnest – so begegne ich dir.
Du bist freundlich zu mir? – Dann bin ich freundlich zu dir.
Du bist unfreundlich zu mir? – Dann bin ich unfreundlich zu dir.)

Ergänzen Sie.

Wie du mir – so *ich dir* . Wie ich ihr – so _____ .

Wie ihr uns – so _____ . Wie wir ihm – so _____ .

Wie er ihr – so _____ . Wie du ihnen – so _____ .

Wie sie dir – so _____ . Wie ich Ihnen – so _____ .

Die Dativ-Ergänzung: Sie machen Geschenke. Wer bekommt was?

eine Freundin	*Ich schenke ihr einen Volleyball.*
mein Sohn	*Ich kaufe*
meine Eltern	*Ich*
und ich?	*Ich*
und wir?	*Ich*

Welche Verben haben eine Akkusativ-Ergänzung und eine Dativ-Ergänzung?

_____

Der Imperativ: Ratschläge und Bitten

Jemand sagt oder fragt: **Sie antworten:**

Wir haben kein Geld dabei.   *Bezahlt doch mit* _____

Was heißt „Bauernhof"?   _____

Ich möchte eine Kleinigkeit essen.   _____

Ich möchte ihr etwas schenken. Haben Sie eine Idee? _____

Sie haben Besuch.   **Sie sagen:**

an der Wohnungstür   *Kommt doch herein.* _____

im Wohnzimmer   _____

beim Kaffeetrinken   _____

nach dem Kaffeetrinken   _____

...   _____

Interessante Ausdrücke

_____

_____

_____

Arbeit und *Freizeit*

A

Traumberufe

A 1

Welche Berufe kennen Sie? Ergänzen Sie.

1 _____ 2 _____ 3 _____ 4 _____

5 _____ 6 _____ 7 _____ 8 _____

9 *Ingenieur* _____ 10 _____ 11 _____ 12 _____

| Bankkauffrau ◆ Hausmann ◆ Friseur ◆ Kamerafrau ◆ Taxifahrer ◆ Automechaniker ◆ |
| Hotelfachfrau ◆ ~~Ingenieur~~ ◆ Fotografin ◆ Journalistin ◆ Sekretärin ◆ Arzthelferin |

A 2

Wie heißen die Berufe? Lesen und ergänzen Sie.

		Beruf	Dialog
1	Sie arbeitet beim Fernsehen, beim Rundfunk oder bei der Zeitung. Sie schreibt Artikel und berichtet über aktuelle Themen.	Sie ist *Journalistin* .	4
2	Er schneidet seinen Kunden die Haare ...	Er ist _____ .	
3	Sie macht Fotos von Menschen, Häusern ...	Sie ist _____ .	
4	Sie arbeitet im Büro. Sie schreibt Briefe, telefoniert ...	Sie ist _____ .	
5	Er repariert Autos und Motorräder.	Er ist _____ .	
6	Sie arbeitet in einer Arztpraxis oder im Krankenhaus. Sie vereinbart Termine mit den Patienten.	Sie ist _____ .	

Welcher Dialog passt zu welchem Beruf?

Hören und markieren Sie.

2/17

KURSBUCH
A 1

A 3

Hören Sie, sprechen Sie nach und markieren Sie den Wortakzent.

Friseur   Journalistin   Hotelfachfrau   Automechaniker   Kamerafrau   Fotograf   Taxifahrer
Hausmann   Bankkauffrau   Ingenieur   Sekretärin   Arzthelferin   Schauspieler   Fußballspieler
Ärztin   Fotomodell   Lokführer   Werbekauffrau   Flugbegleiterin   Kellner

A 4

Was „sagen" die Leute? Hören und markieren Sie.

1 ▢ Friseur		3 ▢ Fotograf		5 ▢ Schauspieler	
▢ Kellner		▢ Lokführer		▢ Hausmann	
2 ▢ Sekretärin		4 ▢ Ärztin		6 ▢ Ingenieur	
▢ Fotomodell		▢ Journalistin		▢ Bankkauffrau	

Hören Sie noch einmal und vergleichen Sie.

„Summen" Sie einen Beruf. Die anderen raten: Welcher Beruf ist das?

> Friseur ◆ Kellner ◆ Fotomodell ◆ Lokführer ◆ Journalistin ◆ Fotograf

KURSBU
A 2-A

A 5

Was möchte Daniel werden? Hören und markieren Sie.

▢ Kameramann   ▢ Pilot   ▢ Schauspieler   ▢ Fußballspieler   ▢ Automechaniker   ▢ Opa

Ergänzen Sie die passenden Verben.

> muss ◆ kann ◆ möchte

Daniel _möchte_ Kameramann werden. Da _____ er immer tolle
Krimis drehen. Aber ein Kameramann _____ oft die schwere Kamera
tragen. Das findet Daniel nicht so gut.
Er _____ dann lieber Schauspieler werden. Da _____ ihn sein
Opa im Fernsehen sehen. Aber sein Opa sagt, er _____ erst mal ein
paar Jahre Schauspielunterricht nehmen. Das findet Daniel zu lange.
Dann _____ er lieber Fußballspieler werden. Daniel spielt jetzt schon
jeden Samstag Fußball. Aber das reicht nicht. Ein Profi _____ jeden
Tag trainieren. Dazu hat Daniel keine Lust. Er _____ lieber Opa
werden. Da _____ er überhaupt nicht arbeiten und _____ den
ganzen Tag fernsehen.

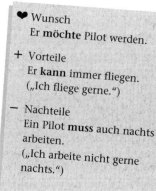

♥ Wunsch
Er **möchte** Pilot werden.

+ Vorteile
Er **kann** immer fliegen.
(„Ich fliege gerne.")

− Nachteile
Ein Pilot **muss** auch nachts
arbeiten.
(„Ich arbeite nicht gerne
nachts.")

Wie geht der Text weiter? Schreiben Sie.

> ~~Taxifahrer~~ ◆ Journalist ◆ Hausmann ◆ Automechaniker ◆ ...

*Aber Opa ist kein Beruf. Daniel möchte **Taxifahrer** werden. Da **kann** er ...*
*Aber ein Taxifahrer **muss** ...*

KURSB
A 6-A

A 6   **Was passt: „bei" oder „in"? Lesen Sie die Texte und ergänzen Sie.**

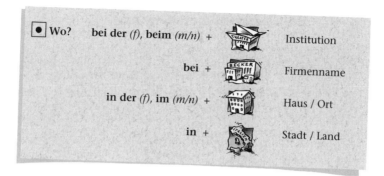

Wo?	bei der (f), beim (m/n) +		Institution
	bei +		Firmenname
	in der (f), im (m/n) +		Haus / Ort
	in +		Stadt / Land

1   Angela Dos Santos ist Portugiesin und lebt seit 8 Jahren _____ Deutschland. Sie arbeitet als Rampagentin _____ Lufthansa (f). Sie kontrolliert die Flugzeuge vor dem Start. Sie findet ihren Beruf sehr interessant, aber es gibt viel Stress: Sie muss immer schnell und genau arbeiten. In ihrer Freizeit geht sie mit Freunden in die Disko oder ins Kino. Mindestens dreimal in der Woche macht sie Aerobic und Stepptanz _____ Sportstudio (n). Sie reist auch gerne: an den Bodensee, nach München oder Dresden. Dann wohnt sie bei Freunden oder _____ Hotel. Frau Dos Santos kann billig fliegen – sie bezahlt nur 10% des Flugpreises. Deshalb besucht sie jeden Monat für ein paar Tage ihre Familie _____ Lissabon.

2   Herbert Kleinschmidt ist Taxifahrer und arbeitet _____ Taxi-Schneider _____ Halle. Er fährt nur nachts: von sechs Uhr abends bis sechs Uhr morgens. Da ist nicht so viel Verkehr. Manchmal macht er auch Vertretung _____ Taxi-Zentrale. Seine Arbeit macht ihm Spaß. Er lernt viele Menschen kennen. Nur selten sind seine Fahrgäste unfreundlich oder haben kein Geld. Wenn er Pause macht, trifft er sich mit Kollegen _____ Gasthaus „Zur Sonne" (n), das ist seine Stammkneipe.
Es gibt nur einen Nachteil: „Es ist sehr anstrengend, 12 Stunden _____ Taxi (n) zu sitzen, deshalb mache ich in meiner Freizeit viel Sport: Ich spiele am Wochenende immer Fußball und gehe oft schwimmen."

3   Esther Schmidt ist Schauspielerin. Sie hat ein Engagement _____ Schiller-Theater _____ Wuppertal. „Ich liebe meinen Beruf. Jeder Auftritt ist eine neue Herausforderung für mich." Sie verdient nicht viel Geld: „_____ Fernsehen kann man als Schauspielerin mehr verdienen, aber das macht mir nicht so viel Spaß. _____ Theater habe ich mein Publikum direkt vor mir, nicht nur eine Kamera. Das ist viel interessanter."

A 7   **Beschreiben Sie Ihren Beruf und andere Berufe. Was ist wichtig, interessant, schwierig, …?**

> Ich bin Verkäuferin und arbeite im Kaufhaus Schneider. Ich habe lange
> Arbeitszeiten. Ich muss auch samstags arbeiten. Das finde ich nicht so gut, aber
> da verdiene ich mehr Geld. Ich bin gern Verkäuferin, aber manchmal sind die
> Kunden ziemlich unfreundlich. Und ich? Ich muss immer freundlich sein. Das ist
> nicht so einfach. …

KURSBUCH
A 8

Wochenende – und jetzt?

Was passt zu welchem Bild?

Fußball / Karten / Tennis / Klavier spielen ◆ in die Disko / in die Oper / in die Stadt gehen ◆
ins Kino / ins Theater / ins Museum / ins Konzert gehen ◆
fotografieren ◆ joggen ◆ lesen ◆ schwimmen ◆ tanzen ◆ Fahrrad fahren ◆ spazieren gehen ◆
Musik hören ◆ ...

B 2

Ergänzen Sie 5 Freizeitaktivitäten. Was passt wo?

interessant

schwimmen

nicht teuer   lesen   in die Oper gehen   teuer

joggen   ins Museum gehen   **interessant**

langweilig

nicht teuer   **teuer**

langweilig

Vergleichen Sie zu dritt oder schreiben Sie.

Ich schwimme gern. Das macht Spaß. Und es ist nicht teuer.
Ich gehe gern in die Oper. Das finde ich interessant, aber das ist teuer.
Ich finde Joggen langweilig, aber es kostet nichts.

KURSB
B 1-

B 3 Ergänzen Sie die Uhrzeiten in beiden Formen.

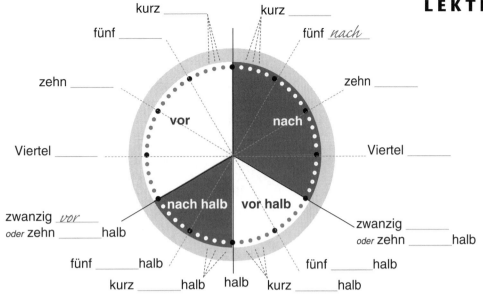

kurz _____   kurz _____

fünf _____   fünf *nach*

zehn _____   zehn _____

vor   **nach**

Viertel _____   Viertel _____

nach halb   **vor halb**

zwanzig *vor*   zwanzig _____
oder zehn _____ halb   *oder* zehn _____ halb

fünf _____ halb   fünf _____ halb

kurz _____ halb   halb   kurz _____ halb

man schreibt	man sagt (offiziell)	oder	man sagt (informell)
1 Uhr	Es ist **ein** Uhr.	*oder:*	Es ist **eins**.
13 Uhr	Es ist **dreizehn** Uhr.		
6.30 Uhr	Es ist **sechs** Uhr **dreißig**.	*oder*	Es ist **halb** sieben.
18.30 Uhr	_____		
3.20 Uhr	Es ist **drei** Uhr **zwanzig**.	*oder*	Es ist zwanzig **nach** drei.
15.20 Uhr	_____		Es ist zehn **vor halb** vier.
7.40 Uhr	_____	*oder*	Es ist zwanzig **vor** acht.
19.40 Uhr	_____		Es ist zehn **nach halb** acht.
10.10 Uhr	_____	*oder*	Es ist zehn **nach** zehn.
22.10 Uhr	_____		
2.55 Uhr	_____	*oder*	_____
14.55 Uhr	_____		
5.15 Uhr	_____	*oder*	_____
17.15 Uhr	_____		
9.45 Uhr	_____	*oder*	_____
21.45 Uhr	_____		
11.03 Uhr	_____	*oder*	Es ist **kurz nach** _____
23.03 Uhr	_____		
4.27 Uhr	_____	*oder*	Es ist **kurz vor** _____
16.27 Uhr	_____		

KURSBUCH
B 4-B 6

B 4

2/21

Hören und ergänzen Sie.

20.30 Uhr ◆ 22.45 Uhr ◆ 20.00 Uhr ◆ 19.30 Uhr

Vera, Andrea und Thorsten möchten um _____ ins Kino gehen. Thorsten und Andrea sind um _____ da, aber Vera kommt nicht. Um _____ ruft Thorsten bei Vera an. Sie ist noch zu Hause. Sie glaubt, „halb acht" heißt _____ . Aber das stimmt nicht. „Halb acht" heißt _____ . Zum Glück gibt es eine Spätvorstellung um _____ . Vera, Andrea und Thorsten treffen sich um _____ .

KURSBUCH
C 1-C 4

Hunde müssen draußen bleiben!

Hören und markieren Sie.

Welcher Dialog passt zu welchem Bild?

Dialog	1	2	3	4	5	6
Bild	E					

C 2

Welche Sätze passen zu welchen Bildern? Markieren Sie.

1 Man darf nicht mit kurzen Hosen in die Kirche gehen. ☐

2 Die Frau möchte einkaufen. ☐

3 Man darf im Bus kein Eis essen. ☐

4 Die Frau möchte Fotos machen. ☐

5 „Kann ich nicht heute noch vorbeikommen?" E

6 Die Touristen möchten in die Kirche gehen. ☐

7 „Kann ich nicht noch schnell einen Liter Milch bekommen?" ☐

8 Man muss normale Kleidung tragen. ☐

9 Der Mann möchte mit dem Bus fahren. ☐

10 „Frauchen bringt dir auch ein schönes Stück Wurst mit." ☐

11 Im Museum darf man nicht fotografieren. Man muss eine Erlaubnis haben. ☐

12 Man darf mit einem Hund nicht ins Lebensmittelgeschäft gehen. ☐

13 In Deutschland kann man nach 20 Uhr nicht mehr einkaufen. Die Geschäfte sind geschlossen. ☐

14 Der Mann hat Zahnschmerzen. Er möchte einen Termin. E

15 Hunde müssen draußen bleiben. ☐

16 Mittwochnachmittag haben die Ärzte keine Sprechstunde. Aber man kann zum Notdienst gehen. E

Sortieren Sie die Sätze und beschreiben Sie die Situationen.

Dialog 1, Bild E:
Der Mann hat Zahnschmerzen. Er möchte einen Termin. Er sagt: „Kann ich nicht heute noch vorbeikommen?"
Aber das geht nicht. Mittwochnachmittag kann man nicht zum Arzt gehen. Die Ärzte haben keine Sprechstunde.

Dialog 2, Bild ...

C 3

Markieren Sie alle Verben in C 2 und ergänzen Sie die Regel.

Verb im Infinitiv ◆ Modalverb ◆ Verben

Sätze mit Modalverben haben fast immer zwei _____ . Das _____ steht auf Position 1 oder 2, das _____ steht am Ende.

C 4

Verben im Wörterbuch.

Sie kennen ein Verb nicht und möchten im Wörterbuch nachschauen.

Im Wörterbuch stehen nur die Infinitive von Verben, also *schreiben, trinken, gehen …*

Sie suchen zum Beispiel das Verb: *(du)* **darfst**.

Streichen Sie die Endung *darfst*, dann haben Sie den Verb-Stamm „darf". Ergänzen Sie die Infinitiv-Endung *-en: darf + en*.

Sie finden „darfen" nicht im Wörterbuch? Das Wort gibt es nicht. Oft ändert sich der Verb-Stamm.

Probieren Sie andere Vokale aus: ä, e, i, o, ö, u, ü …

„dürfen" steht im Wörterbuch. Der Infinitiv heißt „dürfen".

Suchen Sie in Ihrem Wörterbuch die Infinitive.

spricht ◆ sollt ◆ isst ◆ arbeitet ◆ willst ◆ kann ◆ hilfst ◆ musst ◆ liest ◆ gibt

spricht   sprich + en → sprichen → sprechen ✓

C 5

2/23

Hören und antworten Sie.

Ihr Kollege möchte mit Ihnen essen gehen. Sie möchten aber nicht.

Beispiele:
Ich möchte gerne mal mit Ihnen essen gehen. ↘ *Sagen Sie,*→ *was machen Sie denn heute Abend?* ↘
   Vielen Dank,→ *aber ich kann heute nicht,*→ *ich muss meine Schwester vom Flughafen abholen.* ↘
Und morgen Abend? ↗

   Tut mir Leid,→ *da* **kann** *ich auch nicht.* → *Da* **muss** *ich Spanisch lernen.* ↘

Und am Mittwoch? ↗

      …

heute Abend:	meine Schwester vom Flug-	am Freitag:	die Wohnung aufräumen
	hafen abholen	am Samstag:	einer Freundin beim Umzug helfen
morgen Abend:	Spanisch lernen	am Sonntag:	mal ausruhen
am Mittwoch:	einkaufen gehen	nächste Woche:	meine Mutter im Krankenhaus
am Donnerstag:	Geschäftskollegen aus Köln		besuchen
	die Stadt zeigen		

KURSBUCH
C 5

Zwischen den Zeilen

2/24

Was passt zusammen? Hören und markieren Sie.

A

B

C

D

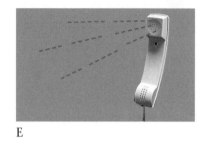
E

Dialog	Bild	Uhrzeit offiziell „neun Uhr dreißig"	Uhrzeit informell „halb zehn"
1	C	X	
2			
3			
4			
5			

2/24

Hören Sie die Dialoge noch einmal. Wie sagen die Leute die Uhrzeiten?

Was sagt man *nicht*? Markieren Sie.

1 **9.35**
  ☐ a) neun Uhr fünfunddreißig
  ☒ b) fünfunddreißig nach neun
  ☐ c) fünf nach halb zehn

2 **10.25**
  ☐ a) fünfundzwanzig nach zehn
  ☐ b) zehn Uhr fünfundzwanzig
  ☐ c) fünf vor halb elf

3 **21.15**
  ☐ a) Viertel nach neun
  ☐ b) einundzwanzig Uhr fünfzehn
  ☐ c) Viertel nach neun Uhr

4 **22.50**
  ☐ a) zehn vor elf
  ☐ b) zweiundzwanzig Uhr fünfzig
  ☐ c) zwanzig nach halb elf

5 **7.40**
  ☐ a) zwanzig vor acht
  ☐ b) zehn nach halb acht
  ☐ c) vierzig nach sieben

6 **19.04**
  ☐ a) kurz nach sieben
  ☐ b) kurz nach neunzehn
  ☐ c) neunzehn Uhr vier

Ergänzen Sie die Uhrzeit in der richtigen Form.

1 Bayern 3, Schlagzeilen um _____ .

2 Sie hat jeden Tag von _____ bis halb vier Deutschunterricht.

3 Der ICE 997 aus Hannover, planmäßige Ankunft _____ auf Gleis 8, hat voraussichtlich zehn Minuten Verspätung.

4 Wir treffen uns so um _____ , dann haben wir etwas Zeit und können vor dem Kino noch ein Bier trinken gehen.

5 Wie viel Uhr ist es bitte? – Genau _____ .

2/25

Jetzt hören und vergleichen Sie.

Termine, Termine!

E

E 1

Ergänzen Sie.

Jahr (n), -e ◆ Monat (m), -e ◆ Woche (f) -n ◆ Tag (m), -e ◆ Stunde (f), -n ◆ Minute (f), -n ◆ Sekunde (f), -n

Ein Jahr   hat   12   *Monate*   .   _____ hat   24   _____ .

_____ hat   4   _____ .   _____ hat   60   _____ .

Eine _____ hat   7   _____ .   _____ hat   60   _____ .

E 2

Ergänzen Sie die Tage und schreiben Sie.

Die Ordinalzahlen

1–19: -te   20–100: -ste

1. der erste	6. der sechste	11. der elfte	20. der zwanzigste
2. der zweite	7. der siebte	…	21. der einundzwanzigste
3. der dritte	8. der achte	16. der sechzehnte	…
4. der vierte	9. der neunte	17. der siebzehnte	31. der einunddreißigste
5. der fünfte	10. der zehnte	…	…

1.5.   *Der erste Mai ist ein Donnerstag.* _____

2.7.   _____

3.9.   _____

4.4.   _____

7.8.   _____

10.10.   _____

11.2.   _____

12.1.   _____

17.3.   _____

23.11.   _____

29.6.   _____

16.12.   _____

Mo = *Montag* _____

Di = _____

Mi = _____

Do = _____

Fr = _____

Sa = _____

So = _____

Wann ist welcher Feiertag? Ergänzen Sie die Daten.

Das Datum

man schreibt	man sagt
14. 2. *oder* 14. Februar	Heute ist der vierzehnte Zweite. *oder* Heute ist der vierzehnte Februar.
14. 2. Valentinstag	Am vierzehnten Februar ist Valentinstag. *oder* Am vierzehnten Zweiten ist Valentinstag.

1. 1.	*Am ersten Januar*	ist Neujahr.
14. 2. ♥	*Am vierzehnten*	ist Valentinstag.
8. 3. ♀		ist Internationaler Frauentag.
1. 5.		ist Tag der Arbeit.
1. 6.		ist Internationaler Kindertag.
1. 8.		ist Bundesfeiertag in der Schweiz.
3. 10.		ist Tag der deutschen Einheit.
26. 10.		ist Nationalfeiertag in Österreich.
25. 12. und 26. 12.		ist Weihnachten.
31. 12.		ist Silvester.
_____		habe ich Geburtstag.

Welche Feiertage gibt es bei Ihnen? Schreiben Sie.

Lesen Sie die Texte und ergänzen Sie die passende Überschrift.

Heute nicht! ◆ Praktische Grammatik ◆ Unbequeme Nachrichten

1 _____

Ein Mann möchte einen neuen Computer kaufen. „Wir haben hier einen Super-Computer", sagt der Verkäufer, „der weiß alles, der kann sogar sprechen."
Der Mann will den Computer testen und fragt: „Wo ist mein Chef jetzt?" Der Computer rechnet einen Moment, dann sagt er: „Ihr Chef ist jetzt in der Lufthansa-Maschine LH 474 nach Tokio. Morgen muss er nach Hongkong fliegen, und übermorgen …"
Der Mann ist zufrieden, aber er will noch einen Test machen. Er fragt: „Wo ist mein Vater jetzt?" Der Computer rechnet wieder und sagt dann: „Ihr Vater und seine Frau machen Urlaub in Wien. Sie sitzen jetzt beim Frühstück im Hotel Sacher. Heute Abend wollen sie ins Konzert gehen, und …"
„So ein Unsinn", sagt der Mann, „mein Vater ist seit 5 Jahren tot, und meine Mutter ist im Krankenhaus."
„Oh, das tut mir Leid", sagt der Verkäufer. „So etwas darf natürlich nicht passieren. Wir können es ja noch einmal probieren." Er sagt zum Computer: „Du musst noch einmal rechnen. Aber bitte genau, diesmal darfst du keine Fehler machen!"
Der Computer rechnet noch einmal, dann sagt er: „Ich mache keine Fehler. Der Mann seiner Mutter ist tot. Sein Vater macht Urlaub in Wien."

2 _____

Sie: „Kannst du bitte den Kühlschrank reparieren?"
Er: „Ja, das mache ich morgen."
Sie: „Und der Staubsauger funktioniert auch nicht."
Er: „Ja, das mache ich morgen."
Sie: „Morgen, morgen, alles willst du morgen machen."
Er: „Du hast Recht, morgen kann ich nicht. Da soll ich ja schon den Kühlschrank reparieren. Dann muss ich den Staubsauger halt nächste Woche machen!"

3 _____

In der Deutschstunde schreibt der Lehrer den Satz *Lisa geht gern tanzen.* an die Tafel.
Dann fragt er: „Könnt ihr mir sagen, wo hier das Subjekt ist?" Keine Antwort.
„Wo ist hier das Subjekt? Das müsst ihr doch wissen!" Wieder keine Antwort.
Der Lehrer ist verzweifelt. „Wo ist hier das Subjekt? Nur diese eine Antwort, dann machen wir Schluss, dann könnt ihr gehen."
Immer noch keine Antwort.
Der Lehrer wird sauer. „Ich will jetzt eine Antwort haben. Das ist doch ganz einfach! »Lisa geht gern tanzen.« Wo ist hier das Subjekt?"
„Ich weiß es nicht genau", antwortet Jasmin, „aber ich glaube, in der Disko."

E 5

Lesen Sie die Texte noch einmal und markieren Sie die Modalverben. Dann ergänzen Sie die Tabelle und die Regeln.

Modalverben	können	müssen	wollen	sollen	dürfen	möchten
ich					*darf*	*möchte*
du				*sollst*		*möchtest*
er/sie/es, man				*soll*		
wir		*müssen*	*wollen*	*sollen*	*dürfen*	*möchten*
ihr			*wollt*	*sollt*	*dürft*	*möchtet*
sie	*können*	*müssen*		*sollen*	*dürfen*	*möchten*
Sie	*können*	*müssen*	*wollen*	*sollen*	*dürfen*	*möchten*

darf ◆ möchten ◆ muss ◆ Verb-Endung ◆ Vokalwechsel ◆ will

1 Die Modalverben *können, müssen, wollen* und *dürfen* haben im Präsens einen

   _____

   können → *kann*_____   müssen → _____

   wollen → _____   dürfen → _____

2 Modalverben sind im Präsens bei „ich" und „er/sie/ es" gleich und haben keine _____

   _____ .

   (Ausnahme: _____)

E 6

Lesen Sie den Text und ergänzen Sie die passenden Modalverben in der richtigen Form.

● Wir gehen ins Kino. _____ du nicht auch kommen?

■ Nein, ich _____ leider nicht. Ich _____ ins Bett. Ich habe doch jetzt wieder eine Arbeit.

● Wirklich? Du hast wieder eine Stelle? Das ist ja toll!

■ Na ja, ich finde das nicht so toll. Ich arbeite im Lager. Ich _____ Ersatzteile aus den Regalen holen. Von morgens um sieben bis abends um fünf.

● Aber du _____ doch sicher mal eine Pause machen, oder?

■ Ja, aber erst um halb elf, zehn Minuten. Vorher _____ ich ohne Pause arbeiten. Und ich _____ nicht rauchen und auch kein Bier trinken! Das ist der absolute Stress!

● Na ja, so schlimm wird es doch nicht sein …

■ Du hast ja keine Ahnung! Immer hinein ins Lager, das Ersatzteil suchen, zurück zum Schalter, Lagerschein unterschreiben … Und da stehen immer zwei oder drei oder vier, und alle _____ ihre Teile sofort haben, keiner _____ warten … Und dabei _____ ich auch keinen Fehler machen. Für jedes falsche Teil _____ ich einen Euro zahlen.

● Ja, ich sehe schon, deine Arbeit ist wirklich sehr anstrengend. Wie lange machst du das denn schon?

■ Nächste Woche am Montag um sieben Uhr _____ ich anfangen.

KURSBUCH E 8

Der Ton macht die Musik

F 1

2/26

Hören Sie, sprechen Sie nach und markieren Sie.

[ai]   ein   Eis   Zeit   Mai   meinst   leid   dabei

[ɔy]   neun   euch   heute   Häuser   Kräuter   teuer   Leute

[au]   raus   laut   genau   glaube   traurig   Staubsauger   Kaufhaus

> [ai]   schreibt man fast immer _____ und manchmal _____ .
>
> [ɔy]   schreibt man _____ oder _____ .
>
> [au]   schreibt man immer _____ .

> Diphthonge sind
> Doppelvokale.
> Man spricht sie
> zusammen.
>
> Heute habe ich **auch**
> keine **Zeit**.

F 2

2/27

Üben Sie die Diphthonge.

[ai]   Sagen Sie mit Pausen: was – ist, was – ist, was – ist, …
            … mit kurzen Pausen: a-is, a-is, a-is, …
            … ohne Pausen: ais, ais, ais, Eis, Eis, Eis, …

            Lesen Sie laut: Ein Eis im Mai? ↗ Ich bin dabei! ↘
                           Tut mir Leid,→ keine Zeit! ↘

[ɔy]   Sagen Sie mit Pausen: Kino – in, Kino – in, Kino – in, …
            … mit kurzen Pausen: no-in, no-in, no-in, …
            … ohne Pausen: noin, noin, noin, neun, neun, neun, …

            Lesen Sie laut: Wir treffen euch heute um neun. ↘
                           Die Kräuter sind heute sehr teuer. ↘

[au]   Sagen Sie mit Pausen: Salat – gut, Salat – gut, Salat – gut, …
            … mit kurzen Pausen: la-ut, la-ut, la-ut, …
            … ohne Pausen: laut, laut, laut, laut, laut, laut, …

            Lesen Sie laut: Ich glaube,→ der Staubsauger ist zu laut. ↘
                           Raus aus dem Haus! ↘ Wir gehen mal aus! ↘

F 3

2/28

Hören Sie und sprechen Sie nach.

nein – neun   Leid – laut   aus – Eis   raus – Reis   seit – Mai   auch – euch
Haus – Häuser   Raum – Räume   laute – Leute   beide – Gebäude   neu – genau

F 4

2/29

Ergänzen Sie die fehlenden Diphthonge.

Was h____ßt „die d____tschsprachigen Länder"?

    Das w____ß ich ____ch nicht gen____ .

    Ich glaube, das sind D____tschland, Österr____ch und die Schw____z.

Sch____ mal, die ____nb____küche! Was m____nst du?

    Sch____ mal, der Pr____s! Die ist ____nfach zu t____er.

Hören Sie, vergleichen Sie und üben Sie zu zweit.

KURS

G

Pünktlichkeit

G 1

Wo darf man etwas später kommen? Wo muss man pünktlich sein?
Sortieren Sie und diskutieren Sie dann zu viert.

zum Theater ◆ zur Arbeit ◆ zum Kino ◆ in die Disko ◆ zum Arzt ◆ zum Unterricht ◆ zur Party ◆
~~zum Essen~~ ◆ zum Rendezvous ◆ zum Zug ◆ zum Fußballspiel ◆ in die Oper ◆ …

Man muss pünktlich zum Essen kommen

*Wieso? Bei uns kann man auch
später kommen. Das ist ganz normal.*

etwas später	pünktlich	egal
	zum Essen	

G 2

Lesen Sie den Text. Wo finden Sie Informationen zu den Stichworten?

Ergänzen Sie.

	Zeile(n)		Zeile(n)		Zeile(n)
Radio und Fernsehen		Oper und Theater		Unterricht	
eine Einladung zum Essen		eine Einladung zur Party		Kino	

DER RICHTIGE AUGENBLICK
(frei nach Elke Heidenreich)

ALSO... Christa ist immer zu spät, Inge immer zu früh. Beides ist grässlich, wenn man für sie ein tolles Essen kocht. Bis Christa kommt, ist alles verkocht, wenn Inge kommt, hat man wirklich noch keine Zeit für sie.

5 Der richtige Augenblick! Wann ist der, wenn man um neun Uhr zu einer Party eingeladen ist? Um neun Uhr ist er nicht. Um zehn? Warum sagt man dann nicht gleich: Kommt um zehn? Ganz einfach, weil dann alle um elf kommen. Es ist sehr kompliziert.

10 Das Kino beginnt um acht. Es ist völlig falsch, um acht dort zu sein: man muss sich dreißig Minuten und mehr Werbung ansehen. Dann muss man Eiscreme kaufen, dann kommt noch eine Vorschau, dann um zwanzig vor neun kommt der Hauptfilm, vielleicht. Wehe aber, man

15 kommt dazu auch nur drei Minuten zu spät – den Film kann man vergessen. Nichts ist schlimmer, als in ein dunkles Kino zu kommen, und der Film läuft schon! Du hast mit Sicherheit die wichtigste Szene verpasst.

Oper und Theater sind rigoros: Wer zu spät kommt, der
20 kommt nicht mehr hinein. Privat kann man das nicht machen. Das Essen ist schon kalt, da kommt Christa, eine Dreiviertelstunde zu spät. Macht man die Tür nicht auf? Ist man beleidigt? Ist eine Dreiviertelstunde so wichtig?

Ich gebe zu, ich bin furchtbar pünktlich – geübt durch 25 Jahrzehnte beim Fernsehen und Radio, die Nachrichten sind immer um Punkt, da kann man nicht zu spät kommen. Kann man nicht?
Verschieben wir doch die Nachrichten! Nein, das ist unmöglich! 30

Die meisten Menschen, glaube ich, machen sich über Zeit keine Gedanken. Aber sie sind mir lieber als Thomas Mann*, der sein Leben lang um Punkt halb acht aufgestanden ist, oder als die, die um Punkt zwölf Uhr mittags alles liegen lassen, „Mahlzeit" sagen und in die 35 Kantine gehen. Dann schon lieber Walter, der um drei Uhr nachmittags anruft und „Guten Morgen" sagt. …

*) Thomas Mann: dt. Schriftsteller; 6.6.1875 Lübeck – 12.8.1955 Kilchberg bei Zürich)

Elke Heidenreich: geb. 1943, lebt in Köln; bekannte Journalistin und Autorin; schreibt regelmäßig ALSO...-Texte für die Zeitschrift BRIGITTE.

G 3

Schreiben oder diskutieren Sie.

Welche Tipps gibt Frau Heidenreich?
Wann kommt man in Ihrem Land zur Party, zum Essen, …?
Finden Sie pünktliche Menschen wie „Thomas Mann" gut oder unpünktliche wie „Walter"?

Kurz & bündig

Verabredungen

Sie möchten mit einem Freund / einer Freundin _____ gehen. Was sagen Sie?

_____

Jemand fragt Sie: „Möchten Sie morgen Abend mit mir essen gehen?" Was sagen Sie?

_____

„bei" oder „in"

Jemand fragt Sie: „Wo wohnen Sie? Wo arbeiten Sie?" Antworten Sie bitte.

_____

Wortschatzarbeit

Was passt zu „lernen", zu „Beruf", zu „Freizeit"?
Finden Sie ein Wort zu jedem Buchstaben.

	B	F
L *esen*	e	r
e	r	e
r	*Jo* u *rnalisten*	i
n	f	*tan* z *en*
e		e
U n *terricht*		i
		t

Modalverben

müssen, _____

Ergänzen Sie die Sätze.

Ich will *ins Kino gehen* _____ . Aber du kannst nicht, du musst _____ .

Du willst _____ . Aber ich _____ , _____ .

Er _____ . Aber sie _____ , _____ .

Wir _____ . Aber ihr _____ , _____ .

Ihr _____ . Aber wir _____ , _____ .

Hat denn niemand Zeit?

Zeitangaben

Wann haben Sie Geburtstag?   _____

Wann feiert man bei Ihnen Neujahr?   _____

Wann sind bei Ihnen Sommerferien?   _____

Wann machen Sie Urlaub?   _____

Wann ist Ihr Deutschkurs?   _____

Interessante Ausdrücke

_____

_____

A

Test

A 1 **Was ist richtig: a, b oder c ?**
Markieren Sie bitte.

Beispiel: ● Wie heißen Sie?
■ Mein Name _____ Schneider.

    ☐ a) hat
    ✗ b) ist
    ☐ c) heißt

1 ● Guten Tag, Frau Schneider. Wie geht es Ihnen?
  ■ Danke, gut. Und _____ ?

    ☐ a) Sie
    ☐ b) dir
    ☐ c) Ihnen

2 ● Ich heiße Mario. Und wie heißt _____ ?
  ■ Vera.

    ☐ a) du
    ☐ b) Sie
    ☐ c) Ihnen

3 ● Woher kommen Sie?
  ■ _____ Spanien.

    ☐ a) Nach
    ☐ b) Aus der
    ☐ c) Aus

4 ● Wohin möchten Sie?
  ■ _____ Paris.

    ☐ a) Nach
    ☐ b) Aus
    ☐ c) Von

5 ● Was ist Frau Graf von Beruf?
  ■ Ich glaube, _____

    ☐ a) er ist Kellner.
    ☐ b) sie ist Kellner.
    ☐ c) sie ist Kellnerin.

6 ● _____
  ■ Ja, aus Osaka.

    ☐ a) Woher kommen Sie?
    ☐ b) Kommen Sie aus Japan?
    ☐ c) Wie heißen Sie?

7 ● _____ wohnen Sie?
  ■ In Hamburg.

    ☐ a) Was
    ☐ b) Wo
    ☐ c) Wohin

8 ● Wo arbeitet Frau Baumann?
  ■ _____ Mercedes.

    ☐ a) Nach
    ☐ b) Bei
    ☐ c) In

9 ● Ich bin nicht verheiratet.
  ■ _____

    ☐ a) Ich auch.
    ☐ b) Ich auch nicht.
    ☐ c) Ich nicht.

10 ● Was darf's sein?
  ■ Ich möchte _____ Salat.

    ☐ a) einen
    ☐ b) ein
    ☐ c) eine

11 ● Ist das ein Test?
  ■ Ja, das ist _____ Test zu den Lektionen 1–5.

    ☐ a) einen
    ☐ b) ein
    ☐ c) der

12 ● Ich heiße Waclawczyk.
  ■ _____ bitte ? Buchstabieren Sie bitte.

    ☐ a) Wie
    ☐ b) Wer
    ☐ c) Wo

13 ● Entschuldigung! Wo finde ich denn _____ ?
  ■ Im vierten Stock.

    ☐ a) Waschmaschine
    ☐ b) Betten
    ☐ c) Fahrrad

14 ● Schau mal, der Tisch da! Ist der nicht schön?
  ■ Ja, _____ finde ich auch ganz schön.

    ☐ a) das
    ☐ b) der
    ☐ c) den

15 ● Was kostet denn die Lampe hier?
　■ 990 Euro.
　● 990 Euro! Das ist _____ .
　　　a) zu teuer
　　　b) zu günstig
　　　c) zu groß

16 ● Hast du eigentlich ein Fax-Gerät?
　■ Nein. ich habe _____ .
　　　a) keins
　　　b) keinen
　　　c) nicht

17 ● Kann ich Ihnen helfen?
　■ Ja, bitte. Ich _____ einen Küchentisch.
　● Kommen Sie bitte mit. Küchentische sind ganz da hinten.
　　　a) finde
　　　b) kaufe
　　　c) suche

18 ● Wie findest du die Stehlampe?
　■ Die ist _____ .
　　　a) bequem
　　　b) ganz hübsch
　　　c) sehr

19 ● Entschuldigung. Wo ist denn die Berliner Straße?
　■ _____
　　　a) Tut mir Leid. Das weiß ich auch nicht.
　　　b) Entschuldigung.
　　　c) Nein, leider nicht.

20 ● Papa, kaufst du _____ ein Eis?
　■ Nein, Chris. Heute nicht.
　　　a) mir
　　　b) Ihnen
　　　c) euch

21 ● _____ Ich suche Kaffee.
　■ Kaffee? Gleich hier vorne links.
　● Danke.
　　　a) Kann ich Ihnen helfen?
　　　b) Tut mir Leid.
　　　c) Können Sie mir helfen?

22 ● Sonst noch etwas?
　■ _____
　● Das macht dann 13,80 €.
　　　a) Auf Wiedersehen!
　　　b) Entschuldigung.
　　　c) Nein, danke. Das wär's.

23 ● Meine Kinder wollen unbedingt einen Computer.
　■ Dann _____ ihnen doch einen!
　　　a) kaufst
　　　b) kauf
　　　c) kaufen

24 ● Vera hat bald Geburtstag. Was schenkst du _____ denn?
　■ Die neue CD von Tina Turner.
　　　a) dir
　　　b) ihr
　　　c) ihm

25 ● Was machst du denn heute Abend?
　■ Ich weiß noch nicht.
　● Gehst du mit mir _____ Kino?
　　　a) beim
　　　b) ins
　　　c) nach

26 ● Willst du mit mir ins Konzert gehen? Die „Toten Hosen" spielen in der Festhalle.
　■ Wann denn?
　● _____ nächsten Samstag _____ acht.
　　　a) Im … am
　　　b) Am … um
　　　c) Um … im

27 ● Kommst du mit mir in die Disko?
　■ Nein, ich _____ heute _____ .
　　　a) muss … lernen
　　　b) lernen … muss
　　　c) lernen … müssen

28 Hier _____ man nicht rauchen.
　　　a) darf
　　　b) dürfen
　　　c) darfst

29 ● Praxis Dr. Reuter. Guten Tag.
　■ Guten Tag. Ich _____ einen Termin für nächste Woche.
　　　a) muss
　　　b) möchte
　　　c) darf

30 ● Können Sie _____ April um 9 Uhr kommen?
　■ Ja, das geht. Vielen Dank.
　　　a) drei
　　　b) dritte
　　　c) am dritten

Wie viele richtige Antworten haben Sie?

Schauen Sie in den Lösungsschlüssel im Anhang. Für jede richtige Antwort gibt es einen Punkt. Wie viele Punkte haben Sie?

_____ Punkte

Jetzt lesen Sie die Auswertung für Ihre Punktzahl.

(**24–30 Punkte:**)   Sehr gut. Weiter so!

(**13–23 Punkte:**)   Schauen Sie noch einmal in den Lösungsschlüssel. Wo sind Ihre Fehler?
In welcher Lektion finden Sie Übungen dazu? Machen Sie eine Liste.

Nummer	Lektion	(G) = Grammatik	(W) = Wortschatz
4	1, H-Teil		X
5	1, C-Teil	X	
	2,		

- **Ihre Fehler sind fast alle in einer Lektion?** Zum Beispiel: Fragen 20, 21, 22, und 24 sind falsch. Dann wiederholen Sie noch einmal die ganze Lektion 4.

- **Ihre Fehler sind Grammatikfehler (G)?** Dann schauen Sie sich in allen Lektionen noch einmal den Abschnitt „Kurz & bündig" an. Fragen Sie auch Ihre Lehrerin oder Ihren Lehrer, welche Übungen für Sie wichtig sind.

- **Ihre Fehler sind Wortschatzfehler (W)?** Dann schauen Sie sich in allen Lektionen „Kurz & bündig" noch einmal an. Lernen Sie mit dem Vokabelheft und üben Sie auch mit anderen Kursteilnehmern. Dann geht es bestimmt leichter.
  (Tipps zum Vokabel-Lernen finden Sie auf den nächsten Seiten.)

(**5–12 Punkte:**)   Wiederholen Sie noch einmal gründlich alle Lektionen. Machen Sie ein Programm für jeden Tag. Üben Sie mit anderen Kursteilnehmern. Und sprechen Sie mit Ihrer Lehrerin oder Ihrem Lehrer.

(**0–4 Punkte:**)   Machen Sie einen Volleyballkurs!

Wörter lernen

Tipps zum Vokabel-Lernen

Wie lernen Sie neue Wörter?   Fragen Sie Ihre Nachbarn und notieren Sie.

_____   _____

_____   _____

_____   _____

Lerntipp:

Lernen Sie nicht mehr als 5 bis 7 Vokabeln auf einmal. Das ist genug. Aber wiederholen Sie die Wörter möglichst oft!

Hier ein paar Methoden zum Vokabel-Lernen. Probieren Sie doch alle mal aus!

1. Die „Zettel-Methode"

Machen Sie Zettel an die Sachen, die Sie lernen möchten. Sagen Sie das deutsche Wort immer laut.
Welche Möbel finden Sie schwierig? Schreiben Sie 5 Zettel und kleben Sie die Zettel an die Möbel!

2. Die „Bilder-Methode"

Schreiben Sie das neue Wort mit Artikel und Plural auf eine Karteikarte und markieren Sie den Wortakzent.

Suchen Sie (z. B. in Zeitschriften) passende Bilder für die Rückseite der Wortkarten. Sie können auch selbst ein passendes Bild malen.

Machen Sie 10 Wortkarten und spielen Sie. Schauen Sie sich das Foto auf der Rückseite an. Wie heißt das auf Deutsch?

Sagen Sie das Wort laut mit Artikel und Plural. Vergleichen Sie dann mit der Vorderseite.

Oder:

Spielen Sie mit anderen. Ein Spieler zeigt das Foto, die anderen sagen das deutsche Wort mit Artikel und Plural.

Wie heißt das auf Deutsch?

3. Die „Pantomime-Methode"

„Spielen" Sie das neue Wort und sagen Sie laut, was Sie gerade machen.

Spielen Sie: lachen, lesen, essen, schreiben, Auto fahren …

Oder:

Spielen Sie zu zweit oder im Kurs „Pantomime-Raten".

Lachen. Ich lache.

Du trinkst.

4. Die „Wortgruppen-Methode"

Lernen Sie neue Wörter in „Wortgruppen". Sie lernen zum Beispiel die Nomen:

der Stuhl, ¨e ◆ die Banane, -n ◆ das Bett, -en ◆ der Fernseher, – ◆ die Orange, -n ◆
der Kühlschrank, ¨e ◆ der Apfel, ¨

Schreiben Sie Listen:

Möbel	*Obst*	*Geräte*

Ergänzen Sie weitere Wörter.

Lernen Sie dann **nur** die Möbel. Machen Sie eine Pause oder machen Sie am nächsten Tag weiter. Lernen Sie dann die Obstsorten, machen Sie wieder eine Pause, wiederholen Sie dann alle Geräte, usw.

Oder:

Sie haben eine Vokabelkartei?
Suchen Sie alle Karten zu einem „Thema",
zum Beispiel: Lebensmittel.
Üben Sie die Wörter. Dann wählen
Sie ein neues Thema:
Getränke, Sportarten, Berufe, …

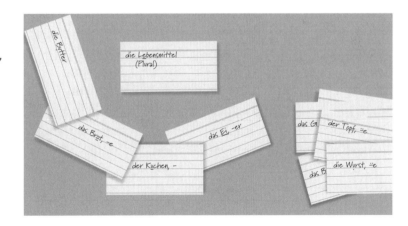

5. Die „Geschichten-Methode"

Machen Sie mit den neuen Vokabeln kurze Geschichten.
Probieren Sie es gleich aus! Notieren Sie 7 Wörter und schreiben Sie eine kleine Geschichte.

_____

_____

_____

Wiederholen Sie diese Geschichten immer wieder: beim Spülen, beim Kochen, im Auto …

Der Wortakzent. Lesen Sie die Regeln und die Wörter.
Welche Regeln passen zu welcher Gruppe?

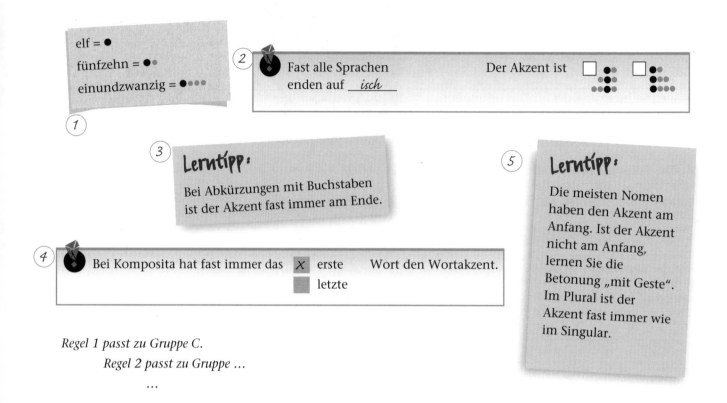

1

elf = ●
fünfzehn = ●●
einundzwanzig = ●●●●

2 Fast alle Sprachen enden auf _isch_   Der Akzent ist ☐ ☐

3 **Lerntipp:**
Bei Abkürzungen mit Buchstaben ist der Akzent fast immer am Ende.

5 **Lerntipp:**
Die meisten Nomen haben den Akzent am Anfang. Ist der Akzent nicht am Anfang, lernen Sie die Betonung „mit Geste". Im Plural ist der Akzent fast immer wie im Singular.

4 Bei Komposita hat fast immer das [X] erste Wort den Wortakzent.
                                      [ ] letzte

Regel 1 passt zu Gruppe C.
  Regel 2 passt zu Gruppe ...
    ...

A	B	C	D	E
Pass	Arabisch	acht	ADAC	Hausaufgabe
Preise	Portugiesisch	vierundvierzig	ZDF	Wortkarte
Kinder	Spanisch	dreißig	VHS	Himbeereis
Antwort	Französisch	achtzig	USA	Hammelfleisch
Autos	Griechisch	dreizehn	BRD	Schinkenbrot
Ausweis	Chinesisch	sechzehn	BMW	Apfelsaft
Konto	Englisch	Wörterbuch	ICE	Butterkäse
~~Koreanisch~~	Teppiche	einundzwanzig	achtzehn	ARD
Frankreich	Russisch	zwölf	RTL	Gemüsesuppe
_____	_Koreanisch_	_____	_____	_____

Welches Wort passt nicht? Diskutieren Sie und korrigieren Sie die Listen.

Koreanisch passt nicht zu Gruppe A.
  Koreanisch ist eine Sprache. Das Wort passt zu Gruppe B.
    ...

Markieren Sie den Wortakzent in den Gruppen A bis E.

Vergleichen Sie dann mit der Kassette.

2/30

KURSE
C

Der Ton macht die Musik

C

C 1 Bindung und Neueinsatz: Hören Sie und sprechen Sie nach.

Bindung(‿): zusammen sprechen   Neueinsatz (|): getrennt sprechen

s‿ammen – zus‿ammen	→		Amt – Ordnungs	amt
b‿en – Verb‿en	→		Ende – Verb	ende
d‿in – Freund‿in	→		in – Freund	in
f‿ort – sof‿ort	→		Ort – Geburts	ort
Pf‿und – ein Pf‿und	→		und – na	und
n‿au – gen‿au	→		auch – du	auch
r‿ein – her‿ein	→		ein – Ver	ein
D‿eutsch – auf D‿eutsch	→		euch- mit	euch

C 2 „Gähnen" Sie und üben Sie den Neueinsatz.

 Ordnungs|amt    Geburts|ort

genauso mit:
na|und, in|einer Woche, mit|euch, du|auch, mein Freund|in Rom, am|Ende

C 3 Neueinsatz (|) oder Bindung (‿)? Hören und markieren Sie.

die K amera	in Süd|amerika	am S amstag	am Anfang
das pass ende	Wochen ende	immer interess ant	im Erdgeschoss
bitte s ortieren	bitte ordnen	hier oben	da unten
heute n ur	neun Uhr	Sie k önnen	ge öffnet
ich übe	ich bin m üde	ein Url aub	im August
ein Erdbeer eis	Basmatir eis	auf D eutsch	in Europa

> Vokale oder Diphthonge am Wortanfang (z. B. „August") oder am Silbenanfang
> (z.B. „Ord-nungs-amt") spricht man mit Neueinsatz (= man beginnt neu).

C 4 Neueinsatz (|) oder Bindung (‿)? Sprechen und markieren Sie.

in	Österr‿eich	mein Freund in Sofia	meine Freund in Sofia	einen Termin ver einbaren
um acht Uhr	oder erst um elf	im ersten Stock	jetzt ist es eins	ein Einbaur egal
das ist mir egal	nicht verg essen	etwas essen	ich spr eche Ar abisch

Jetzt hören und vergleichen Sie.

Schreiben Sie die Sätze richtig.

AmWochenendeistdasOrdnungsamtnichtgeöffnet.

EinUrlaubinÖsterreichistimmerinteressant.

ErwohntobenimerstenStockundsiewohntuntenimErdgeschoss.

IchhättegerneinErdbeereisundeinenEiskaffee.

Am Wochen|ende |ist das _____

_____

_____

Lesen Sie die Sätze und markieren Sie die Neueinsätze (|).
Dann hören und vergleichen Sie.

Hören Sie und sprechen Sie nach.

Termine
Ich möchte mit Ihnen einen Termin vereinbaren.
　　　Jetzt im August um acht Uhr? Oder erst im Oktober um elf?

　　　　　　　Aber ich!
　　　　　　　Ich spreche Arabisch, Englisch und etwas Deutsch.
　　　　　　　　　Na und? Ich auch.
　　　　　　　　　Nur Italienisch kann ich nicht.
　　　　　　　　　Aber ich!

　　　Freunde
　　　Mein Freund in Sofia heißt Tom.
　　　　　Sofia? So heißt meine Freundin in Rom.

　　　　　　Regal egal
　　　　　　Bei Möbel-Fun gibt es ein Einbauregal für 80 Euro!
　　　　　　　Das ist mir egal.

　　　Tipp
　　　Ich übe und übe, jetzt bin ich müde.
　　　　　Nicht vergessen: etwas essen!

Jetzt üben Sie zu zweit.

Familie und Haushalt

Familienverhältnisse

A

A 1

Wer gehört zu wem? Raten Sie und diskutieren Sie zu viert.

Dschawaharlal

Sigrun

Veronika

Hans

sich ähnlich sehen
Sie sieht **ihm sehr** ähnlich.
Er sieht **ihr ein bisschen** ähnlich.
Beide sehen sich **überhaupt nicht** ähnlich.

Ähnlichkeit haben
Sie haben **große** Ähnlichkeit.
Beide haben **eine gewisse** Ähnlichkeit.
Sie haben **überhaupt keine** Ähnlichkeit.

Kurt

Christian

Angelika

Indira

Ich glaube, → *Sigrun ist die Schwester von Christian.* ↘

   Das glaube ich <u>nicht</u>. ↘ *Der sieht ihr doch überhaupt nicht <u>ähnlich</u>.* ↘

      <u>Doch</u>, → *ein <u>bisschen</u> Ähnlichkeit haben die beiden.* ↘ *Aber schaut doch mal <u>hier</u>.* ↘

        …

A 2

Suchen Sie die Wörter und ergänzen Sie die fehlenden Buchstaben und die Plurale.

```
E R O N K E L G E T L Z W
N I C H T E T E R E G S F
K H T S S A L N C R R C B
E J O C C N E F F E O H R
L E C H H E S D Ü W ß W U
S C H W E S T E R O V Ä D
O Y T A N T E ß M A A G E
H C E G R O ß M U T T E R
N N R E E M U C H K E R N
F E R R R H W Ö L M R I F
L R E G T E R V B C H N E
```

	die ♀	der ♂
Großeltern	Gr *o* ßm *u* tt *e* r, ⁔	Gr *o* ßv *a* t *e* r,
Eltern	M *u* tt *e* r, ⁔	V __ t __ r
Geschwister	Schw __ st __ r	Br __ d __ r
Kinder	T __ cht __ r	S __ hn
Enkelkinder	__ nk __ lt __ cht __ r	__ nk __ ls __ hn
andere	T __ nt __	__ nk __ l
	Schw __ g __ r __ n	Schw __ g __ r
	N __ cht __	N __ ff __

Wer ist das? Ergänzen Sie.

1 Mein Bruder ist mit ihr verheiratet. Sie ist *meine* _____
2 Mein Vater hat eine Schwester. Sie ist _____
3 Meine Geschwister: _____
4 Meine Nichte hat einen Bruder. Das ist _____
5 Meine Kinder: _____
6 Mein Sohn hat eine Tochter. Das ist _____
7 Meine Tochter ist mit ihm verheiratet. Er ist *mein schwiegersohn.* _____
8 Die Eltern von meiner Frau oder von meinem Mann: _____
9 Meine Tochter hat einen Sohn. Er ist _____
10 Meine Mutter hat einen Bruder. Er ist _____

Lösen Sie die Rätsel.

Familien-Rätsel

1 Ein Mädchen sagt: Ich habe doppelt so viele Brüder wie Schwestern. Und ihr Bruder ergänzt: Ich habe genau so viele Brüder wie Schwestern.

   Wie viele Jungen und Mädchen gibt es in der Familie?

2 Ein Junge sagt: Ich bin doppelt so alt wie mein kleiner Bruder und halb so alt wie meine große Schwester. Meine Mutter wird bald vierzig. Dann ist sie genau doppelt so alt wie meine große Schwester.

   Wie alt sind die Kinder?

3 Ein Kind sagt: Ich habe drei Tanten und fünf Onkel. Meine Mutter hat genau so viele Brüder wie Schwestern. Mein Vater hat halb so viele Schwestern wie meine Mutter.

   Wie viele Schwestern und wie viele Brüder hat meine Mutter?

Jetzt machen Sie ein Familien-Rätsel zu Ihrer Familie.

=	genau so ... wie
2 x	doppelt so ... wie
½ x	halb so ... wie

Brieffreunde – weltweit

Lesen Sie die Anzeigen und beantworten Sie die Fragen.

1 Was sind Brieffreundschaften?
2 Was bedeutet weltweit?
3 Haben Sie Brieffreunde? Berichten Sie.
4 Sie suchen Brieffreunde. Was können Sie machen?

Interesse an netten Brieffreundschaften weltweit? Info: Max Dirnhofer, Blumenstraße 44, 70182 Stuttgart

Weltweite Briefkontakte! Infos: International Penfriends, postlagernd, 89073 Ulm

B 2

Lesen Sie den Brief und markieren Sie.

		richtig	falsch
1	Carla sucht Brieffreunde.		
2	Sie schreibt an Max Dirnhofer.		
3	Carla ist Schülerin.		
4	Sie kann nur auf Deutsch schreiben.		
5	Sie hat viele Hobbys.		
6	Die „International Penfriends" sind in Ulm.		
7	Carla wohnt in der Schweiz.		

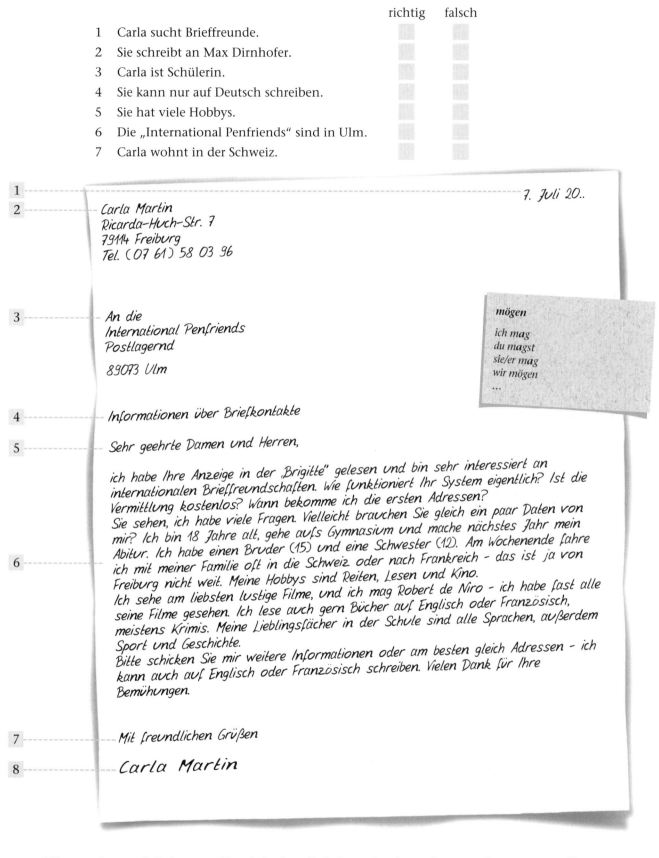

1 ······ 7. Juli 20..

2 ······
Carla Martin
Ricarda-Huch-Str. 7
79114 Freiburg
Tel. (07 61) 58 03 96

3 ······
An die
International Penfriends
Postlagernd

89073 Ulm

mögen

ich mag
du magst
sie/er mag
wir mögen
...

4 ······ Informationen über Briefkontakte

5 ······ Sehr geehrte Damen und Herren,

6 ······
ich habe Ihre Anzeige in der „Brigitte" gelesen und bin sehr interessiert an
internationalen Brieffreundschaften. Wie funktioniert Ihr System eigentlich? Ist die
Vermittlung kostenlos? Wann bekomme ich die ersten Adressen?
Sie sehen, ich habe viele Fragen. Vielleicht brauchen Sie gleich ein paar Daten von
mir? Ich bin 18 Jahre alt, gehe aufs Gymnasium und mache nächstes Jahr mein
Abitur. Ich habe einen Bruder (15) und eine Schwester (12). Am Wochenende fahre
ich mit meiner Familie oft in die Schweiz oder nach Frankreich - das ist ja von
Freiburg nicht weit. Meine Hobbys sind Reiten, Lesen und Kino.
Ich sehe am liebsten lustige Filme, und ich mag Robert de Niro - ich habe fast alle
seine Filme gesehen. Ich lese auch gern Bücher auf Englisch oder Französisch,
meistens Krimis. Meine Lieblingsfächer in der Schule sind alle Sprachen, außerdem
Sport und Geschichte.
Bitte schicken Sie mir weitere Informationen oder am besten gleich Adressen - ich
kann auch auf Englisch oder Französisch schreiben. Vielen Dank für Ihre
Bemühungen.

7 ······ Mit freundlichen Grüßen

8 ······ Carla Martin

3

Was steht wo? Schauen Sie sich den Brief noch einmal an und ergänzen Sie.

2 Absender ▢ Anrede ▢ Datum ▢ Unterschrift ▢ Empfänger ▢ Gruß ▢ Text ▢ Betreff

Lesen Sie den Brief und machen Sie Notizen.

Name _____   Familie _____

Alter _____   Hobbys _____

Wohnort _____   Lieblingsfächer _____

Zukunftspläne _____   andere Informationen _____

20..– 08 – 01

Hallo Carla,

ich habe deine Adresse von „International Penfriends" bekommen. Ich heiße Virginie Dubost und bin 17 Jahre alt. Im Dezember werde ich 18. Ich interessiere mich sehr für andere Länder und Sprachen. Ich wohne in Montpellier und gehe noch zur Schule. Meine Lieblingsfächer sind Englisch, Deutsch und Musik. Später will ich vielleicht mal Sprachen studieren und dann Dolmetscherin werden! Vielleicht kann ich ja auch ein paar Semester im Ausland studieren. Was ist dein Traumberuf?

Mein Deutsch ist noch nicht so gut, aber meine Lehrerin ist sehr nett und hilft mir. Sie hat diesen Brief gelesen und korrigiert! Überhaupt haben wir (fast) nur nette Lehrer in unserer Schule. Wie findest du deine Lehrer? Und wie sind deine Mitschülerinnen (und Mitschüler!)?

Im Sommer fahren wir alle ans Meer. In unserem Ferienhaus ist Platz für viele Leute. Wir haben oft Besuch von unseren Verwandten und Freunden. Meistens sind wir alle zusammen am Strand, aber manchmal nehme ich auch mein Fahrrad und fahre allein los – irgendwohin, einfach so. Wo verbringt ihr eure Ferien? Vielleicht kannst du uns ja mal besuchen, dann zeige ich dir alles.

Mein Bruder heißt Philippe und ist 25. Er ist Lehrer von Beruf. Er wohnt noch bei uns, aber er will bald heiraten. Seine Freundin heißt Simone, ich mag sie sehr. Manchmal machen wir sonntags zusammen einen Ausflug. Dann fahren wir mit ihrem Auto (einem Porsche!) – das macht immer viel Spaß! Übrigens – bald mache ich meinen Führerschein, vielleicht gibt sie mir dann ja mal ihr Auto.

Mit meinen Eltern verstehe ich mich ganz gut, aber sie sind ein bisschen streng. Sie wollen nicht, dass ich ins Ausland gehe, aber ich möchte unbedingt in Deutschland studieren. Na ja, wir werden sehen.

Ich lese auch sehr gern – vor allem Krimis, genau wie du. Kannst du mir ein paar deutsche Krimis empfehlen, die nicht so schwer sind? Ich spiele regelmäßig Tennis und reite auch ganz gern – aber am liebsten tanze ich: Tanzen ist mein Leben! Bei unserem Verein habe ich mit meinem Tanzpartner sogar schon Turniere gemacht. Manchmal denke ich: Vielleicht werde ich ja doch nicht Dolmetscherin, sondern mache eine eigene Tanzschule auf. Na ja, ich habe ja noch etwas Zeit.

Ich schicke dir ein Foto. Da siehst du Philippe, seine Freundin, unseren Hund Jacques – und mich natürlich. Schick mir doch auch ein Foto von deiner Familie …

So, jetzt weißt du schon eine Menge von mir. Bitte schreib mir bald!

Viele Grüße

deine Virginie

Meine Adresse:

Virginie Dubost

42 Grand'rue Jean Moulin

34000 Montpellier

Frankreich

Ergänzen Sie die Tabelle.

Possessiv-Artikel	mein-	dein-	ihr-	sein-	sein-	unser-	euer-	ihr-	Ihr-
Personalpronomen	_____	_____	_____		*es/man*	_____	*ihr*	_____	_____

> **Präpositionen mit Dativ**
> ein Foto   **von**   deiner Familie
> er wohnt   **bei**   uns
> wir fahren   **mit**   ihrem Auto
> ich gehe noch   **zur**   (= **zu** der) Schule

B 5   **Unterstreichen Sie alle Nomen mit Possessiv-Artikeln und ergänzen Sie die Tabelle.**

	f	m	n	Pl
Nom heißen, sein, ...	_____ *Lehrerin* _____ *Freundin*	*dein* *Traumberuf* _____ *Bruder*	_____ *Deutsch* _____ *Leben*	*meine* *Lieblingsfächer* _____ *Mitschülerinnen*
Endung	*- e*	*- —*	*-*	*- e*
Akk bekommen finden, ...	*deine* *Adresse* _____ *Freundin*	_____ *Führerschein* _____ *Hund*	_____ *Fahrrad* _____ *Auto*	_____ *Lehrer* _____ *Ferien*
Endung	*-*	*-*	*-*	*- e*
Dat	*in* _____ *Schule* *von* _____ *Familie*	*bei* _____ *Verein* *mit* _____ *Tanzpartner*	*in* _____ *Ferienhaus* *mit* _____ *Auto*	*mit* _____ *Eltern* *von* _____ *Verwandten*
Endung	*-*	*-*	*-*	*-*

> **Possessiv-Artikel**
> 1 Possessiv-Artikel haben die gleichen Endungen wie negative Artikel (kein-).
> 2 Die Endungen im Nominativ und Akkusativ sind gleich bei _____ .
> 3 Die Endungen im Dativ sind gleich bei _____ .

B 6   **Schreiben Sie einen Brief.**

Sie sind Carla und schreiben einen Antwortbrief an Virginie Dubost.

So kann man anfangen

Liebe ♀ , Lieber ♂ ,

Hallo ... ,

vielen Dank für deinen Brief ...

(gestern) ist dein Brief gekommen ...

ich habe mich sehr (über deinen Brief) gefreut

...

So kann man aufhören

So, jetzt muss ich aber Schluss machen, ...

Bitte schreib mir bald.

Ich freue mich schon auf deine Antwort.

Ich hoffe, wir können uns bald einmal sehen.

Viele Grüße / Liebe Grüße / Herzliche Grüße

deine ♀ / dein ♂ ,

...

KURSBUCH
B 4

Heinzelmännchen-Service

Arbeiten Sie in Gruppen.

Gruppe 1   Sie möchten eine Geburtstagsparty machen.

Gruppe 2   Sie müssen heute die ganze Haushaltsarbeit allein machen.

Gruppe 3   Sie müssen einen Kranken in der Familie versorgen.

Gruppe 4   Sie möchten alle Kollegen (25!) zum Kaffeetrinken einladen.

Diskutieren Sie.

Was brauchen wir? Was müssen wir alles machen?

Machen Sie eine Liste mit Aufgaben.

Verteilen Sie die Aufgaben. Wer kann was machen? Wer macht was?

Tee machen / Kaffee kochen ◆ einen Geburtstagskuchen backen ◆ einkaufen ◆ das Essen kochen ◆
Medikamente besorgen ◆ Torte(n) kaufen ◆ Freunde und Bekannte einladen ◆ Geschirr abwaschen ◆
Wäsche waschen ◆ das Bett machen ◆ Getränke besorgen ◆ die Wohnung aufräumen ◆
Kinder abholen ◆ staubsaugen ◆ Sekt kalt stellen ◆ Tisch decken ◆ Einladungen schreiben ◆
Nachbarn Bescheid sagen ◆ Nachbarn einladen ◆ Kinder anziehen ◆ ...

Gruppe 1
Getränke
besorgen
Sekt kalt
stellen

Gruppe 2
staubsaugen

Gruppe 3
Tee machen

Gruppe 4
die Wohnung
aufräumen

Spielen Sie Ihre „Aufgaben" pantomimisch vor. Die anderen raten.

C 2

Lesen Sie den Text: Was kann „Heinzelmännchen-Service" für Ihre Gruppe tun?

Wir waschen und bügeln für Sie.

Wäscherei

Stehen Sie am Wochenende manchmal vor einem Wäscheberg und haben keine Zeit und keine Lust, stundenlang zu waschen und zu bügeln? Dann rufen Sie uns an. Wir holen Ihre Wäsche freitags ab und bringen sie Ihnen montags fix und fertig zurück – das Wochenende gehört Ihnen. Natürlich können wir Ihre Wäsche auch an jedem anderen Tag unter der Woche abholen.

Diesen Service bieten wir
**Firmen
und Restaurants**
im preiswerten
Abo an.

Neu in Berlin

Wir kochen für Sie.

Party-Service

Ob Paella, Pakora, Calamares oder Sashimi – bei uns finden Sie (fast) alles: Unsere Köche und Köchinnen bereiten täglich köstliche Mittagessen zu – nach Rezepten aus aller Welt (inkl. Lieferung ins Haus). Möchten Sie Ihre Gäste mit einem schönen Buffet verwöhnen? Mit unserem Party-Service gelingt jede Feier. Wir stellen Ihnen ein komplettes Buffet zusammen (inkl. Tischdecken und Geschirr bis 50 Personen) – ganz nach Ihren Wünschen! Rufen Sie uns an, wir beraten Sie gern auch telefonisch.

**Heinzelmännchen-Service
Himbeersteig 22
14129 Berlin
Telefon 030 / 39 04 88 39
Fax 030 / 39 04 88 38**

Wir putzen für Sie.

Familiendienst

Manchmal geht alles drunter und drüber: Vater ist krank, Oma hat keine Zeit, Mutter hat viele Termine, die Tochter muss sich auf eine wichtige Prüfung vorbereiten, und alles bleibt liegen: Die Wohnung sieht furchtbar aus. Wer wünscht sich da nicht ein paar Heinzelmännchen, die schnell mal Ordnung machen? Wir sind für Sie da und erledigen alle Arbeiten im Haushalt:

Wir kochen und waschen für Sie, wir kaufen für Sie ein und räumen die Wohnung auf. Und natürlich betreuen wir auch Ihre Kleinen.

Gruppe 1: Die Wäscherei kann unsere Tischdecken waschen und bügeln.
Gruppe 2: Der Familiendienst kann für uns staubsaugen und putzen.   …

Lesen Sie den Text noch einmal und markieren Sie alle Verben mit Vorsilben.

C 3

Ergänzen Sie passende Sätze aus C 2.

	Verb 1		Verb 2 Vorsilbe
1	*Dann*	*rufen*	*Sie uns*	*an.*
2				
3				
4				
5				
6				
7				
8				
9				

Ergänzen Sie die Regel.

> **Trennbare Verben**
>
> 1 Im Deutschen gibt es viele _____ mit Vorsilben. Die meisten Vorsilben sind trennbar,
>   z.B. *anrufen, abholen,* _____
>   Im Satz steht das _____ auf Position 2 (bei Ja/Nein-Fragen und Imperativ auf
>   Position 1) und die trennbare _____ am Satz-Ende.
>
> 2 **Vergleichen Sie:**
>   Wir **holen** Ihre Wäsche gleich am Freitag **ab**.
>   Natürlich **können** wir Ihre Wäsche auch an jedem anderen Tag unter der Woche **abholen**.
>
>   In Sätzen mit Modalverben steht das Modalverb auf Position _____ und das Verb im Infinitiv
>   am _____ .
>
> 3 Einige Vorsilben (er-, be-, ge-, ver- ...) kann man nicht vom Verb trennen, z.B. *gehören,* _____

C 4

Sortieren Sie die Verben.

~~kochen~~ ◆ ~~abholen~~ ◆ waschen ◆ erzählen ◆ zubereiten ◆ geben ◆ ergänzen ◆ bügeln ◆
einkaufen ◆ gelingen ◆ anbieten ◆ verbrauchen ◆ aufhängen ◆ verstehen ◆ raten ◆
besuchen ◆ aufstehen ◆ aufräumen ◆ besorgen ◆ kaufen

normale Verben	trennbare Verben	nicht-trennbare Verben
kochen	abholen	

Hören und vergleichen Sie.

C 5

Trennbar oder nicht? Hören und markieren Sie.

> **Wortakzent**
> trennbare Verben   ●●●   Wortakzent auf der Vorsilbe: „einkaufen"
> nicht-trennbare Verben   ●●●   Wortakzent auf dem Verb-Stamm: „verkaufen"

		trennbar	nicht-trennbar			trennbar	nicht-trennbar
1	zuschneiden			9	bekommen		
2	aufstehen			10	einkaufen		
3	verstehen			11	aufbleiben		
4	betrachten			12	verstecken		
5	gefallen			13	beginnen		
6	bezahlen			14	verschwinden		
7	vorbereiten			15	bedanken		
8	verkaufen			16	anziehen		

C 6 Ergänzen Sie die Verben aus C 5.

DIE HEINZELMÄNNCHEN

nach den Gebrüdern Grimm

Ein Schuster ist ohne Schuld so arm geworden, dass er nur noch Leder für ein einziges Paar Schuhe hat.

Am Abend ___*schneidet*___ er das letzte Leder ___*zu*___ und geht zu Bett. Am nächsten Morgen _____ er _____ und geht in seine Werkstatt. Da steht das Paar Schuhe ganz fertig auf seinem Tisch. Er _____ gar nichts. Er nimmt die Schuhe in die Hand und _____ sie: Sie sind wunderbar – ein Meisterwerk! Kurz danach kommt auch schon ein Kunde und möchte die Schuhe kaufen. Und weil ihm die Schuhe so gut _____ , _____ er den doppelten Preis. Der Schuster nimmt das Geld und kauft sofort Leder für zwei Paar Schuhe. Am Abend _____ er wieder die Arbeit für den nächsten Tag _____ . Als er am nächsten Morgen in seine Werkstatt kommt, sind die Schuhe schon fertig. Und wieder _____ er die Schuhe schnell und _____ so viel Geld, dass er jetzt Leder für vier Paar Schuhe _____ kann. Am nächsten Morgen sind auch diese vier Paar fertig. So geht das Tag für Tag und er wird bald ein wohlhabender Mann. Eines Abends sagt der Mann zu seiner Frau: „Was meinst du? Wollen wir heute Nacht einmal _____ ? Ich möchte zu gern wissen, wer die Schuhe für uns näht." Also _____ sich beide in der Werkstatt und warten. Um Mitternacht kommen zwei kleine niedliche nackte Männlein. Sie setzen sich an den Tisch des Schusters, nehmen die zugeschnittenen Teile und _____ mit der Arbeit. Sie arbeiten so schnell, dass der Schuster nicht glauben kann, was er da sieht. Und im Nu sind sie fertig und _____ so schnell wie sie gekommen waren.

Am anderen Morgen sagt die Frau: „Die Heinzelmännchen haben uns reich gemacht. Doch sie selbst sind so arm, sie haben nicht einmal etwas zum Anziehen. Ich möchte für sie Kleidung nähen. Mach du jedem ein Paar Schühlein dazu. So können wir uns doch bei ihnen _____ ." Der Mann findet ihre Idee gut, und beide machen sich an die Arbeit. Am Abend legen sie die Geschenke auf den Tisch, wo sonst das Leder liegt. Um Mitternacht sind die Heinzelmännchen wieder da. Zuerst suchen sie nach dem zugeschnittenen Leder, dann sehen sie die Kleider und Schuhe. Sie _____ alles schnell _____ , tanzen durch die Werkstatt und singen vor Freude:

„Sind wir nicht Männlein glatt und fein?
Wir wollen nicht länger Schuster sein!"

Von nun an kamen die Heinzelmännchen nie wieder, der Schuster und seine Frau aber lebten glücklich und zufrieden bis an ihr Lebensende.

 Jetzt hören und vergleichen Sie.

 C 7 **Hören und sprechen Sie.**

Ihr Bekannter ist seit kurzer Zeit Hausmann. Er beklagt sich über seine Arbeit, aber Sie verstehen das nicht: Für Sie sind Hausarbeiten kein Problem. Sie sagen: „Na und? ..."

Beispiel: *Also Hausmann sein – das ist wirklich anstrengend. Ich muss jeden Tag früh aufstehen.*
    Na und? ↗ Ich stehe **gern** früh auf. ↘
Dann muss ich die Wohnung aufräumen.
    ...

C 8 **Schreiben Sie über Ihren Tag.**

Der Ton macht die Musik

Hören und vergleichen Sie.

Diese Konsonanten klingen ähnlich.	hart (stimmlos)	weich (stimmhaft)
	[p] packen	[b] backen
	Oper	Ober
	[t] Tick	[d] dick
	Winter	Kinder
	[k] Karten	[g] Garten
	Vokal	Regal

Üben Sie.

stimmhaftes „b" = [b]
Sagen Sie „aaaaaaaaa"
dann schließen und
öffnen Sie dabei die
Lippen:
„aaaaaaaaa" wird zu
„aabaabaabaa".

stimmloses „p" = [p]
Halten Sie eine Kerze vor
den Mund, atmen Sie ein
und schließen Sie die
Lippen. Sie wollen
ausatmen, aber es geht
nicht: Die Lippen sind
geschlossen.

Öffnen Sie plötzlich
die Lippen:
Sie hören „p" – die
Kerze ist aus.

Nehmen Sie ein Blatt
Papier und üben Sie.
Sagen Sie:
ein Blatt Papier,
ein Paket Butter,
ein paar Bier,
Bei den Wörtern mit
„p" muss sich das Blatt
bewegen!

Üben Sie auch [d]–[t] und [g]–[k] mit einem Blatt Papier. Halten Sie das Blatt ganz nah an den Mund: Bei „t" und „k" muss sich das Blatt ein bisschen bewegen (nicht so stark wie bei „p").

Sagen Sie: ein toller Tipp, deine Tante, drei Tassen Tee, den Tisch decken,
gute Kunden, ganz klar, kein Geld, Kaugummi, Kilogramm,
Gäste zum Kaffeetrinken, ein paar Gläser Bier, Pack die Koffer!

Hart oder weich? Hören Sie, sprechen Sie nach und markieren Sie.

	[p]	[b]		[t]	[d]		[k]	[g]
Bier		X	Dose		X	Kästen	X	
Rap	X		Tasse	X		Gäste		X
halb	X		abends	X		be-ginnt		X
paar			mo-dern			Tag		
liebt			Lied			fragt		
Novem-ber			Lie-der			Fra-ge		
Schreib-tisch			Li-ter			schick		
Urlaub			Süd-amerika			Stü-cke		

Ergänzen Sie die Regeln und Beispielwörter.

Am Wort- und Silbenende spricht man
„b" immer als [p] *halb, schreibtisch*
„d" immer als [ ] _____
„g" immer als [ ] _____
„ck" spricht man als [ ] _____
Die Silbenmarkierungen finden Sie im Wörterbuch.

der **Schreib|tisch** [ˈʃraiptiʃ]; -[e]s, -e: *Tisch, an dem man schreibt u. Ä. tut:* als ich ins Zimmer kam, saß er an, hinter seinem Schreibtisch.

Hueber WÖRTERBUCH
DEUTSCH ALS

der **No|vem|ber** [noˈvɛmbɐ]; -[s]: *elfter Monat des Jahres:* am ersten November ist Allerheiligen.

richtig, wenig, günstig, traurig, dreißig …
Am Wortende spricht man „-ig" oft wie „-ich".

Lerntipp:
Erinnern Sie sich noch? Nomen lernt man am besten mit Artikel und Plural, also z.B. **das** Verb, Verb**en**. Achten Sie bei Nomen mit „b", „d" und „g" am Ende auch immer auf die unterschiedliche Aussprache von Singular und Plural:

[p]	[b]
das Ver**b**	Ver**b**en
[t]	[d]
das Lie**d**	Lie**d**er
[k]	[g]
der Ta**g**	Ta**g**e

D 4   **Wo spricht man „b", „d" und „g" als [p], [t] und [k]? Markieren Sie.**

Guten Tag ◆ habt ihr Zeit? ◆ ab und zu ◆ mor-gen A-bend ◆ tut mir Leid ◆ lei-der nicht ◆
Sonntag zum Mittag-essen ◆ es gibt ◆ Obst und Gemüse ◆ besorgst du die Getränke? ◆
sie-ben Ta-ge Urlaub ◆ bald geht's los ◆ wohin fliegt ihr? ◆ am lieb-sten ◆ nach Deutschland ◆
das Flug-ticket ◆ nicht billig ◆ wirklich günstig ◆ ein Son-der-an-ge-bot

3/8 **Hören Sie, sprechen Sie nach und vergleichen Sie. Machen Sie kleine Dialoge.**

D 5   **Wählen Sie ein Gedicht und üben Sie. Dann lesen Sie vor.**
3/ 9-12

Arbeitsteilung

Wer räumt auf?
Wer wäscht ab?
Wer kauft ein?
Wer putzt und saugt?
Wer macht die Betten?
Wer deckt den Tisch?
Wer wäscht und bügelt?
Wer backt und kocht?
Wer besorgt die Getränke?
Wer leert den Müll aus?
Wer räumt den Tisch ab?
Natürlich ich.
Wer sagt nie „danke"?
Wer fragt nie „Wie geht's?"
Wer hört nur halb zu?
Natürlich du!

Durst

Morgens drei Tassen
Kaffee oder Tee
mittags ein Cola
nachmittags Saft
unterwegs ein Likör
abends dann Rotwein
oder ein paar Gläser Bier

Problem

Die Tante liebt den Onkel,
der Onkel liebt die Tanten.
Ab und zu gibt's deshalb Streit –
so sind halt die Verwandten.

Einkauf im Supermarkt

3 Kilo Kartoffeln
Obst & Gemüse
1 Bauernbrot
2 Klopapier
1 Paket Butter
3 Dosen Tomaten
100 g Schinken
6 Kästen Bier
3 Tiefkühl-Pizzen
Käse (geschnitten)
1 kg Zucker
Schokolade
Pralinen & Bonbons
Kaugummis

Keine Gummibärchen?
Schade!

KURSBUCH
E 1-E 3

Erinnerungen

A

B

Lesen Sie den Text. Welches Bild passt zum Text? Warum?

Die Klavierlehrerin

Ich sehe alles noch ganz deutlich <u>vor meinen Augen</u>. Ich bin zehn Jahre alt und steige ängstlich die Treppen in den fünften Stock hinauf. Es ist dunkel im Flur und es riecht nach Essen. Die Tür ist offen, ich gehe in die
5 Wohnung. Es stinkt nach Zigaretten. Das Klavierzimmer ist das letzte Zimmer hinten im Gang rechts. Peter sitzt noch am Flügel und spielt – er ist immer vor mir an der Reihe. Er hat es gut. Seine Stunde ist gleich zu Ende. Meine beginnt erst. Ich sage leise: „Guten Tag!", setze
10 mich in den Sessel und stelle meine Tasche auf den Boden neben den Sessel. Der Sessel steht in einer dunklen Ecke, direkt neben dem Regal mit den Büchern und Noten. Über dem Sessel hängen Fotos von ihren Konzerten. Dazu Zeitungsausschnitte. Meine Klavier-
15 lehrerin ist eine begnadete Pianistin. Ihr Platz ist in einem Orchester, aber ihre Bewerbungen hatten alle keinen Erfolg. So muss sie weiter kleinen unmusika- lischen Kindern wie mir Unterricht geben. Sie steht neben dem Klavier. Ihr Hund liegt – wie immer – auf
20 seinem Teppich hinter dem Klavier. Ich mag ihn nicht, er stinkt.

Es ist soweit. Ich bin dran. Ich setze mich an den Flügel. Ich packe die Noten aus und stelle sie auf den Notenständer, dann stelle ich meine Tasche unter den
25 Stuhl. Der Hund bellt. Auf dem Klavier zwischen der Vase und der Lampe steht die weiße Beethoven-Büste. Beethoven schaut ernst wie immer. Aber heute steht noch ein Teller neben der Vase. Es ist Dezember, Weih- nachtszeit. Auf dem Teller sind Lebkuchenherzen. Frau Schabowsky bietet mir eins an. Ich mag keine Lebku- 30 chenherzen, aber ich nehme eins. So gewinne ich Zeit. Sie stellt den Teller wieder neben die Vase. Ich beginne eine Etüde. Sie unterbricht mich: „Nein, so geht das nicht, noch einmal von vorn. Der Rhythmus stimmt nicht." Sie stellt sich hinter meinen Stuhl und schlägt 35 den Takt auf meinen Rücken. Der Hund bellt, meine Hände werden nass. Ich spiele wie in Trance. Ihre Kommentare höre ich kaum noch. Der Hund steht auf, läuft dicht an mir vorbei und legt sich vor das Regal. Meine Finger wollen nicht mehr über die Tasten laufen. 40 Ich bleibe hängen, rutsche ab, Katastrophe. Ich spüre den Boden unter meinen Füßen nicht mehr ...

Endlich: Es klingelt. Der nächste Schüler kommt. Frau Schabowsky macht keine Pausen zwischen den Schülern. Sie schreibt mir noch schnell ins Heft, dass ich 45 nicht geübt habe, dass meine Mutter mitkommen soll, und dass es so nicht weitergeht. Ich lege das Heft in meine Tasche zwischen die Noten, stehe auf und verabschiede mich. Als ich vor die Tür gehe, laufen mir schon die ersten Tränen über das Gesicht. Die Sonne 50 scheint, über mir lacht ein blauer Himmel. Es ist ein schöner Tag – eigentlich. Ich habe Angst, nach Hause zu gehen, Angst vor meiner Mutter.

Nach 18 Monaten geht es wirklich nicht mehr so weiter. Wir haben großes Glück: Meine Klavierlehrerin 55 geht ans Konservatorium nach Wien. Unsere Qual hat ein Ende.

Lesen Sie den Text noch einmal und markieren Sie alle Ausdrücke mit Präpositionen.

E 2

Sortieren Sie die Ausdrücke mit Präpositionen aus E1 und unterstreichen Sie die Artikel.

	◉ Wo? (Präposition mit Dativ)	→ Wohin? (Präposition mit Akkusativ)
an		
auf		
hinter		
in		
neben		
über		
unter vor	*vor meinen Augen*	
zwischen		

Ergänzen Sie die Regeln.

1. Die Präpositionen „auf, über, unter, vor, hinten, zwischen, neben, an, in" sind Wechselpräpositionen: Sie stehen mit _____ (Frage: Wo?) oder _____ (Frage: Wohin?).
2. Die Artikel im Dativ sind feminin: *der, einer,* _____ , maskulin und neutrum: _____ , Plural: *den, –, meinen* _____ .
3. Nomen _____ haben immer die Endung *-n* (Ausnahme: Plural mit „-s").

KURSBUCH
E 4-E 5

E 3

Sortieren Sie die Verben.

gehen ◆ hinaufsteigen ◆ sehen ◆ laufen ◆ (sich) legen ◆ liegen ◆ kommen ◆
sein ◆ (sich) setzen ◆ sitzen ◆ stehen ◆ stellen ◆ ...

keine Bewegung

liegen, _____

Bewegung von A nach B

gehen, hinaufsteigen, _____

Finden Sie zehn Unterschiede in E. Schreiben Sie Sätze mit diesen Verben.

KURSBUCH
F 1-F 2

Zwischen den Zeilen

Lesen Sie die Texte und unterstreichen Sie die Verben und Präpositionen.

1 Carla Martin sucht internationale Briefkontakte. Sie <u>schreibt</u> einen Brief <u>an</u> „International Penfriends". Sie <u>erzählt von</u> ihrer Familie und <u>berichtet über</u> ihre Hobbys. (Sie <u>bittet</u> „International Penfriends" <u>um</u> weitere Informationen und <u>um</u> Adressen.)

2 Virginie Dubost schreibt an Carla. Sie schreibt über ihre Hobbys, erzählt über ihre Zukunftspläne und berichtet von Ihrer Familie und von den Ferien am Meer. Sie lädt Carla zu einem Besuch ein (und bittet Carla um ein Foto von ihrer Familie).

3 Ein ganz normaler Tag im Leben von Helga Jansen:
13.15 Das Mittagessen ist fertig. Die Kinder erzählen von der Schule, Helga hört nur halb zu: Sie denkt schon an den Nachmittag.
20.00 Helga Jansen spricht mit den Kindern über den Tag und über die Farbe Blau.
22.00 Frau Jansen trinkt ein Glas Wein und spricht mit ihrem Mann über den Tag.

4 Heute ist ein besonderer Tag. Unsere Lehrerin wird 30. Wir gratulieren ihr zum Geburtstag, schreiben ihr eine Geburtstagskarte und singen „Zum Geburtstag viel Glück!". In der Pause lädt sie uns alle zum Kaffeetrinken ein. Wir sprechen über Geburtstage und diskutieren mit ihr über Familienfeste in Deutschland und in anderen Ländern.

Ergänzen Sie die passenden Verben und Beispielsätze.

Lerntipp:

Viele Verben können weitere Ergänzungen mit Präpositionen (Präpositionalergänzungen) haben. Nicht alle Verben und alle Präpositionen passen zusammen – es gibt feste Kombinationen. Lernen Sie Verben immer zusammen mit den passenden Präpositionen und schreiben Sie Beispielsätze mit Präpositionalergänzungen auf die Wortkarten.

Beispiel:
sprechen + mit DAT + über AKK
Abends spreche ich mit den Kindern über den Tag.

Präposition	Verb + Ergänzung
+ an AKK	*schreiben an International Penfriends*
+ mit DAT	
+ über AKK	*berichten über die Hobbys*
+ von DAT	*erzählen von der Familie*
+ zu DAT	
+ um AKK	

Ergänzen Sie die Sätze. Schreiben oder sprechen Sie.

Manchmal schreibe ich ...
Ich denke oft ...
... spricht gerne ...
Ich möchte gerne einmal ... diskutieren.
... erzählt gerne ...

Wir müssen immer ... berichten.
Soll ich ... einladen?
Wollen wir ... gratulieren?
Du kannst doch ... bitten.

G

Herzlichen Glückwunsch zum Geburtstag

G 1

Diskutieren Sie zu dritt oder viert.

Eine deutsche Freundin, ein deutscher Arbeitskollege, ein … hat Geburtstag:

a) Was kann man schenken oder mitbringen?
b) Wie lange bleibt man? Muss man pünktlich sein?
c) Dürfen Sie noch eine Person mitbringen?
d) Was sagen Sie zum „Geburtstagskind"?

G 2

Wo finden Sie Informationen zu den Fragen? Lesen und markieren Sie.

1. **Frau/Herr … hat Geburtstag:** Feiert er oder sie? Wünschen Sie dem Geburtstagskind auf jeden Fall „Alles Gute zum Geburtstag!" oder sagen Sie: „Herzlichen Glückwunsch zum Geburtstag!" – notfalls telefonisch. _d)_

2. **Eine Arbeitskollegin hat Geburtstag:** In vielen deutschen Firmen sammeln die Kollegen Geld für ein gemeinsames Geschenk. Am besten fragen Sie Ihre deutschen Kollegen! _____

3. **Sie sind „zum Kaffeetrinken" eingeladen:** Das dauert meistens nicht so lange, vielleicht ein oder zwei Stunden. Sie können aber auch nur „kurz vorbeischauen", eine Tasse Kaffee trinken und nach einer halben Stunde wieder gehen. Bringen Sie auf alle Fälle ein kleines Geschenk mit! _____

4. **Sie sind „zum Abendessen" eingeladen:** Zum Abendessen kommen selten mehr als acht Personen – Sie gehören also zum „engeren Freundeskreis". Bringen Sie keine weiteren Gäste mit! Ist Ihnen diese Freundschaft wichtig? Dann machen Sie sich rechtzeitig Gedanken über ein passendes Geschenk! Kommen Sie nicht zu früh und nicht zu spät: In Deutschland kommt man zum Abendessen pünktlich bis höchstens zehn Minuten zu spät. _____

Sieben GEBURTSTAGS REGELN

5. **Sie sind zu einer Geburtstagsparty eingeladen:** Zu einer Geburtstagsparty muss man nicht pünktlich kommen – da ist sowieso noch keiner da. Normalerweise können Sie auch Ihre Partnerin oder einen Freund mitbringen. Aber fragen Sie lieber vorher! Manchmal soll man zu solchen „Feten" auch etwas zum Essen (z.B. einen Salat oder ein Dessert) mitbringen: Eine Spezialität aus Ihrem Land freut sicher nicht nur Ihre Gastgeber, sondern auch die anderen Gäste. Dann haben Sie auch gleich ein erstes Gesprächsthema zum Kennenlernen. _____

6. **Sie suchen ein Geschenk:** Die besten Geschenke sind „persönlich". Aber Vorsicht: Das Geburtstagskind packt seine Geschenke in Deutschland oft sofort aus, und alle schauen zu – ein zu persönliches Geschenk kann peinlich sein! Denken Sie sich etwas Originelles aus! Etwas Typisches aus Ihrem Land ist immer gut. _____

7. **Sie müssen eine Rede halten:** Der alte Brauch, eine Rede auf das Geburtstagskind zu halten oder ihm ein Lied zu singen, wird heute nur noch bei besonderen Geburtstagen (z.B. beim 50. oder 60. Geburtstag) praktiziert. Sie müssen doch eine Rede halten? Singen Sie ein Geburtstagslied aus Ihrem Land oder halten Sie einfach eine kurze Rede in Ihrer Muttersprache! Das ist ein voller Erfolg, auch wenn Sie niemand versteht. _____

G 3

Welche „Regeln" gibt es in Ihrem Land für eine Geburtstagsfeier? Berichten oder schreiben Sie.

Kurz & bündig

Wortschatzarbeit

Was passt zu „Haushalt" und „Familie"?
Finden Sie ein Wort zu jedem Buchstaben.

_____ H _____	_____ F _____
_____ a _____	_____ a _____
_____ u _____	_____ m _____
_____ s _____	_____ i _____
_____ h _____	_____ l _____
_____ a _____	_____ i _____
___ büge l n _____	_____ e _____
_____ t _____	

Sie sind den ersten Tag im Deutschkurs. Sie treffen viele nette Leute zum ersten Mal. Was fragen Sie?

_____

_____

Wie antworten **Sie** auf diese Fragen?

Verben

trennbare Verben

aufstehen, _____

nicht-trennbare Verben

besprechen, _____

Was machen Sie wann? Beschreiben Sie einen typischen Tagesablauf.

_Um_ _____ _Uhr stehe ich_ _____

_____

_____

_____

Wechselpräpositionen

Sie räumen Ihre Wohnung nach einer Party auf. Was stellen Sie wohin?

_____

_____

_____

_____

_____

Interessante Ausdrücke

_____

_____

_____

Junge Leute von heute

A

A 1

Wie junge Leute wohnen.

Lesen Sie die Statistik und ergänzen Sie.

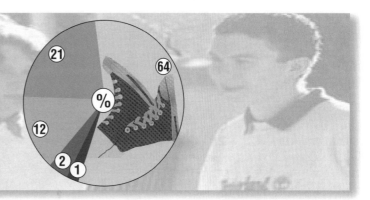

Umfrage bei 18–25-Jährigen:
Wo wohnen Sie zur Zeit?

64% – bei meinen Eltern
21% – mit meinem Lebenspartner zusammen
12% – allein
2% – in einer Wohngemeinschaft
1% – im Wohnheim

1 Fast zwei Drittel der jungen Leute in Deutschland wohnen *bei den Eltern* .

2 Fast jeder fünfte junge Erwachsene wohnt _____ .

3 Über zehn Prozent aller jungen Erwachsenen wohnen _____ .

4 _____ wohnen zwei Prozent aller jungen Leute.

5 Einer von 100 jungen Erwachsenen wohnt _____ _____ .

> Ein Drittel wohnt
> Jeder fünfte wohnt
> Die Hälfte wohnt
>
> Zwei Drittel wohnen
> 20% wohnen

Sprechen Sie über die Statistik.

Mehr als die Hälfte der jungen Leute in Deutschland wohnt bei den Eltern.
  Bei uns ist das ganz anders …
    Das finde ich …

A 2

Was passt zusammen? Markieren Sie.

1	das Studentenwohnheim		sie oder er macht eine Lehre
2	die Wohngemeinschaft		die Zeit an der Universität
3	die Lehre		„Ja!" – „Nein!" – „Ja!" – „Nein!" – „Ja!" – „Nein!" – „Doch!" …
4	die Unabhängigkeit	2	Leute wohnen zusammen, sie sind aber keine Familie.
5	die Miete		morgen, nächstes Jahr, in fünf Jahren …
6	der Streit		allein leben können, niemand fragen müssen, frei sein
7	das Chaos		was man im Monat für eine Wohnung bezahlen muss
8	die Zukunft		die Unordnung, das Durcheinander
9	arbeitslos	1	hier wohnen Studenten
10	die Alternative		man lernt einen Beruf (meistens 3 Jahre)
11	das Studium		ohne Arbeit
12	der Lehrling		eine andere Möglichkeit

Wortakzent: Welche Wörter passen?

 Lehre, _____

Wer sagt was? Markieren Sie.

Ich wohne in einem Studenten-wohnheim ...
Gründe: 1, _____

Das Leben in der Wohngemeinschaft macht mir Spaß ...
Gründe: 1, _____

Ich wohne mit meiner Freundin zusammen ...
Gründe: _____

Ich wohne noch bei meinen Eltern ...
Gründe: _____

Ich kenne Dörte schon lange.	*Ich kenne Tina schon lange.*
sich kennen	**Wir** kennen **uns** schon lange.
sich sehen	**Wir** sehen **uns** fast jeden Tag.
sich verstehen	**Wir** verstehen **uns** gut.

Seit einem Jahr habe ich eine eigene Wohnung ...
Gründe: _____

„weil" (= Grund)

1 ..., weil ich gerne mit vielen Leuten zusammen bin.
2 ..., weil ich nicht gerne allein bin.
3 ..., weil ich keine eigene Wohnung bezahlen kann.
4 ..., weil ich studiere und noch kein Geld verdiene.
5 ..., weil ich da nicht ständig aufräumen muss.
6 ..., weil wir uns gut verstehen.
7 ..., weil ich hier in Köln studiere.
8 ..., weil ich hier viele andere Studenten kennen lernen kann.

9 ..., weil ich meine Ruhe haben will.
10 ..., weil da immer was los ist.
11 ..., weil wir uns dann jeden Tag sehen können.
12 ..., weil ich nicht gerne Hausarbeiten mache.
13 ..., weil ich gerne unabhängig bin.
14 ..., weil ich ganz anders als meine Eltern leben will.
15 ..., weil ich da keine Rücksicht auf andere nehmen muss.

Lerntipp:

Viele positive Adjektive bekommen durch die Vorsilbe **un-** eine negative Bedeutung:
zufrieden **un**zufrieden
bequem **un**bequem
freundlich **un**freundlich
Der Wortakzent ist immer auf der Vorsilbe **un-**.
Bei neuen Adjektiven überprüfen Sie im Wörterbuch: Gibt es auch das negative Adjektiv mit der Vorsilbe un-? Lernen Sie dann immer gleich beide Formen.

Diese Leute sind unzufrieden mit ihrer Wohnsituation. Was sagen sie? Ergänzen Sie Sätze mit „obwohl".

↔ „obwohl" (= Gegengrund)

Volker Bode:
„Ich habe eine eigene Wohnung ..."

obwohl ich nicht viel Geld verdiene.

Antje Bittner:
„Ich wohne mit meinem Freund zusammen ..."

obwohl ich gerne unabhängig bin.

Rita Fries:
„Ich wohne noch bei meinen Eltern ..."

_____

_____

Und wie wohnen Sie? Sind Sie zufrieden? Warum (nicht)?

_____

_____

A 4

Unterstreichen Sie die Verben in A 3 und ergänzen Sie die Regel.

Komma ◆ Verb ◆ „weil" oder „obwohl" ◆ Verb im Infinitiv ◆ Nebensätze ◆
„Weil"-Sätze ◆ „obwohl"-Sätze ◆ Modalverb

1 Sätze mit „weil" oder „obwohl" sind _____. _____ nennen einen Grund, _____ nennen einen Gegengrund für die Aussage im Hauptsatz. Zwischen Hauptsatz und Nebensatz steht ein _____.

2 In Sätzen mit „weil" oder „obwohl" steht das _____ immer am Satzende. Gibt es zwei Verben (Modalverb und Verb im Infinitiv), dann steht zuerst das _____ , dann das _____.

3 Das Subjekt steht immer direkt nach _____ .

A 5

„Weil" oder „obwohl"? Schreiben Sie Sätze.

1 _Kim hat wenig Zeit, → weil sie viel arbeiten muss. ↘_ _____
  Kim   wenig Zeit haben   viel arbeiten müssen

2 _____
  Dean   ein neues Auto kaufen wollen   wenig Geld haben

3 _____
  Vera   schnell Deutsch lernen   in Deutschland leben und arbeiten

4 _____
  Thorsten und ich   oft Streit haben   gute Freunde sein

5 _____
  Herr Kleinschmidt   Taxifahrer sein   nicht gut Auto fahren können

6 _____
  Angela   oft ihre Familie besuchen   in Lissabon   billig fliegen können

7 _____
  Esther Schmidt   ihren Beruf lieben   beim Theater nicht viel Geld verdienen

8 _____
  Ich   viele Fehler machen   erst vier Monate Deutsch lernen

9 _____
  Du   auch viele Fehler machen   schon lange Deutsch lernen

10 _____
  Thomas   einen gebrauchten Computer kaufen   kein Geld haben

11 _____
  Julia   perfekt … sprechen   in … geboren sein.

12 _____
  Susanne   abends (nie) oft … trinken   dann (nicht) gut schlafen können

Hören Sie, vergleichen Sie und ergänzen Sie → oder ↘.

Satzmelodie bei Hauptsatz + Nebensatz: Hauptsatz ____ und Nebensatz ____ .

A 6

Fragen und antworten Sie. Üben Sie zu zweit.

lachen	sauer sein
nervös sein	weinen
rennen	Zeitungsanzeigen lesen
	...

Zwiebeln schneiden
das Zimmer aufräumen
ein Geschenk kaufen

In der Umgangssprache sind „weil"-Sätze oft Antworten auf Fragen mit „warum". Sie stehen dann meistens allein (ohne einen Hauptsatz).

Warum weint der Mann?
 Weil er ...
Warum lacht ...
 Weil ...

A 7

Sagen oder schreiben Sie Sätze mit „weil" und „obwohl".

Mein(e) Lehrer(in)/Kind(er)/...
Unser Kurs
Ich
Herr/Frau ...

fragen/antworten/wissen/kennen/...
brauchen/...
lachen/weinen/...
telefonieren/schreiben/fernsehen/...
arbeiten/einkaufen/...
... essen/... trinken/... lieben/...

nicht
kein...
(fast) alles
(fast) nichts
(sehr) viel
(sehr) wenig
(sehr) oft
(sehr) selten
(fast) nie
(fast) immer

dürfen
können
müssen
wollen
sollen
möchte

Hunger/Geld/Geburtstag/Zeit/... haben
traurig/fröhlich/kaputt/... sein
nach Deutschland/... fahren
aus Italien/... kommen
in Deutschland/... leben/arbeiten/...
Deutsch/... lernen
... verkaufen

Ich esse viel, weil ich immer Hunger habe.
 Unsere Lehrerin fragt viel, obwohl sie schon alles weiß.

B

Wir wollten doch nur euer Bestes!

B 1

Welche Probleme gibt es hier? Markieren Sie.

☐ Unordnung   ☐ rauchen   ☐ abends weggehen   ☐ Hausaufgaben

Welche Aussage passt zu welcher Situation?

☐ 1 „Das sollst du doch nicht. Warum musstest du überhaupt damit anfangen?"

☐ 2 „Was ist denn hier los? Wolltest du nicht deine Hausaufgaben machen?"

☐ 3 „Da seid ihr ja endlich! Ihr solltet doch schon um zehn zu Hause sein."

☐ 4 „Wie sieht es denn hier aus? Konntest du nicht wenigstens das Geschirr wegräumen?"

B 2

Lesen Sie die Texte und ergänzen Sie die passenden Verben.

durfte ◆ hatte ◆ hatten ◆ konnte ◆ musste ◆ sollte ◆ war ◆ waren ◆ wollte ◆ wurde ◆ wurden

A „Ich _konnte_ nur heimlich rauchen – auf der Straße, in der Kneipe, bei Freunden. Und ich _____ dauernd aufpassen, damit meine Mutter nichts merkte. Dabei _____ mein Vater auch Raucher!"

B „Meine Eltern _____ bei mir einen richtigen Ordnungsfimmel. Dabei _____ sie selbst gar nicht so besonders ordentlich. Jeden Tag _____ ich den Müll ausleeren. Jede Kaffeetasse _____ man gleich spülen, nichts _____ rumstehen. Und dauernd _____ ich mein Zimmer aufräumen. Wenn ich mal keine Zeit dafür _____ , _____ sie immer gleich wütend. Das _____ ziemlich nervig."

C „Mit 15 _____ ich mit der Schule aufhören und nur noch Musik machen. Ich _____ ganz gut Gitarre spielen und singen. Aber meine Eltern _____ dagegen: Ich _____ Abitur machen und einen „anständigen Beruf" lernen. Also _____ ich weiter zur Schule gehen und _____ dann Techniker in einem Musikstudio. Na ja, das _____ vielleicht auch gut so, das hatte ja auch was mit Musik zu tun."

D „Mein Vater _____ ziemlich streng. Ich _____ immer spätestens um zehn Uhr abends zu Hause sein, und am Samstag um elf – auch noch mit 16. Und abends alleine weggehen, das _____ ich überhaupt nicht. Immer _____ mein älterer Bruder mitgehen. Der _____ natürlich auch keine Lust, dauernd mit mir loszuziehen. Der _____ lieber mit seinen Freunden ausgehen."

Hören Sie jetzt die Eltern. Was passt zusammen?

3/
15-20

A B C D

Dialog	Bild
1	
2	
3	
4	

B 4

Hören Sie noch einmal und ergänzen Sie die Sätze.

3/
16-19

1 Markus wollte rauchen, weil das in seiner Clique _____ .

Er durfte nicht rauchen, obwohl sein Vater _____ .

2 Vanessa sollte täglich _____ .

Vorher durfte sie nicht _____ .

3 Stefanie und ihr Bruder durften abends nur _____ .

Sie mussten spätestens um elf Uhr _____ .

4 Sven wollte nicht mehr zur Schule gehen und _____ .

Aber er musste weiter zur Schule gehen, weil er _____ .

B 5

Ergänzen Sie die Endungen in den Tabellen und die Regeln.

Präteritum

Modalverben

Singular	können	wollen	dürfen	sollen	müssen
ich	konn___	woll___	durf___	soll___	muss_te_
du	konn___	woll___	durf___	soll_test_	muss___
sie/er/es	konn___	woll___	durf___	soll___	muss___

Plural					
wir	konn___	woll___	durf___	soll_ten_	muss___
ihr	konn___	woll___	durf_tet_	soll___	muss___
sie	konn___	woll_ten_	durf___	soll___	muss___

Höflichkeitsform: Singular und Plural

Sie	konn___	woll___	durf___	soll_ten_	muss___

„haben", „sein" und „werden"

Singular	haben	sein	werden
ich	hat___	war___	wurd___
du	hat_test_	war_st_	wurd_est_
sie/er/es	hat___	war___	wurd___

Plural			
wir	hat_ten_	war___	wurd___
ihr	hat___	war___	wurd_et_
sie	hat___	war___	wurd___

Höflichkeitsform: Singular und Plural

Sie	hat___	war___	wurd_en_

1 Das Präteritum der Modalverben erkennt man am Präteritum-Signal, dem Buchstaben ___ .

2 Im Präteritum sind die Endungen gleich bei

„ich" und _____ .

„wir" und _____ .

3 Bei „können", „müssen" und „dürfen" fallen die Umlaute weg: ö und ü werden zu ___ und ___ .

Für „haben", „sein" und „werden" gilt Regel Nummer _____ .

B 6

Welche Wörter passen zum Präteritum? Unterstreichen Sie.

letztes Jahr ◆ nächste Woche ◆ früher ◆ seit zwei Wochen ◆ jetzt ◆ vor zwei Jahren ◆
morgen ◆ damals ◆ in den 70er-Jahren ◆ gestern

KURS
B

B 7

Schreiben Sie über Ihre Kindheit und Jugend.

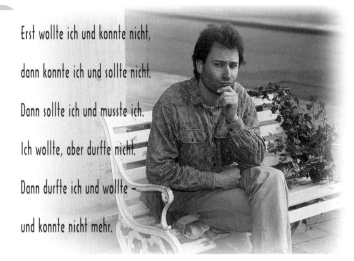

Erst wollte ich und konnte nicht,

dann konnte ich und sollte nicht.

Dann sollte ich und musste ich.

Ich wollte, aber durfte nicht.

Dann durfte ich und wollte –

und konnte nicht mehr.

Als Kind	(in die Disko) gehen
Ich	fernsehen
Wir	rauchen
Meine Schwester	(Schauspielerin) werden
Mein Bruder	aufräumen
Er/Sie	im Haushalt helfen
Meine Eltern	in Urlaub fahren
Mit 15	(nie) alleine
...	...

Bei uns war immer was los: ...
  Als Kind wollte ich ..., weil ...
    Mein Bruder durfte immer ..., obwohl ...

C

Wolltest du oder musstest du?

KURSBUCH C 1-C 4

C 1

Schreiben Sie die Sätze richtig.

1 _____

schon um sechs Uhr | zu Hause sein | du solltest doch

2 _____

zu Hause bleiben, weil | nicht kommen konnte | unser Babysitter | wir mussten

3 _____

du | nicht anrufen | konntest

4 _____

es ist noch | tut mir Leid, aber | nicht fertig

5 _____

bei den Hausaufgaben | ich musste Peter noch | helfen

6 _____

bekommen | keine Tickets mehr | wir konnten | eigentlich schon, aber

7 _____

Woche krank | eigentlich schon, aber | war die ganze | der Meister

8 _____

mein Auto | ich möchte | abholen

9 _____

wo wart | gestern Abend | ihr denn

10 _____

fertig sein | doch heute | aber es sollte

11 _____

heute nach | wolltet ihr nicht | Berlin fliegen

12 _____

schade | war wirklich gut | die Party

C 2

Welche Sätze aus C 1 passen zusammen? Schreiben Sie vier Dialoge.

1 ● _____
  ■ _____
  ● _____

2 ● _____
  ■ _____
  ● _____
  ■ _____

3 ● _____
  ■ _____

4 ● _____
  ■ _____
  ● _____

**3/ 21-24 Hören und vergleichen Sie. Markieren Sie den Satzakzent (_)
und die Satzmelodie (↗→↘).**

C 3

Fragen und antworten Sie oder schreiben Sie Dialoge.

1 *Warum warst du nicht auf Veras Geburtstagsfeier?*

  früh ins Bett gehen wollen
  müde sein
  die Nacht davor nicht schlafen können
  meine Nachbarn / laut sein
  sie / Gäste haben
  meine Nachbarin / Geburtstag haben

2 *Warum warst du gestern nicht im Schwimmbad?*

  keine Zeit haben
  lange arbeiten müssen
  viele Briefe schreiben müssen
  meine Kollegin / nicht da sein
  sie / eine Erkältung haben
  sie / am Wochenende im Schwimmbad sein

Warum warst du nicht auf Veras Geburtstagsfeier?
Weil ich früh ins Bett gehen wollte.
Warum wolltest du früh ins Bett gehen?

3/ 25-26 Hören und vergleichen Sie.

C 4

Hören und sprechen Sie.

3/27 Kinder fragen gerne „Warum...?", und die Antworten sind
oft schwierig.

● *Ich gehe nur mal kurz Zigaretten holen.*

■ *Muss das sein? Du wolltest doch nicht so viel rauchen.*

● *Ja, ja ...*

▲ *Mama, warum geht Papa jetzt weg?*

■ *Weil er Zigaretten kaufen will.*

Sie sind die Mutter. Antworten Sie bitte.

1 Er will Zigaretten kaufen.
2 Er raucht so viel.
3 Er ist nervös.
4 Er hat viel Stress.
5 Er muss so viel arbeiten.
6 Er muss viel Geld verdienen.
7 Er braucht viel Geld.
8 Die Zigaretten sind teuer.
9 Er kann nicht aufhören.
10 ... Frag doch Papa!

D

Zwischen den Zeilen

D 1 | Was passt zusammen? Hören und markieren Sie.

1 Wolltet ihr nicht nach München fahren? ___
2 Sie wollten doch einen Englischkurs machen. ___
3 Musst du nicht für die Mathearbeit lernen? ___
4 Musst du nicht am Wochenende arbeiten? ___
5 Du wolltest doch ausziehen. ___
6 Das Auto sollte doch schon gestern fertig sein. ___

a) Eigentlich schon, aber wir mussten noch ein paar Ersatzteile besorgen.
b) Doch, aber ich muss unbedingt erst die neue CD von den Backstreet Boys hören.
c) Doch, aber nur bis sechs. Am Abend habe ich Zeit.
d) Ja, aber eine eigene Wohnung ist einfach zu teuer.
e) Eigentlich schon, aber Eva musste arbeiten, und ich wollte nicht allein fahren.
f) Eigentlich schon, aber ich konnte keinen passenden Kurs finden.

3/ 28-33 Hören und vergleichen Sie.

D 2 | Lesen Sie die Dialoge von D 1 und ergänzen Sie die Regeln.

> **Zwischen „Ja" und „Nein"**
> *So zeigt man Überraschung:*
>
> | Negative Fragen mit Modalverben | Zustimmung | + Erklärung |
> |---|---|---|
> | **Musst du nicht** für die Mathearbeit lernen? | _____ | , aber ... |
> | **Wolltet ihr nicht** nach München fahren? | _____ | , aber ... |
> | | | |
> | Aussagen mit „doch" | | |
> | **Du wolltest doch** ausziehen. | _____ | , aber ... |
> | **Das Auto sollte doch** schon gestern fertig sein. | _____ | , aber ... |

D 3 | Spielen oder schreiben Sie Dialoge.

den neuen Film von ... anschauen ◆ mit dem Bus fahren ◆ zur Party kommen ◆ nach Hause fahren ◆
ins Konzert gehen ◆ Deutsch lernen ◆ ... besuchen ◆ aufräumen ◆ anrufen ◆
arbeiten ◆ einkaufen gehen ◆ pünktlich sein ◆ früh ins Bett gehen ◆ fernsehen ◆ ...

Wolltest du nicht den neuen Film mit Til Schweiger anschauen?
Eigentlich schon, aber ich hatte bis jetzt noch keine Zeit.
Musst du nicht ... / Müssen Sie nicht ...
Du wolltest doch ... / Sie wollten doch ...
Du solltest doch ... / Sie sollten doch ...

KURSBUCH
E 1-E 3

Der Ton macht die Musik

Hören und vergleichen Sie.

„N" spricht man im Deutschen [n] oder [ŋ].	[n]	[ŋ]
	üben	Übung
	wohnen	Wohnung
	dann	Dank
	ins	links

Hören Sie, sprechen Sie nach und markieren Sie [ŋ].

Anfang	Bank	bin	denn	denken	England
Enkel	entlang	finden	Franken	Frühling	Gang
ganz	Geschenk	Hunger	Inge	jung	Juni
klingeln	Kind	krank	langsam	links	ohne
Onkel	Pfund	Punkt	schenken	schwanger	sind
singen	trinken	und	wann	Werbung	Zeitung

Ergänzen Sie.

schreiben	sprechen
_____	[ŋk]
_____	[ŋ]

> **Aber:** kein [ŋ] an der Silbengrenze
> Wein|glas   An|gebot   Wohn|gemeinschaft
> Fein|kostladen   Termin|kalender

Üben Sie.

„n" = [n]
Sagen Sie „annnnnnnnn".

„ng" = [ŋ]
Sagen Sie weiter „nnnnnnnnnn"
und drücken Sie mit dem
Zeigefinger fest gegen den
Unterkiefer:
[n] wird zu [ŋ].
Üben Sie das [ŋ] mit und dann
ohne Zeigefinger.

Sagen Sie: Gang, entlang, links

Sagen Sie: den Gang entlang, dann links

Hören Sie und sprechen Sie nach.

Ein Krankenbesuch
Wir klingeln bei Frank,
wollen trinken und singen,
wollen tanzen und lachen –
doch Frank ist krank.
Wir sitzen an seinem Bett und denken:
Was kann man dem kranken Frank denn nur schenken?

Globalisierung
In Frankfurt nehmen die Banken alles:
Euro und Franken.

Schöne Geschenke
Frühling in England.
Inge ist schwanger.
Schöne Geschenke:
Kinder und Enkel.

F

Jetzt reicht's: Nur noch ohne unsere Eltern!

F 1

Lesen Sie die Texte und markieren Sie.

Die meisten Jugendlichen wollen …

☐ a) nicht mehr zu Hause wohnen.

☐ b) ohne Eltern in Urlaub fahren.

☐ c) im Urlaub mit Freunden wegfahren.

☐ d) im Ausland leben.

Irgendwann laufen die Urlaubswünsche von Eltern und Teenagern auseinander. Wir fragten 15- bis 17-Jährige nach ihrer Meinung.

Sina Bartfeld, 15

Wir waren so oft in Griechenland und Italien. Meine Eltern wollten immer wieder alle Sehenswürdigkeiten anschauen. Wie langweilig, immer dasselbe! (Ich konnte den Text des Reiseführers fast schon auswendig.) Jetzt reicht's, ich möchte mal was anderes machen. Und zwar mit meinen Freundinnen und Freunden – ohne Erwachsene! Aber ich darf halt noch nicht …

Falko Schüssler, 17

Allein verreisen, das ist der erste Schritt in die Unabhängigkeit. Letztes Jahr durfte ich zum ersten Mal mit Freunden wegfahren. Wir waren am Gardasee. Das war toll, den ganzen Tag schwimmen und surfen. Und nicht mehr immer nur diese langweiligen Kirchen und Museen! Manchmal fehlten mir die Eltern ja schon, aber es war ein gutes Gefühl, alle Probleme allein zu lösen.

Sandra Bauer, 16

Ich würde gerne allein wegfahren, am liebsten mit meiner Freundin Monika. Aber meine Eltern sagen bei diesem Thema immer nur: „Warte, bis du achtzehn bist!" Ich bin ganz schön sauer. Das sagen sie nur, weil ich ein Mädchen bin. Mein Bruder durfte schon mit sechzehn mit Freunden wegfahren.

Kirsten Koch, 16

Sieben Jahre musste ich mit meinen Eltern in den Ferien nach Bayern fahren. Und immer nur wandern, vier bis fünf Stunden täglich! Jetzt reicht´s! Ich muss mich endlich mal erholen.

Tobias Ziegler, 17

Auch wenn viele meinen, dass das in meinem Alter nicht normal ist: Ich fahre gern mit meinen Eltern weg und verstehe mich mit ihnen echt gut. Und noch ein Grund: die tollen Reiseziele. Wir waren sogar schon in Indien, Mexiko und in den USA. Aber ich würde auch in die Alpen mitfahren.

Yasmin Gouhari, 17

Auf den letzten gemeinsamen Reisen gab es ständig Streit. Ich wollte in die Disko und morgens lange schlafen. Aber ich sollte jeden Morgen früh aufstehen und gut gelaunt am Frühstückstisch sitzen. Dazu habe ich keine Lust mehr. Jetzt bin ich allein oder mit Freunden unterwegs und erhole mich so richtig, zum Beispiel in San Francisco.

Was machen die Jugendlichen gerne/nicht gerne?
Lesen Sie die Texte noch einmal und unterstreichen Sie.

2

Was stimmt für wen? Lesen Sie die Texte noch einmal und markieren Sie.

		Sina	Kirsten	Falko	Tobias	Sandra	Yasmin
1	will ohne Eltern verreisen	X					
2	darf nicht allein in Urlaub fahren	X					
3	will spät ins Bett gehen und morgens lange schlafen						
4	möchte im Urlaub nicht so viele Sehenswürdigkeiten besichtigen	X					
5	möchte im Urlaub nicht so viel laufen						
6	macht im Urlaub gern Sport						
7	fährt gern weit weg						

3

Warum wollen die Jugendlichen (nicht) mit ihren Eltern in Urlaub fahren? Diskutieren oder schreiben Sie.

Sina möchte ohne ihre Eltern verreisen, weil sie mit ihren Freunden und Freundinnen Urlaub machen will.
Und weil Sina nicht so viele Sehenswürdigkeiten besichtigen will.
Kirsten möchte ohne ihre Eltern verreisen, weil sie … und …

4

Fahren Sie gern mit Ihren Eltern/Ihren Kindern in Urlaub? Warum (nicht)?

KURSBUCH
G

Kurz & bündig

Wohnung

Wie wohnen Sie? Warum?

_____ ,

weil _____

und obwohl _____

Meine Regel für die „weil"- und „obwohl"-Sätze:

_____

_____

Präteritum von „müssen, können, wollen, dürfen, sollen"

Als Kind wollte ich _____

Mit 14 _____

Als _____

Mit _____

Meine Regel für das Präteritum der Modalverben:

_____

_____

Sie haben eine Verabredung und kommen zu spät. Was sagen Sie?

_____

Sie glauben, Ihr Kollege ist in Urlaub. Sie treffen ihn in der Kneipe. Was fragen Sie?

_____

Sie kommen zur Werkstatt. Das Auto ist nicht fertig. Was sagen Sie?

_____ ?

Präteritum von „haben" und „sein"

Ich **hatte** keine Zeit.	Ich **war** krank.
Hattest du _____ ?	**Warst** du _____ ?
Er, sie, es _____ .	Er, Sie, es _____ .
Wir _____ .	Wir _____ .
_____ ihr _____ ?	_____ ihr _____ ?
Sie _____ .	Sie _____ .
Hatten Sie _____ ?	**Waren** Sie _____ ?

Interessante Ausdrücke

_____

_____

Urlaub und Reisen

A

Was für ein Urlaubs-Typ sind Sie?

A 1

Ergänzen Sie die passenden Verben.

fahren ◆ machen ◆ Urlaub machen

in Frankreich _____		nach Paris _____	
eine Kreuzfahrt in der Karibik _____		eine Weltreise _____	
am Plattensee in Ungarn _____		auf Mallorca _____	
eine Wanderung im Harz _____		mit der Transsib von Moskau nach Peking _____	
an den Gardasee _____		eine Radtour von Heidelberg nach Stuttgart _____	
in die Berge _____			
am Meer _____		eine Bus-Rundreise durch Österreich _____	
Camping in Italien _____			
einen Deutschkurs in Zürich _____		mit dem Auto nach Tschechien _____	
eine Städtereise nach Berlin _____			

Und Ihr Traumurlaub? Schreiben Sie.

Ich möchte gerne einmal _____ ,

weil _____ .

Aber _____ .

KURSBUCH
A 2-A 3

A 2

Lesen Sie den Test und markieren Sie A oder B. Wie viele Punkte haben Sie?

Machen Sie erst den Urlaubs-Test ...

Welches Urlaubswetter mögen Sie gerne?

A Regen. Da kann ich den ganzen Tag in meinem kleinen Appartement sitzen und aus dem Fenster sehen. *1 Punkt*

B Ich liege lieber am Strand in der Sonne. Da werde ich schön braun und erhole mich prima. *2 Punkte*

****

Möchten Sie Ihr Urlaubsland kennen lernen?

A Nein. Ich will meine Ruhe haben und essen und trinken wie zu Hause – dann geht es mir gut. *1 Punkt*

B Natürlich. Neue Kulturen entdecken, Land und Leute kennen lernen – das ist doch interessant. *2 Punkte*

****

Wollen Sie gerne einige Sehenswürdigkeiten besichtigen?

A Ja sicher. Ich will doch nicht jeden Tag von morgens bis abends nur am Strand liegen oder im Hotel sitzen. Ich mache gerne mal Ausflüge an interessante Orte. *2 Punkte*

B Schlösser, Kirchen, Museen, Wasserfälle, Höhlen – das ist doch sowieso überall das Gleiche: teuer, langweilig, und viel zu viele Touristen. *1 Punkt*

****

Treiben Sie im Urlaub auch gerne etwas Sport?

A Sport? Um Gottes Willen! Ich treibe zu Hause ja auch keinen Sport – die Arbeit ist anstrengend genug. Im Urlaub will ich einfach mal nichts tun. *1 Punkt*

B Ja klar. Schwimmen, Ball spielen am Strand, Rad fahren oder laufen, das gehört doch einfach dazu. Im nächsten Urlaub will ich vielleicht mal einen Tenniskurs machen. *2 Punkte*

Wie wichtig ist Ihnen ein guter Service?

A Zu Hause muss ich das ganze Jahr im Haushalt arbeiten. Im Urlaub will ich mal Zeit für Familie und Hobbys haben – da muss der Service stimmen. *2 Punkte*

B Service? Alles Quatsch. Ich kaufe selber ein, koche, spüle und putze – dann muss ich mich nicht dauernd ärgern. *1 Punkt*

****

Wie teuer darf Ihr Urlaub sein?

A Möglichst billig, am besten Sonderangebote. Viel Geld ausgeben kann ich auch zu Hause, dazu muss ich nicht wegfahren. *1 Punkt*

B Das kommt darauf an. Ich habe nur einmal im Jahr Urlaub, der darf dann schon etwas kosten. Ich suche halt gute Qualität zu einem möglichst günstigen Preis. *2 Punkte*

****

A 3

**Was passt zusammen? Lesen Sie den Text noch einmal
und ergänzen Sie die passenden Verben.**

am Strand in der Sonne _____

Land und Leute _____

Sehenswürdigkeiten _____

Ausflüge _____

Sport _____

einfach mal nichts _____

einen Tenniskurs _____

im Haushalt _____

Zeit für Familie und Hobbys _____

Geld _____

A 4

3/40

Hören Sie die Musik und gehen Sie auf Traumreise.

1 Wohin fahren Sie?

2 Wie reisen Sie dorthin?

3 Wie sieht es dort aus?

4 Wo wohnen Sie?

5 Was machen Sie dort ?

6 Wen lernen Sie kennen?

Jetzt beschreiben Sie Ihre Traumreise.

B

In 12 Tagen um die Welt – Nordroute

B 1

Lesen Sie den Text und markieren Sie die Route auf der Weltkarte.

Weltstädte und Waikikistrand

Heute haben viele Geschäfts-
leute wenig Zeit und können
nicht viel länger als eine
Woche verreisen. Ist auch Ihre
Zeit knapp? Auf unserer
„kurzen Nordroute" reisen Sie
in 12 Tagen einmal um die
ganze Welt.
Die erste Station ist Bangkok
(mit Stadtrundfahrt und Besichtigung der Tempel, Zeit
zum Stadtbummel und „Dinner
Cruise" auf dem Chao Phaya).
Weiter führt Sie die Reise nach
Tokio (Stadtrundfahrt in Tokio,
Tagesfahrt zum Hakone See).
Das nächste Ziel ist Hawaii –
genießen Sie den Waikiki-
Strand von Honolulu (mit
Inselrundfahrt und Gelegenheit
zum Besuch einer „Polyne-
sischen Show" inkl. Abendessen). Weiter geht es nach
San Francisco (mit Stadtrundfahrt über die Golden Gate-
Brücke und Gelegenheit zum

Einkaufen). Letzte Station ist
das Spielerparadies Las Vegas
(mit Rundfahrt „Las Vegas bei
Nacht" oder Besuch einer
Show). Am letzten Tag Freizeit
in Las Vegas oder Gelegenheit
zum Besuch des Grand
Canyon (Flug nicht im Reisepreis enthalten). Abends Rück-
flug nach Frankfurt (mit Flugzeugwechsel in Detroit).
Am Freitagnachmittag reisen
Sie ab, eine gute Woche
später sind Sie bereits wieder
zurück. Sie fliegen mit Linien-
maschinen und wohnen in First
Class Hotels. Alle Fahrten,
Besichtigungen und Vorführun-
gen sowie die Flughafen-
gebühren und der Transfer zu
den Hotels sind im Reisepreis
enthalten.
Diese Reise ist eine unserer
beliebtesten Reisen: Wir starten zweimal pro Monat. Wann
möchten Sie starten?

Was passt zusammen? Markieren Sie.

B 2

4 Stadtrundfahrt
7 Besichtigung
   Zeit zum Stadtbummel
   „Dinner Cruise" auf dem Chao Phaya
   Tagesfahrt
   Gelegenheit zum …
   nicht im Reisepreis enthalten
   Flugzeugwechsel
   Linienmaschine
   First Class Hotels
   Vorführung
   Transfer zum Hotel

1 mit einer großen Fluglinie fliegen
2 vom Flughafen ins Hotel fahren
3 in ein anderes Flugzeug umsteigen
4 mit dem Bus durch die Stadt fahren
5 Abendessen auf einem Schiff
6 sehr gute Hotels
7 Sehenswürdigkeiten anschauen
8 eine kulturelle Veranstaltung
9 die Stadt ansehen und einkaufen
10 man muss dafür extra bezahlen
11 den ganzen Tag unterwegs sein
12 gehört nicht zum Programm, macht man alleine (ohne die Reisegruppe)

KURSBUCH B 1-B 5

Schreiben Sie die Sätze richtig.

B 3

	Verb 1			Verb 2
Wir	sind		mit dem Auto nach Italien	gefahren.
Dort	haben	wir	Camping am Mittelmeer	gemacht.
Wir	hatten		Pech:	
Viele Campingplätze	waren		voll.	
Wir	mussten		lange einen freien Platz	suchen.
Nach zwei Tagen	sind	wir	auf dem Campingplatz	angekommen.

1 _____
meistens • am Strand in der Sonne • haben • gelegen • wir

2 _____
manchmal • haben • Tischtennis und Volleyball • wir • gespielt

3 _____
wollten • auch viele Ausflüge • wir • machen

4 _____
aber • kaputtgegangen • ist • unser Auto

5 _____
wir • einmal • gemacht • einen Tagesausflug mit dem Bus nach Florenz • haben

6 _____
dort • eine Stadtrundfahrt • gemacht • haben • wir

7 _____
besichtigt • viele Sehenswürdigkeiten • wir • haben

8 _____
dann • gemacht • wir • einen Stadtbummel • haben

9 _____
haben • Souvenirs • gekauft • wir

10 _____
dort • wir • gut gegessen • haben • getrunken • und viel Wein

11 _____

     um Mitternacht   wir   dann zum Campingplatz   zurückgefahren   sind

12 _____

     schon geschlossen   der   aber   war

13 _____

     keinen Schlüssel   wir   hatten

14 _____

     im Freien   mussten   und   schlafen

15 _____

     unseren Nachbarn von unserem Ausflug   erzählt   haben   wir   am nächsten Tag

     Sie haben sehr gelacht.

Ergänzen Sie die Regeln.

> gestern oder letztes Jahr ◆ Präteritum ◆ Position 2 ◆ am Ende ◆ Perfekt

Die Zeitform in diesen Sätzen nennt man Perfekt.

Im Perfekt spricht man über _____ .

Das Perfekt bildet man mit „sein" oder „haben" und dem Partizip Perfekt.

„Haben" oder „sein" stehen auf _____ , das Partizip Perfekt steht _____ .

Bei „haben" und „sein" und bei den Modalverben (können, müssen, dürfen, wollen, sollen) benutzt man

nicht das _____ , sondern das _____ .

B 4

Schreiben Sie jetzt drei bis fünf Sätze über Ihren letzten Urlaub, über einen Ausflug oder über einen Besuch.

> nach … gefahren ◆ eine Städtereise/Weltreise/Radtour/… gemacht ◆ in … Urlaub gemacht ◆
> … gespielt ◆ einen …kurs/Tagesausflug nach … gemacht ◆ … besichtigt ◆ … besucht ◆
> … gegangen ◆ … eingekauft ◆ … gegessen ◆ … getrunken ◆ … zurückgefahren

KURSB
B 6-

B 5

Ergänzen Sie das Partizip Perfekt.

Das Partizip Perfekt bildet man bei den regelmäßigen Verben mit der Vorsilbe „**ge-**"
und der Endung „**-t**" oder „**-et**". Beispiel: „kaufen" – „**ge**kauf**t**" oder „warten" – „**ge**warte**t**".
Der Wortakzent ist immer auf dem Verbstamm: k<u>au</u>fen – gek<u>au</u>ft.

suchen _____   spielen _____   arbeiten _____

machen _____   lernen _____   packen _____

Bei trennbaren Verben steht „**ge-**" nach der trennbaren Vorsilbe: Beispiel: „auf-räumen" – „auf**ge**räumt".
Der Wortakzent ist immer auf der trennbaren Vorsilbe: <u>auf</u>räumen – <u>auf</u>geräumt.

abspülen _____   abholen _____   einkaufen _____

aufwachen _____   mitmachen _____   anschauen _____

Nicht-trennbare Verben mit einer Vorsilbe (Beispiel: be-, er-, ver-, …) bilden das Partizip Perfekt ohne „ge-".
Beispiel: „**be**sichtigen" – „**be**sichtigt".
Der Wortakzent ist immer auf der zweiten Silbe: bes<u>i</u>chtigen – bes<u>i</u>chtigt.

besuchen _____   erzählen _____   verpassen _____

bestellen _____   ergänzen _____   verkaufen _____

Hören Sie, vergleichen Sie und sprechen Sie nach.

3/41

B 6

Was passt zusammen? Ergänzen Sie.

Das Partizip Perfekt von „unregelmäßigen Verben" endet auf „-en", z.B. „fahren" – „gefahren". Oft ändert sich auch der Verbstamm, z.B. „fliegen" – „geflogen".

geblieben ◆ geschlafen ◆ gelesen ◆ gefunden ◆ gefahren ◆ gezogen ◆
genommen ◆ gegessen ◆ getroffen ◆ gesehen ◆ gesessen ◆ getrunken ◆
abgeflogen ◆ angekommen ◆ eingeladen ◆ eingeschlafen ◆ losgegangen ◆ mitgefahren ◆
umgezogen ◆ begonnen ◆ bekommen ◆ erschienen ◆ vergessen ◆ verloren

abfliegen _____	finden _____	umziehen _____
ankommen _____	lesen _____	vergessen _____
beginnen _____	losgehen _____	verlieren _____
bekommen _____	mitfahren _____	ziehen _____
bleiben _geblieben_	nehmen _____	
einladen _____	schlafen _____	
einschlafen _____	sehen _____	
erscheinen _____	sitzen _____	
essen _____	treffen _____	
fahren _____	trinken _____	

Lerntipp:

Lernen Sie diese unregelmäßigen Verben immer mit dem Partizip Perfekt, also
schlafen – **geschlafen**
nehmen – **genommen**
usw.

3/42

Markieren Sie den Wortakzent. Dann hören Sie, sprechen Sie nach und vergleichen Sie.

B 7

Was passt zu welchen Verben? Ergänzen Sie.

Die meisten Verben bilden das Perfekt mit „haben". Einige Verben bilden das Perfekt mit „sein", z.B.

fahren ◆ aufwachen ◆ erscheinen ◆ fallen ◆ fliegen ◆ aufstehen ◆ gehen ◆ losgehen ◆
einschlafen ◆ kommen ◆ umsteigen ◆ umziehen

Veränderung / Wechsel

1 Ort → Ort   _fahren,_ _____
  (z.B. Frankfurt → Bangkok) _____

2 Zustand → Zustand   _aufwachen,_ _____
  (z.B. schlafen → wach sein) _____

Lerntipp:

Lernen Sie diese Verben so:
aufwachen – **ist aufgewacht**
fahren – **ist gefahren**
usw.

Das Perfekt mit „sein" steht auch bei: sein – ich bin gewesen",
„bleiben – ich bin geblieben".

Ergänzen Sie die richtigen Verbformen.

Kein Geld zurück bei Pannen-Urlaub

Urlaub ist die schönste Zeit des Jahres.
Aber nicht immer. Mancher Urlaub wird schnell zum Pannen-Urlaub.
Oft fängt der Ärger schon am Flughafen an.

Uta S. aus Gießen wollte für drei Wochen nach Australien fliegen. Sie war schon im Flugzeug, da mussten alle wieder aussteigen:

warten

abfliegen

verpassen

ankommen

Maschinenschaden! „Wir _____ 13 Stunden am Flughafen _____ , erst dann _____ wir _____.
In Bangkok _____ wir den Anschlussflug _____ und _____ einen Tag zu spät in Sydney _____ . Ich war fix und fertig.“

Manchmal ist das Hotel eine Baustelle. Ehepaar W. aus Trier: „Die Handwerker _____ von morgens bis abends

arbeiten

zurückfliegen

machen

_____ . Der Lärm war unerträglich. Wir _____ dann nach einer Woche wieder _____ und _____ zu Hause Urlaub _____ .“

Oder man hat ungebetene Gäste: „Überall im Bungalow waren Ameisen“, sagt Gerda P. aus Neustadt. „Und nachts _____ die

fallen

schlafen

ausziehen

Kakerlaken von der Decke auf mein Bett _____ . Es war furchtbar. Ich _____ zwei Nächte nicht _____ , dann _____ ich _____ .“

Oft stimmen die Angaben im Katalog nicht. Thorsten F. aus Bad Homburg: „Das ‚Fünf-Sterne-Hotel‘ war eine Bruchbude, da wollte ich nicht bleiben. Zum Glück _____ ich schnell ein neues Hotel

finden

umziehen

_____ und _____ gleich am nächsten Tag _____ .“

Auch Rudolf B. aus Darmstadt hatte Pech: Das „Hotel mit Schwimmbad“ hatte gar kein Schwimmbad, zum Strand waren es zehn Kilometer, und der war rappelvoll. „Ich _____ zweimal oder

fahren

sitzen

gehen

dreimal zum Strand _____ . Die meiste Zeit _____ ich im Hotel _____ oder _____ ins einzige Café am Ort _____ – ein toller Badeurlaub!“

Zum Ärger im Urlaub kommt dann noch der Ärger mit dem Reiseveranstalter: Meistens bekommt man kein oder nur wenig Geld zurück.

Deshalb: Achten Sie auf das ‚Kleingedruckte‘ und bitten Sie ihr Reisebüro, alle wichtigen Angaben zum Urlaub schriftlich zu bestätigen – damit's kein Pannen-Urlaub wird!

C

Zwischen den Zeilen

C 1
Was passt zusammen? Markieren Sie und ergänzen Sie die Artikel.

Erinnern Sie sich noch? Bei zusammengesetzten Wörtern (Komposita: Nomen + Nomen) bestimmt das zweite Wort den Artikel.

3	*die*	Busreise
		Reiseziel
		Reisebüro
		Reisebericht
		Reisebeschreibung
		Reiseprospekt
		Geschäftsreise
		Reiseveranstalter
		Gruppenreise
		Reisegruppe
		Reisebus

1 organisiert Reisen
2 hier bucht man Reisen
3 Reise mit dem Bus
4 so war die Reise
5 Reise in einer Gruppe
6 Bus für Reisen
7 hier findet man Angebote
8 kein Urlaub, sondern Arbeit
9 so steht die Reise im Prospekt
10 dort fährt man hin
11 sie reisen zusammen

Komposita	=	1. Wort (Spezialwort) (besondere Bedeutung)	+	2. Wort (Grundwort) (allgemeine Bedeutung; Artikel!)
die Busreise	=	Bus	+	Reise
	heißt:	*Reise*	*mit dem*	*Bus*
der Reisebus	=	Reise	+	Bus
	heißt:	*Bus*	*für*	*Reisen*

Komposita: Manchmal ergänzt man noch Buchstaben zwischen den Nomen, z.B.: Gruppenreise, Geschäftsreise.

C 2
Bilden Sie die passenden Wörter mit „-reise" oder „Reise-".

1 das Gepäck für eine Reise   *das Reisegepäck*
2 eine Reise durch Europa
3 der Preis einer Reise
4 der Leiter/die Leiterin einer Reise
5 eine Reise um die Welt
6 die Versicherung für das Reisegepäck
7 die Pläne für eine Reise

C 3
Was bedeuten die Wörter? Markieren Sie.

1 Reisefieber
   a) nervös vor einer Reise
   b) krank auf einer Reise

2 Reiseführer
   a) Reiseleiter
   b) Buch über ein Land / eine Stadt

3 Reiseapotheke
   a) Medikamente für die Reise
   b) Apotheke in Touristenzentren

4 Hochzeitsreise
   a) Reise zu einer Hochzeitsfeier
   b) Reise direkt nach der Hochzeit

KURSBUCH
C 3

Lesen Sie die Texte und ergänzen Sie die Namen auf der Karte.

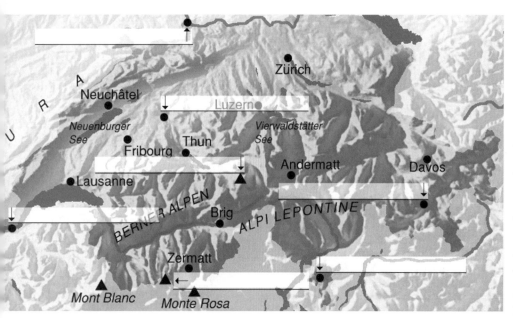

Die Schweiz ist ein Bundesstaat im Alpengebiet. Nachbarländer sind die Bundesrepublik Deutschland, Frankreich, Italien, Österreich und Liechtenstein. In der Schweiz spricht man vier Sprachen: Deutsch, Französisch, Italienisch und Rätoromanisch. Die Schweiz besteht aus 25 Kantonen und ist ein Industrieland (Maschinenbau, Uhren, Lebensmittel, Chemie) und internationales Finanzzentrum. Ein wichtiger Wirtschaftszweig ist der Tourismus. Die Hauptstadt Bern liegt zentral zwischen Lausanne und Zürich, weitere Großstädte sind Basel (im Nordwesten, an der Grenze zu Deutschland und Frankreich) und Genf (im Süd-westen, an der Grenze zu Frankreich). Die höchsten Berge sind der Monte Rosa (4634 m), das Matterhorn (4478 m, bei Zermatt) und das Finsteraarhorn (4274 m, zwischen Brig und Andermatt). Touristische Attraktionen sind auch die Seen: der Genfer See, der Zürichsee, der Vierwaldstätter See (zentral gelegen bei Luzern), der Thuner See und der Neuenburger See (im Westen der Schweiz). International bekannte Urlaubsorte sind z.B. Davos und St. Moritz im Osten der Schweiz und Lugano im Süden (an der italienischen Grenze).

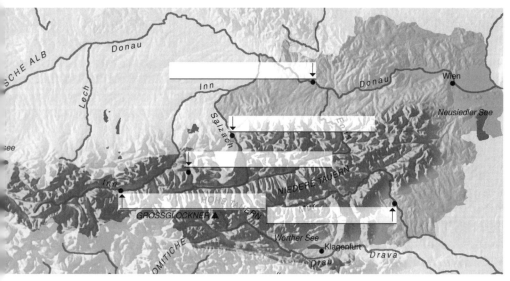

Auch die Republik Österreich ist ein Bundesstaat im Alpengebiet. Die neun Bundesländer sind (von Westen nach Osten) Vorarlberg und Tirol, Salzburg und Oberösterreich im Norden und Kärnten und die Steiermark im Süden, Niederösterreich, das Burgenland im Osten und die Hauptstadt Wien im Nordosten. Nachbarländer sind die Schweiz und Liechtenstein im Westen, Italien und Slowenien im Süden, Ungarn im Osten, die Tschechische Republik im Nord-osten und die Bundesrepublik Deutschland im Norden. Höchster Berg ist der Großglockner (3797 m). Am größten ist die Bevölkerungsdichte in Ober- und Niederösterreich. In der Hauptstadt Wien leben über 20% der Gesamtbevölkerung. Weitere Großstädte sind Innsbruck (in Tirol), Salzburg (an der deutschen Grenze), Linz (an der Donau, etwa 100 Kilometer nordöstlich von Salzburg) und Graz (in der Steiermark). Wichtigster Wirtschaftszweig ist der Tourismus: Österreich steht auf Platz 6 der beliebtesten Reiseländer. Weltbekannte Urlaubsziele sind Wintersportzentren wie Kitzbühel (in Tirol, zwischen Innsbruck und Salzburg), die Seenlandschaft des Salzkammerguts (zwischen Salzburg und Linz), der Wörthersee in Kärnten (bei Klagenfurt) und natürlich die „Mozartstadt" Salzburg sowie die traditionsreiche Hauptstadt Wien. Auch für die Bundesdeutschen ist Österreich das beliebteste Ferienziel. Kein Wunder: Hier spricht man Deutsch.

Arbeiten Sie zu zweit und vergleichen Sie Ihre Eintragungen.

D 2 **Dies ist die Lösung des Kreuzworträtsels. Ergänzen Sie die passenden Fragen.**

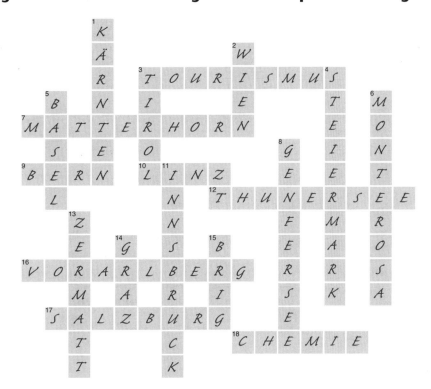

Welche
Welcher ...
Welches

| Stadt ◆ Berg ◆ See ◆ Bundesland ◆ Industrie ◆ Wirtschaftszweig |

 Waagerecht

3   *Welcher Wirtschaftszweig*   ist für die Schweiz und Österrreich besonders wichtig?

7   *Welch*_____ ist 4478 m hoch?

9   _____ ist die Hauptstadt der Schweiz?

10 _____ an der Donau liegt etwa 100 km von Salzburg entfernt?

12 _____ liegt bei Thun?

16 _____ liegt im Westen von Österreich?

17 _____ liegt an der deutschen Grenze südöstlich von München?

18 _____ ist in der Schweiz wichtig?

 Senkrecht

1   _____ liegt im Süden von Österreich?

2   _____ ist die Hauptstadt Österreichs?

3   _____ liegt neben Vorarlberg?

4   _____ liegt neben Kärnten?

5   _____ liegt im Nordwesten der Schweiz?

6   _____ ist der höchste in der Schweiz?

8   _____ liegt im Südwesten der Schweiz?

11 _____ liegt in Tirol?

13 _____ liegt beim Matterhorn?

14 _____ liegt in der Steiermark?

15 _____ liegt bei den Berner Alpen?

Machen Sie ein ähnliches Rätsel mit sechs bis zehn Fragen zu Ihrem Land. Tauschen Sie die Rätsel im Kurs und lösen Sie das Rätsel.

KURSBUCH
D 6

Eine Italienerin in Wien

Lesen Sie den Brief und korrigieren Sie die Fehler.

Wien, den 14. Juli 1998

Liebe Tante Ute,

ich bin ~~gekommen~~ gut in Wien | und habe ~~gelernen~~ schon viel Deutsch | .

(angekommen) (gelernt)

Ich kann ~~schreiben~~ sogar schon Briefe auf Deutsch | !

(schreiben)

Ich wohne hier bei Familie Broschek. Sie sind sehr nett, aber sie sprechen kein Italienisch. Ich muss sprechen den ganzen Tag Deutsch, das ist ganz schön anstrengend! Die Tochter von Broscheks heißt Franziska. Sie ist 17 Jahre alt, genau wie ich. Sie lernt Italienisch in der Schule, aber sie kann sprechen noch nicht sehr gut. Wir gehen jeden Tag zusammen zur Schule. Gestern in der Italienischstunde ich war die Lehrerin. Die anderen Schülerinnen haben gefragt, und ich habe erzählen über das Leben in Italien.

Nachmittags ich und Franziska machen zusammen Hausaufgaben oder wir besuchen die Freundinnen von Franziska. Ein Mädchen, Mela, hat eingeladet mich für nächsten Sonntag. Wir wollen fahren zum Neusiedler See. Gestern Franziska hat gemacht mit mir einen Stadtbummel und gezeigt mir den Stephansdom und das Hundertwasser-Haus. Dann wir sind gegangen in das berühmte Café Central – Cappuccino heißt hier Melange. Am Samstag wir haben begesucht alle das Schloss Belvedere und haben gemacht einen Spaziergang im Schloßpark. Am Sonntag wir waren im Prater (Wiener Tivoli) und haben gefahrt mit dem Riesenrad. Abends sind wir meistens zu Hause. Wir spielen Karten („Schnapsen"), hören Musik oder lesen. Nächste Woche wir wollen besuchen das Musical „Tanz der Vampire".

Ich bleibe noch 2 Wochen hier in Wien, bitte schreibt mir mal!
Bussi (so sagt man hier „un bacione"), deine
Simona

Liebe Franziska,
dies ist ein Brief an meine Tante Ute in Freiburg. Du weißt, ich habe Probleme mit dem Perfekt und mit den Sätzen. Bitte korrigiere die Fehler (aber nur die Grammatik, nicht den Inhalt!) Bis heute Abend. Bussi, Simona

---

Arbeiten Sie zu zweit und vergleichen Sie Ihre Korrekturen.

3/43

Hören Sie das Telefongespräch und markieren Sie.

1 Wer ruft an?

  [ ] a) Franziska bei Simona

  [ ] b) Simona bei Franziska

2 Wo ist Franziska?

  [ ] a) im Wienerwald

  [ ] b) zu Hause

3 Wo ist Simona?

  [ ] a) im Wienerwald

  [ ] b) in der Disko

4 Warum ist Franziska sauer?

  [ ] a) Weil Simona immer mit Tobias weggeht.

  [ ] b) Weil Simona im Brief viele Fehler gemacht hat.

E 3

Was ist wirklich passiert? Ergänzen Sie die richtigen Formen der Verben.

gehen ◆ sein ◆ warten ◆ anrufen ◆ korrigieren ◆ fahren ◆ machen ◆ haben ◆ finden

1 Franziska _____ heute den ganzen Nachmittag auf Simona _____ .

2 Simona _____ mit Tobias im Wienerwald. Sie hat erst spät bei Franziska _____ .

3 Am Samstag _____ Simona und Tobias nach Grinzing _____ ,
und am Sonntag _____ Simona mit Tobias im Prater.

4 Gestern _____ Simona nicht in der Schule. Sie _____ mit Tobias einen Stadtbummel _____ .

5 Am nächsten Sonntag wollen Simona und Tobias zum Neusiedler See _____ .

6 Nächste Woche wollen Simona und Tobias zu einem Rockkonzert _____ .

7 Franziska _____ sauer, weil Simona nie Zeit _____ und immer mit Tobias weggeht.

8 Franziska _____ den Brief von Simona _____ und viele Fehler _____ .

E 4

3/43

Was passt zusammen? Hören Sie noch einmal das Telefongespräch und ergänzen Sie.

~~sauer~~ ◆ doof ◆ peinlich ◆ interessant ◆ lustig ◆ verliebt ◆ viele (Fehler) ◆ gut ◆ anstrengend

echt   *sauer,* _____

total _____

irre   _____

> Neben „sehr", „wirklich" oder „ganz" gibt es noch viele andere „Verstärker", vor allem in der Umgangssprache. Das sind oft Modewörter: heute „in", morgen schon wieder „out".

E 5

Franziska erzählt ihrer Freundin Lena von Simona und Tobias.

Sie sind Franziska. Schreiben Sie einen Brief an Lena.

Wien, den 15. Juli 1998

Liebe Lena,

ich habe zur Zeit Besuch, bei uns wohnt eine italienische Austauschschülerin. Sie heißt Simona und ist 17 Jahre alt, genau wie ich. Sie spricht schon sehr gut Deutsch und sie ist sehr nett. Leider hat sie hier einen Jungen aus meiner Schule kennen gelernt und ist total verliebt. Immer geht sie mit ihm weg, nie hat sie Zeit für mich. Gestern ...

Der Ton macht die Musik

F 1

Hören und vergleichen Sie.

„S" spricht man im Deutschen [s] oder [z]. 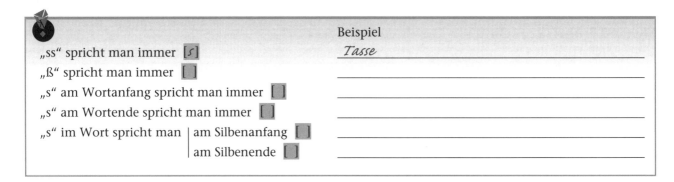	[s] hart (stimmlos)	[z] weich (stimmhaft)
	Kurs	Kurse
	es ist	Sommer
	wir essen	Gemüse
	eine große	Dose

F 2

[s] oder [z]? Hören Sie, sprechen Sie nach und markieren Sie.

	[s]	[z]		[s]	[z]		[s]	[z]
Sonntag		X	Dis-ko			dreißig		
ist	X		Mu-sik			Pässe		
außerdem	X		Glas			heißen		
alles			Saft			rei-sen		
sehr			Tasse			Bus		
güns-tig			Suppe			bis		
super			etwas			sofort		
Preis			Kä-se			Schluss		

Ergänzen Sie die Regeln.

	Beispiel
„ss" spricht man immer [s]	*Tasse*
„ß" spricht man immer [ ]	_____
„s" am Wortanfang spricht man immer [ ]	_____
„s" am Wortende spricht man immer [ ]	_____
„s" im Wort spricht man | am Silbenanfang [ ]	_____
| am Silbenende [ ]	_____

F 3

Wo spricht man [z]? Markieren Sie.

Haus	Häuser	sauer	als	al-so	fließen
sicher	sechs	hast	Sachen	be-suchen	begrüßen
sehen	Süden	Os-ten	Kur-se	Kasse	Glä-ser
Sams-tag	selten	Flüsse	lei-se	le-sen	Sonne
Reis	Rei-se	süß	Pau-se	interessant	Sofa

 Hören Sie, sprechen Sie nach und vergleichen Sie.

F 4

3/47

Hören Sie, sprechen Sie nach und markieren Sie [ʃ].

Schule	Mensch	Flasche	zwischen	schenken	falsch
Sport	spät	spielen	spannend	sprechen	Spanisch
Bei-spiel	Ge-spräch	Haus-par-ty	Aus-spra-che	Pros-pekt	Ver-spä-tung
Streit	Stunde	still	Stock	stark	Stück
ver-steht	flüs-tern	be-stimmt	Fest	lus-tig	an-stren-gend
Sprech-stun-de	Herbst-spa-zier-gang	Gast-spiel	Schau-spie-ler	Ge-burts-tags-party	

Ergänzen Sie die Regeln.

```
┌─────────────────────────────────────────────────────────────────────────┐
│  ◆                                                                        │
│                                      Beispiel                             │
│  _____ spricht man immer       [ʃ]   Schule, Deutsch                     │
│                                      _____    │
│  _____ am Wort- oder Silbenanfang                                        │
│         spricht man fast immer  [ʃp]  _____   │
│                                                                           │
│  _____ am Wort- oder Silbenanfang                                        │
│         spricht man fast immer  [ʃt]  _____   │
│                                                                           │
│  Die Silbenmarkierungen finden Sie im Wörterbuch.                         │
└─────────────────────────────────────────────────────────────────────────┘
```

Ge·burts·tags·kind *das*; *hum*; j-d, der gerade Geburtstag hat: *Das G. lebe hoch!*

Sprech·stun·de *die*; e-e bestimmte Zeit, in der man z. B. zu e-m Arzt, zu e-m Lehrer o. Ä. gehen kann, um sich e-n Rat zu holen od. um Fragen zu stellen

F 5

3/48

Üben Sie.

stimmloses „s" = [s]
Sagen Sie „Passs".

Sagen Sie: schon, schön, spät, still
Sagen Sie: Es ist schon spät – es ist schön still …

„sch" = [ʃ]
Sagen Sie weiter „sssssssss" und machen Sie die Lippen rund (wie bei „o"):
[s] wird zu [ʃ]
Sagen Sie „schschschschsch" – „schschsch" – „sch" – „sch"…

F 6

3/49-50

Hören und sprechen Sie.

Flüster-Gespräch
- ■ Es ist so still.
- ● Pssst!
- ■ Was ist los?
- ● Sei still!
- ■ Wieso?
- ● Psst!
- ■ Was soll das?
- ● Mist!
- ■ Was ist Mist?
- ● Musst du ständig sprechen? Sei jetzt still!

- ■ Wieso soll ich nicht sprechen?
- ● Psst!
- ■ Sag' sofort wieso!
- ● Schade.
- ■ Was ist schade?
- ● Es war so schön still hier, bis du …
- ■ Bis ich was?
- ● Bis du das gesagt hast.
- ■ Bis ich was gesagt habe?
- ● Bis du gesagt hast: Es ist so still.

Anstrengende Gastspiele
Gestern Stuttgart, heute Münster,
morgen Bus bis Düsseldorf.
Reisen – spielen – spielen – reisen,
Samstag, Sonntag Spätvorstellung.
Starke Stücke, schlechte Stücke,
zwischen Stücken süße Stücke.
Sehr selten sind Pausen,
die Stimme schon leise,
aber die Kasse stimmt.

KURSBUCH
G 1-G 3

Rund um den Urlaub

Wie Herr Sebastian Gsangl zum ersten Mal richtig Urlaub gemacht hat.

(nach einer Geschichte von Reiner Zimnik)

Lesen Sie die Überschrift. Was für ein Mensch ist „Herr Sebastian Gsangl"? Was meinen Sie?

Geburtsort ◆ Wohnort ◆ Alter ◆ ledig/verheiratet ◆ Beruf ◆ Hobbys ◆
Was mag er (nicht)? ◆ Was kann er (nicht)? ◆ Was wollte er schon immer einmal?

Lesen Sie den Anfang der Geschichte.

Alle wollen immer nur das tun, was alle anderen auch tun. Aber Gottseidank gibt es noch ein paar Leute, die das tun, was sie selbst tun wollen.
Zum Beispiel Herr Sebastian Gsangl aus München. Er liebt seine Heimat, geht jede Woche zum Stammtisch in die Kneipe um die Ecke, trifft dort seine „Spezeln", trinkt Bier, spielt Karten und redet über Gott und die Welt. Nur im Sommer sitzt er oft alleine in der Kneipe und trinkt sein Bier – seine Spezeln sind dann weit weg, in Urlaub. Sebastian Gsangl wollte nie in Urlaub fahren und ist sein ganzes Leben lang gerne in München geblieben. Hier war er rundum glücklich und zufrieden …

Was passt zusammen? Markieren Sie.

1 „… das tun, was alle anderen auch tun."	___ alles ist in Ordnung, es gibt keine Probleme
2 „… das tun, was sie selbst wollen."	_1_ „Alle Leute fahren in Urlaub, da fahre ich natürlich auch in Urlaub."
3 „… redet über Gott und die Welt."	___ fester Termin mit Freunden in der Kneipe
4 „… Stammtisch in der Kneipe um die Ecke"	___ Individualisten
5 „… rundum glücklich und zufrieden."	___ spricht über alle Themen

Lesen Sie weiter.

… Im Herbst sind seine Spezeln dann alle wieder da, mit braun gebrannten Gesichtern, und erzählen vom Urlaub. „Warum fährst du denn nie in Urlaub?", sagen sie. „Fahr doch mal in den Süden, da hast du von morgens bis abends Sonne." „Du musst einfach mal was für deine Gesundheit tun." „Andere Länder kennen lernen – das ist doch interessant." „Jeder Mensch braucht mal Abwechslung." Jedes Jahr hat Sebastian Gsangl die guten Ratschläge seiner Freunde ignoriert. Aber schließlich haben sie ihn doch überredet.

Was für einen Urlaub wird Sebastian Gsangl wohl machen? Ergänzen Sie.

Urlaubsart: _____   Verkehrsmittel: _____

Urlaubsland: _____   Aktivitäten: _____

G 4 **Sebastian Gsangl bereitet seine Reise vor. Was macht er alles? Lesen Sie weiter.**

… Und so ist Sebastian Gsangl dann zum ersten Mal in seinem Leben in ein Reisebüro gegangen und hat einen Flug in den Süden gebucht – eine vierzehntägige Reise nach Sizilien für 700 Euro. Das war zwar etwas teuer, aber dafür auch „alles inklusive, mit allem Komfort".

Sebastian Gsangl ist ein gründlicher Mensch. Er hat sofort mit den Reisevorbereitungen angefangen. Zuerst ist er in die Buchhandlung gegangen und hat groß eingekauft: einen Italienführer, ein Buch über die Pflanzen- und Tierwelt Siziliens, ein Sprachbuch „Italienisch für Touristen" und eine Landkarte von Süditalien. Und zu Hause hat er dann gelesen. „Um Gottes Willen", sagte er zu sich selbst, „überall Schlangen und Skorpione, das Wasser darf man nicht trinken, und die Hitze kann man kaum aushalten." Gleich am nächsten Tag ist er in die Apotheke gegangen: Schmerztabletten, Halspastillen, Magentropfen, Fieberzäpfchen, Hautsalben und Sonnencreme – eine ganze Tüte voll.

Alle Bekannten haben ihm gratuliert: „Sie haben's gut. Sie können in den Süden fahren und müssen nicht hierbleiben, in diesem schrecklichen Regenwetter." Aber Sebastian Gsangl hatte keine Probleme mit dem Regen – er hatte einen Regenschirm.

Dann hat er Abschied genommen. Jeden Tag ist er durch die Straßen gegangen, hat alle Sehenswürdigkeiten besucht und sogar Fahrradausflüge in die Umgebung gemacht. „Was für ein schönes Land", sagte er dann traurig, „und ich muss es bald verlassen!"

Ohne Begeisterung hat er schließlich die Koffer gepackt und sich zum letzten Mal in sein bequemes Bett gelegt. In dieser Nacht ist er lange nicht eingeschlafen und hat viel nachgedacht – über Sizilien, über München, über seine Spezeln und vor allem über sich selbst.

Was hat Sebastian Gsangl alles gemacht? Markieren Sie.

☐	eine Reise gebucht	☐	Medikamente gekauft	☐	sich von München verabschiedet
☐	den Pass verlängert	☐	Italienisch gelernt	☐	die Koffer gepackt
☐	Bücher gekauft	☐	einen Regenschirm gekauft	☐	seine Mutter besucht

G 5 **Arbeiten Sie zu zweit und schreiben Sie die Geschichte zu Ende.**

Vergleichen Sie Ihre Geschichten. Dann lesen Sie das Original. Welcher Schluss gefällt Ihnen am besten?

Der Jet nach Sizilien ist pünktlich abgeflogen, am nächsten Morgen um 9.40 Uhr. Die Maschine war ziemlich voll – aber nicht ganz voll. Es gab einen leeren Platz. Sebastian Gsangl war zufrieden. Er durfte jetzt für 700 Euro zu Hause Urlaub machen. Er ist spät aufgestanden, hat zu Frühstück gemacht und ist dann mit dem Fahrrad an die Isar gefahren. Der Himmel war blau, es war angenehm: nicht zu heiß und nicht zu kalt. Sebastian Gsangl hat sich an der Isar im Gras gelegen – ganz ohne Schlangen – und eine Virginia geraucht. „Was für ein schönes Land", sagte er zu sich selbst, „was für ein schöner Urlaub!"

G 6 **Hören und antworten Sie.**

3/51

Sie fahren in Urlaub. Ihre Freundin gibt Ihnen Ratschläge, aber Sie haben alles schon gemacht.

Beispiele:

● *Drei Wochen Urlaub – du hast es gut! Da hast du ja jetzt viel zu tun: Du musst alles vorbereiten.*

■ *Ich **hab' schon** alles vorbereitet.*

● *Du hast schon alles vorbereitet? Wirklich? Hast du denn schon deinen Chef gefragt? Du musst rechtzeitig Urlaub nehmen.*

■ *Ich **hab' schon** Urlaub genommen.*

● *Du hast schon Urlaub genommen. Gut. Und was ist mit deinem neuen Pass? Musst du den nicht noch abholen?*

■ *Den **hab'** ich **schon** abgeholt.*

● *Den hast du schon abgeholt. Aha. Und du brauchst Medikamente für die Reiseapotheke, die musst du noch kaufen.*

■ *…*

alles vorbereiten	das (Auto) reparieren	die (Karte) anschauen
Urlaub nehmen	einen Spanischkurs machen	die (Nachbarn) fragen
den (Pass) abholen	einen (Reiseführer) besorgen	Mutter besuchen
(Medikamente) kaufen	den (Reiseführer) lesen	die (Koffer) packen

Kurz & bündig

Urlaub – die schönste Zeit des Jahres

Wo und wie möchten Sie gerne einmal Urlaub machen?

_____

_____

Das Perfekt

Wann benutzt man das Perfekt?

_____

Wo stehen die Verben?

_____

Perfekt mit „sein"

ist gekommen, _____

Das Partizip Perfekt

regelmäßige Verben

gewartet, _____

trennbare Verben

eingekauft, aufgestanden, _____

nicht-trennbare Verben

besucht, vergessen, _____

Verben auf „-ieren"

telefoniert, _____

wichtige unregelmäßige Verben

gegangen, _____

Wortakzent: Welche Partizipien passen hier?

● ● ●   ● ● ● ●   ● ●   ● ● ●

_____   _____   _____   _____

_____   _____   _____   _____

Was haben Sie an Ihrem letzten Geburtstag / in Ihrem letzten Urlaub gemacht?

_____

_____

Mein Heimatland

Wo? Geografie? Hauptattraktionen? Spezialitäten? …

_____

_____

_____

Interessante Ausdrücke

_____

_____

_____

„Gesundheit!" – „Danke."

A

Der Körper

A 1 **Malen Sie die Bilder zu Ende. Überlegen Sie: Wie heißen die Körperteile auf Deutsch? Sagen Sie die Wörter laut.**

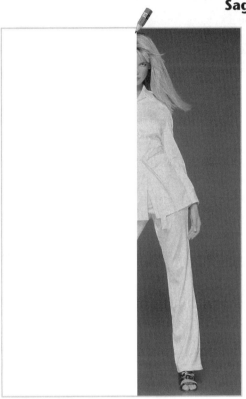

A 2 **Suchen Sie die Körperteile und schreiben Sie die Namen zu den passenden Bildern.**

```
T  B  A  U  C  H  H  S  T  A
U  R  Ü  C  K  E  N  C  R  R
A  U  G  E  N  F  N  H  D  M
B  S  L  A  I  D  M  U  N  D
U  Z  H  R  E  N  N  Y  F  H
S  K  J  L  L  G  E  T  U  A
E  H  L  B  Ü  E  P  E  ß  X
N  A  S  E  O  R  W  R  L  R
T  N  A  I  K  O  P  F  A  E
K  D  A  N  D  V  O  H  R  W
```

1 _____   6 _____   10 _____

2 _____   7 _____   11 _____

3 *Bein*_____   8 _____   12 _____

4 *Bauch*_____   9 _____   13 _____

5 _____

KURSBUCH
A 2

Schreiben Sie Wortkarten zu den neuen Wörtern und üben Sie zu zweit.

Lesen Sie den Anfang des Textes und markieren Sie.

Ein Hypochonder

- a) ... geht nie zum Arzt.
- b) ... ist ein Mensch, der alle Krankheiten kennt, obwohl er kein Arzt ist.
- c) ... ist eigentlich gesund, aber er meint immer, dass er krank ist.
- d) ... wird nicht alt, weil er immer krank ist.
- e) ... ist ein Mensch, der immer Angst hat, dass er krank ist.

Mein Freund Martin

Hypochonder sind Menschen, die sich pausenlos um ihre Gesundheit sorgen. Zweimal täglich haben sie eine neue Krankheit. Sie wissen alles über Medizin und kennen jedes Symptom mit seinem lateinischen Namen. Martin, mein Freund, ist so ein Mensch. Er ist gut informiert: Unter seinem Bett liegt „Knaurs Großes Gesundheitslexikon. Ein Ratgeber für Gesunde und Kranke". Er sieht alle Fernsehsendungen zum Thema Krankheiten. Und eins ist sicher: Am Tag nach einer Sendung sitzt er beim Arzt, weil er glaubt, dass er diese Krankheit hat.

 Lesen Sie den Text weiter und markieren Sie die Krankheiten und Körperteile.

Lerntipp:

Üben Sie „Wörter suchen" mit unbekannten Texten: Lesen Sie die Überschrift und die ersten Sätze. Jetzt kennen Sie das Thema und können raten: Welche Wörter sind vielleicht noch im Text? Machen Sie eine Liste mit 5–10 Wörtern. Lesen Sie schnell weiter und suchen Sie „Ihre Wörter" im Text. Wenn Sie ein Wort im Text finden, unterstreichen Sie das Wort. Wie viele Wörter haben Sie gefunden? Sind Sie ein(e) gute(r) Hellseher(in)?

Stündlich misst er seinen Blutdruck, und wenn er ein bisschen <u>Husten</u> hat, ist seine Diagnose: <u>Tuberkulose</u> oder Lungenkrebs. Ich achte nicht so sehr auf meine Gesundheit. Wenn ich huste, dann habe ich Husten. Und wenn die Nase läuft, fällt mir nur Schnupfen ein. Vor zwei Wochen hatte Martin Bauchschmerzen. „Ich habe bestimmt ein Magengeschwür." Wir hatten den Abend vorher gefeiert und zu viel gegessen, kein Wunder also ... Das habe ich Martin gesagt, aber er war trotzdem beim Arzt. Der Arzt konnte keine Krankheit feststellen. Vor einer Woche hatte Roland Herzschmerzen. „Das sind die ersten Zeichen für einen Herzinfarkt", sagte er. Aber auch diesmal konnte der Arzt nur sagen: „Sie sind kerngesund!" Ich glaube, er hatte Liebeskummer: Seine Freundin hatte ihn verlassen, da tut das Herz eben weh. Einmal in sechs Jahren war Martin wirklich krank, eine schlimme Grippe mit Fieber, Husten und Kopfschmerzen. Martin ist diesmal nicht zum Arzt gegangen. „Das hat keinen Sinn mehr. Es ist nicht nur eine Erkältung", sagte er. Seine Diagnose: Endstadium einer Krankheit, von der ich noch nie gehört habe. Gute Freunde können manchmal ganz schön schwierig sein!

Sortieren Sie.

„normale" Krankheiten	„schwere" Krankheiten
Husten	Tuberkulose

A 5

Was passt?

| haben ◆ sein ◆ (ein)nehmen ◆ werden |

1 müde   *sein / werden*

2 krank

3 gesund

4 Kopfschmerzen

5 Tabletten

6 Bauchschmerzen   10 zu dick

7 Rückenschmerzen   11 hohen Blutdruck

8 Tropfen   12 eine Erkältung

9 Medikamente   13 Übergewicht

Er ist krank.

Sie wird krank.

A 6

Geben Sie gute Ratschläge. Spielen oder schreiben Sie kleine Dialoge.

ein paar Probleme	ein paar Ratschläge
immer müde	weniger rauchen, nicht so lange fernsehen, …
zu dick	mehr Sport treiben, Gymnastik machen, …
nervös	ein Glas Sekt trinken, keinen Alkohol trinken, …
immer zu spät	keine Süßigkeiten essen, viel Obst essen, …
Termine vergessen	alles aufschreiben, …
…schmerzen	einen lauten Wecker kaufen, einen Kalender kaufen, …
Fieber haben	eine Tablette nehmen, im Bett bleiben, …
nicht einschlafen können	zum Arzt gehen, Medikamente nehmen, …
zu wenig schlafen	nicht so viel arbeiten, mal Urlaub machen, …
Angst vorm Fliegen haben	mehr schlafen, früher aufstehen, früher ins Bett gehen, …
…	…

Ich habe oft furchtbare Kopfschmerzen! ↘ *Was soll ich nur tun?* ↘
Du solltest weniger rauchen, → *keinen Alkohol trinken* → *und nicht so lange fernsehen.* ↘
…

A 7

Sortieren Sie die Antworten.

Seit zwei, drei Wochen. ◆ Danke. ◆ Hier unten. Aua! ◆
Nein. Ich weiß nicht, warum ich Rückenschmerzen habe. ◆
Ja, das stimmt. Ich arbeite am Bildschirm. ◆ Auf Wiedersehen. ◆ Ja, ich werde es versuchen. ◆
Na ja, ich möchte schon mehr Sport machen, aber viel Zeit bleibt da nicht. ◆
Guten Tag, Herr Doktor!✓ ◆ Sekretärin. ◆ Mein Rücken tut so weh.

Der Arzt sagt.	**Die Patientin antwortet.**
Guten Tag, Frau Rathke!	*Guten Tag, Herr Doktor!*
Was fehlt Ihnen denn?	
Seit wann haben Sie denn die Schmerzen?	
Haben Sie etwas Schweres gehoben?	
Wo tut es denn weh?	
Was sind Sie denn von Beruf?	

Und da sitzen Sie wahrscheinlich viel. _____

Treiben Sie denn in Ihrer Freizeit Sport? _____

_____

Tja, dann sollten Sie viel schwimmen und

spazieren gehen … _____

Gut. Kommen Sie in zwei Wochen noch mal

vorbei. Dann sehen wir weiter. _____

Auf Wiedersehen und gute Besserung. _____

**Hören und vergleichen Sie. Markieren Sie den Satzakzent (__)
und die Satzmelodie (↗ ↘ →).**

A 8 **Schreiben und spielen Sie einen Dialog.**

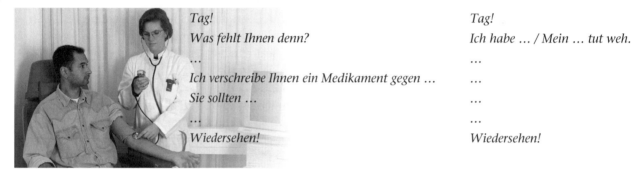

Tag!	*Tag!*
Was fehlt Ihnen denn?	*Ich habe … / Mein … tut weh.*
…	*…*
Ich verschreibe Ihnen ein Medikament gegen …	*…*
Sie sollten …	*…*
…	*…*
Wiedersehen!	*Wiedersehen!*

B

Gesunde Ernährung

B 1 **Was essen und trinken Sie gern?**

Schreiben Sie Ihr Lieblingsessen und Ihr Lieblingsgetränk auf einen Zettel.

Legen Sie die Zettel auf einen Tisch und nehmen Sie einen neuen.
Raten Sie: Wer hat den Zettel geschrieben?

B 2

Wer muss auf seine Figur und auf seine Gesundheit achten? Was meinen Sie?

Fotomodell ◆ Arzt ◆ Politiker ◆ Gesundheitsminister ◆ Schauspieler ◆ Friseur ◆
Verkäufer ◆ Journalistin ◆ Fotografin ◆ Pilot ◆ Sportler ◆ Lehrer ◆ …

Ein Fotomodell muss schlank sein, → sonst bekommt es keine Aufträge. ↘
Ein Gesundheitsminister sollte ein gutes Beispiel geben → und gesund und fit sein. ↘
Wieso? ↗ Das sind doch auch nur Menschen. ↘ Sie haben doch dieselben Probleme
wie alle Leute. ↘
…

B 3

Wie finden Sie Diäten?

Viele Leute machen eine Diät, weil _____

Bei uns in _____
Ich kenne _____ *Diät .*
Man darf nur _____ *essen und kein*

Ich mache _____ *Diät, weil* _____

Ich finde Diäten _____

B 4

Lesen Sie die Zitate. Wie finden die Prominenten Diäten?

1
Elizabeth **Taylor**, 67
Schauspielerin

„Wenn Diäten das Versprechen vom schnellen Abnehmen überhaupt einlösen, dann sind sie meistens ungesund; und am Ende wirkt man kaputt und um gut zehn Jahre älter."

3
Marie-Luise **Marjan**, 58
Schauspielerin

„Früher habe ich mich zu dick gefühlt, heute bin ich mit meinem Körper im Einklang. Es ist alles da, wo es hingehört. Jede Frau muss ihren Typ finden und dazu stehen. Diäten sind jedenfalls unnormal."

2
Cindy **Crawford**, 33
Fotomodell

„Ich ernähre mich konsequent nach einem extra für mich berechneten Plan: viel Fisch, Gemüse, Salat, Obst, kaum Fett."

4
Helmut **Kohl**, 68
Politiker

„Fasten bedeutet mehr, als nur Pfunde zu verlieren. Fasten ist für mich eine Phase der Besinnung, um Geist und Körper fit zu machen. Es bekommt mir hervorragend."

Lesen Sie das Interview und ergänzen Sie die Sätze.

Herr Dr. Kundel, was fällt Ihnen zum Thema Diät ein? ✓◆ Herr Dr. Kundel, wir danken Ihnen für das Gespräch. ◆ Was sagen Sie als Wissenschaftler zu den neuen Light-Produkten? ◆ Welche Tipps können Sie den Leuten, die abnehmen wollen, noch geben? ◆ Wieso können Diäten dick machen?

Schlanker, schöner, gesünder durch Diäten?

Jedes Jahr im Frühling sind die Frauenzeitschriften voll mit Diäten. Und immer wieder werden neue Diät-Formen entwickelt und propagiert. Hier nur einige Beispiele:

DIE HOLLYWOOD-DIÄT
7 PFUND WEG IN 5 TAGEN

Nehmen Sie leicht und schnell ab mit der Null-Diät

DIE NEUE Brigitte -Diät
Fünf Teilnehmer berichten über ihre Erfahrungen

Gesund abnehmen mit
Dr. Meiers
Fertiggerichten

Tee-Saft-Fasten
Dauerhaft gesund und schlank

Der Sommer kommt!
Machen Sie mit bei der neuen
SCHLANKHEITS-DIÄT
und Ihr Bikini passt wieder!

Das Ergebnis: Fast alle Diäten helfen nichts. Und was noch schlimmer ist: Kaum ist eine Diät auf dem Markt, gibt es die ersten Warnungen von Wissenschaftlern: „Vorsicht! Die XY-Diät macht krank." „Herzinfarkt nach Hungerkur!" …
Wer weiß da noch, was gut und was schlecht für die Gesundheit ist! Deshalb befragten wir Dr. Volker Kundel, Ernährungswissenschaftler aus Göttingen.
Die FRAU: *Herr Dr. Kundel, was fällt Ihnen zum Thema Diät ein?*
Misserfolg. Bei Kanzler Kohl ist deutlich zu sehen, dass man damit von Jahr zu Jahr dicker werden kann.

Die FRAU: _____
Ganz einfach: Wenn der Körper weniger Energie bekommt, geht er auch sparsamer mit der Energie um. Der sogenannte „Grundumsatz" wird niedriger. Wenn man zwei bis drei Wochen weniger isst und danach wieder ganz normal, nimmt man ganz schnell wieder zu. Der Körper ist noch darauf eingestellt, mit wenig Nahrung auszukommen. Er braucht länger, um sich auf die neuen Portionen einzustellen.

Die FRAU: _____
Also Light-Produkte helfen nicht, wenn man sich falsch ernährt. Außerdem glauben viele, sie können dann mehr essen, weil die Lebensmittel ja weniger Kalorien haben. Am besten kauft man erst gar keine Light-Produkte, die sind noch dazu teurer als normale Lebensmittel.

Die FRAU: _____
Am wichtigsten ist: Wer abnehmen will, muss das ganz langsam tun. Man sollte, wie schon gesagt, die Ernährung umstellen: weniger Fett und mehr Obst, Salat, Gemüse, Nudeln und Kartoffeln. Und was noch wichtig ist: Man sollte sich kein Lebensmittel total verbieten.

Die FRAU: _____

Lesen Sie den Text noch einmal und markieren Sie die Adjektiv-Formen.

Ergänzen Sie die passenden Formen und die Regel.

	Komparativ	Superlativ	
schlimm	schlimm**er**	am schlimm**sten**	die/der/das schlimm**ste**
viel	**mehr**	am meisten	die/der/das meiste
wenig		am wenig**sten**	
dick			
gut			
wichtig			
lang			
schön			
gesund		am gesündesten	
schlank			
teuer		am teuersten	
sparsam			
niedrig			
langsam			
schnell			

> Adjektive kann man steigern. Man bildet den _____ meistens mit der Endung „-er".
> Vergleicht man Menschen oder Sachen, benutzt man den _____ + „als".
> Es gibt zwei Superlativ-Formen:
> 1 _____ + Endung „-(e)sten" (ohne Nomen),
> 2 die/der/das + Adjektiv + Endung _____ (mit Nomen).

B 7

4/2

Hören und antworten Sie.

So, liebe Hörerinnen und Hörer, und jetzt die neue Runde unseres Spiels „Kurze Frage – kurze Antwort – guter Grund." Und hier ist schon unser erster Kandidat am Telefon. Guten Tag, Sie kennen die Spielregeln? Fangen wir gleich an. Erste Frage:

> *Wo möchten Sie wohnen: in der Stadt oder auf dem Land?*
> *In der Stadt – das ist interessanter.* oder *Auf dem Land – das ist ruhiger.*
> *Und wie möchten Sie da wohnen? In einer Wohnung oder in einem Haus?*

in der Stadt (interessant)	auf dem Land (ruhig)
in einer Wohnung (billig)	in einem Haus (groß)
mit Bus und Bahn (schnell)	mit dem Auto (praktisch)
telefonieren (einfach)	schreiben (schön)
selbst kochen (gesund)	Fertiggerichte kaufen (praktisch)
im Feinkostladen (gut)	im Supermarkt (billig)
ins Restaurant (gut)	in die Kneipe (gemütlich)
fernsehen (interessant)	Radio hören (informativ)
Volleyball (lustig)	Fußball (interessant)
Urlaub am Meer (schön)	Urlaub in den Bergen (schön)
auf dem Campingplatz (billig)	im Hotel (bequem)

KURSBUCH
A 5

B 8

Höher, größer, schneller …? Vergleichen Sie.

> *Die Inlineskates sind schneller als das Fahrrad.*
>   *Ich glaube aber, sie sind gefährlicher.*
>   *…*

Finden Sie weitere Vergleiche.

KURSBUCH
B 7

Finden Sie die passenden Superlative.

teuer ◆ groß ◆ jung ◆ erfolgreich ◆ bekannt ◆ viel ◆ wertvoll

1 Die Galactic Fantasy Suite im Kasino Hotel Crystal Palace Resort auf den Bahamas kostet 25 000 Dollar pro Nacht. Das ist das _____ Hotelzimmer der Welt.

2 Das MGM Grand Hotel in Las Vegas hat 5009 Zimmer. Es ist das _____ Hotel der Welt.

3 Peter Zank ist 219 cm groß. Er ist der _____ lebende Österreicher.

4 Kennen Sie „Mona Lisa"? Das Gemälde ist im Louvre in Paris. Es ist das _____ Bild der Welt.

5 Aus Österreich kommt das _____ Weihnachtslied: „Stille Nacht, heilige Nacht".

6 Robert und Carmen Becker sind das Ehepaar, das die _____ Reisen gemacht hat. Sie waren in 192 Ländern.

7 Gari Kasparow war 22 Jahre alt, als er Schachweltmeister wurde. Er war der _____ Schachweltmeister aller Zeiten.

8 Die _____ Rockgruppe waren die Beatles. Bis heute verkauften sie mehr als 1 Milliarde Platten und Kassetten.

Essen in Deutschland

Was sind die Leute von Beruf? Schreiben Sie die passenden Berufe unter die Fotos.

Model ◆ Gewichtheber ◆ Ärztin ◆ Jockey

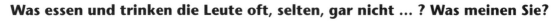

_____   _____   _____   _____

Was essen und trinken die Leute oft, selten, gar nicht … ? Was meinen Sie?

Ich glaube, der Gewichtheber isst viel Fleisch.
Ja, das glaube ich auch, er braucht viel Eiweiß .
…

KURS
C 1

Was machen die Leute, wenn sie krank sind? Wer sagt was?

1 Wenn ich mich schlecht fühle, …   *2 Wenn ich krank bin, …*   *3 Wenn ich eine Erkältung habe, …*

3 … lege ich mich ins Bett.

… bekomme ich mein Lieblingsessen.

… dann darf ich nicht mit meinen Freunden spielen.

… nehme ich Tabletten und arbeite weiter.

… dann gehe ich sofort zum Arzt.

… muss ich im Bett bleiben.

… kann ich nicht zu Hause bleiben, sondern muss weiterarbeiten.

 Hören und vergleichen Sie.
4/
3-5

C 4

**Ergänzen Sie die Sätze aus C3. Markieren Sie dann die Verben
und ergänzen Sie die Regel.**

1 Wenn ich mich schlecht fühle, _____

2 Wenn ich krank bin, _____

3 Wenn ich eine Erkältung habe, _____

| am Ende ◆ Nebensatz ◆ das Subjekt ◆ |
| „weil"- und „obwohl"-Sätze |

1 „Wenn"-Sätze sind Nebensätze, genau wie _____ .

2 Das Verb im „wenn"-Satz steht _____ .

3 Nach „wenn" steht _____ .

4 Zwischen Hauptsatz und _____ steht ein Komma.

Und was machen Sie, wenn Sie krank sind?

C 5

Schreiben Sie das Gedicht und ersetzen Sie die Bilder durch die passenden Wörter.

Erich Fried

Was wehtut

Wenn ich dich

verliere

was tut mir dann weh?

Nicht der _____

nicht der _____

nicht die _____

und nicht die _____

Sie sind müde

aber sie tun nicht weh

oder nicht ärger*

als das eine _____ immer weh tut

Das Atmen tut nicht weh

Es ist etwas beengt**

aber weniger

als von einer Erkältung

Der _____ tut nicht weh

auch nicht der _____

Die Nieren*** tun nicht weh

und auch nicht das _____

Warum

ertrage ich es

dann nicht

dich zu verlieren?

*   schlimmer; mehr

**   schwer atmen können

***

Hören und vergleichen Sie.

C 6 **Wählen Sie ein Thema/einen „Anfangssatz" und schreiben Sie ein ähnliches Gedicht.**

1 Wenn ich Heimweh habe, …
2 Wenn ich krank bin, …
3 Wenn ich Vokabeln lernen muss, … ?
4 Wenn ich …

Was weh tut
Wenn ich Heimweh habe,
was tut mir dann weh?
Nicht …

D

Zwischen den Zeilen

D 1

Machen Sie aus den Adjektiven Nomen.

1 schön   *die Schönheit*
2 freundlich   *die Freundlichkeit*
3 unabhängig *die Unabhängigkeit*
4 krank   _____

5 ähnlich   _____
6 gesund   _____
7 schwierig   _____
8 pünktlich   _____

> Nach „-lich" und „-ig" steht immer die Endung _____ .
> Adjektive schreibt man **klein**, Nomen schreibt man _____ .

D 2

Machen Sie aus den Verben Nomen.

Beispiel:

bestellen → bestellen + -ung → **die** Bestell**ung**

1 betonen   _____
2 bezahlen   _____
3 liefern   _____
4 lösen   _____
5 üben   _____
6 wohnen   _____

> Nomen mit den Endungen -
> **heit, -keit, -ung**
> sind immer feminin.
> Merkwort: **die Heitungkeit**

D 3

Ergänzen Sie passende Nomen aus D 1 und D 2.

1 Herr Müller ist nie unfreundlich. Er ist die _____ in Person.

2 Sven kommt fast immer zu spät: _____ ist nicht seine Stärke.

3 Anja und Oliver sind Geschwister - sie haben große _____ .

4 Fit ist „in". Immer mehr Menschen achten auf ihre _____ .

5 Die Kosmetik-Industrie macht hohe Umsätze: Die Deutschen geben immer mehr Geld für die
_____ aus.

6 Die häufigste ansteckende _____ ist der Schnupfen.

7 Für junge Leute ist eine eigene _____ der oft erste Schritt in die
_____ .

8 Chinesen haben oft _____ mit der Aussprache von „r" und „l".

9 „Der Wortakzent ist am Anfang" heißt: die _____ ist auf der ersten Silbe.

10 _____ der Waren innerhalb von drei Tagen nach Eingang Ihrer
_____ , _____ bar oder mit Scheck.

11 Im Schlüssel zum Arbeitsbuch finden Sie die _____ zu allen _____ .

KURS

E

Der Ton macht die Musik

E 1

4/7

Hören und vergleichen Sie.

„Ch" spricht man im Deutschen [x] [ç] [k] oder [ʃ].	[x]	[ç]	[k]	[ʃ]
	ach	ich	Charakter	Chef
	kochen	leicht	sechs	Chance

E 2

4/8

[x] oder [ç]? Hören Sie, sprechen Sie nach und markieren Sie.

	[x]	[ç]		[x]	[ç]		[x]	[ç]		[x]	[ç]
machen	X		Woche			möchten			euch		
Licht		X	sprechen			Küche			Brötchen		
lachen	X		Würstchen			Kuchen			brauchen		
richtig			suchen			Bäuche			manchmal		
Koch			Gespräch			gleich			Milch		
König			Griechenland			Bauch			durch		

Ergänzen Sie die Regeln.

1 Die Buchstaben-Kombination „ch" spricht man meistens als [ ].
2 Nach den Vokalen _____ und dem Diphthong _____ spricht man „ch" als [x].
3 Das „ch" in der Endsilbe „-chen" von Nomen (= Verkleinerungsform) spricht man immer [ ].
4 Am Wortende spricht man „-ig" oft als [ ], aber in Süddeutschland, der Schweiz und Österreich als „-ig" [k].

E 3

Wo spricht man [x]? Markieren Sie.

München	nach	schlecht	Schachtel
Durchsage	rauchen	Würstchen	echt
traurig	Gedicht	lächeln	unterstreichen
doch	gemütlich	reich	pünktlich
Bücher	vergleichen	Mittwoch	billig
sicher	Sachen	besuchen	furchtbar

4/9

Hören und vergleichen Sie.

E 4

4/10

Üben Sie.

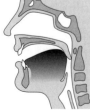

„ch" = [x]
Sagen Sie „kuk", „ku", „k". Sagen Sie „k", aber öffnen Sie die Verschlussstelle (hintere Zunge am hinteren Gaumen) nur langsam und ein bisschen: „k" [k] wird zu „ch" [x].
Sagen Sie:
der Koch macht Kuchen, auch nach Kochbuch, noch nach Wochen

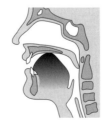

„ch" = [ç]
Sagen Sie „ja". Sagen Sie leise „ja", „jjja", „jjj". Jetzt ohne Stimmton: Holen Sie tief Luft und flüstern Sie „jjj": „jjj" [j] wird zu „chchch" [ç].

Sagen Sie:
er lacht – sie lächelt, der Koch – die Köchin, das Buch – die Bücher, auch – euch, Nacht – nicht, acht – echt

Wählen Sie ein Gedicht. Üben Sie.

Bei Gewitter	**Nichtraucher**	**Geburtstag**
Buchen sollst du suchen.	Wir brauchen nicht zu rauchen.	Kuchen backen
Eichen sollst du weichen.	Und ihr?	Essen kochen
	Wir brauchen auch nicht zu rauchen.	mit Freunden lachen
	Möchtest du eine?	Spiele machen
	Ich bin Nichtraucher.	nachts noch fröhlich feiern
	Macht doch nichts.	Gute Nacht – jetzt reicht's

Hören und vergleichen Sie.

F

Typisch deutsch

Lesen Sie den Text und das Rezept. Sortieren Sie die Bilder.

Wenn die Deutschen essen gehen, dann essen sie gern international. Sie kennen Lasagne und Pitta, Kebab und Börek, Paella und … In jeder größeren deutschen Stadt gibt es griechische, spanische, chinesische, italienische … Restaurants. Gibt es keine deutsche Küche? Doch, es gibt sie. Es gibt regionale Spezialitäten und Gerichte, die man in ganz Deutschland kennt.

Wenn Sie eine typisch deutsche Speise zubereiten wollen, dann probieren Sie doch mal Kohlrouladen, auch Krautwickel genannt. Hier ist das Rezept:

Zutaten

500g Hackfleisch
1 Weißkohl
1 Ei, 1 Zwiebel
Petersilie, Salz, Pfeffer
4 Essl. Öl
1 Tasse Fleischbrühe oder Gemüsebrühe
1 Essl. Mehl
3–4 Essl. Sahne

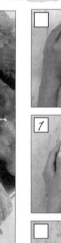

Den Weißkohl waschen, die Blätter kurz in Salzwasser kochen. Zwiebeln und Petersilie hacken, mit dem Ei, dem Hackfleisch und den Gewürzen vermengen. Den Hackfleisch-Teig auf die Kohlblätter verteilen, zusammenwickeln und mit einem Bindfaden zusammenbinden. In heißem Öl anbraten, mit etwas Brühe übergießen, dann zudecken und bei kleiner Flamme etwa eine Stunde kochen lassen. Wenn die Krautwickel gar sind, herausnehmen. Die Brühe mit Mehl und Sahne zu einer Soße verarbeiten, dann über die Krautwickel gießen. Dazu gibt es Salzkartoffeln oder Kartoffelpüree und Salat.

Viel Spaß beim Kochen und guten Appetit!

> **Infinitiv bei Anweisungen:** z.B. in Kochbüchern
> Zwiebeln **hacken.** = Hacken Sie die Zwiebeln.
> Die Krautwickel **herausnehmen.** = Nehmen Sie die Krautwickel heraus.

G

Essgewohnheiten

Welcher Name passt zu welchem Bild? Ergänzen Sie.

> 1 Die „Ja-Aber-Frau" ◆ 2 Der „Wie-Immer-Mann" ◆ 3 Die Mimose ◆ 4 Der Ketschup-Mann ◆
> 5 Die Diätspezialistin ◆ 6 Der Salzer ◆ 7 Der Sparsame

Lesen Sie die Texte. Welcher Text passt zu welchem Typ?
Ergänzen Sie die Überschriften.

A _____

Normale Esser haben ein paar Lebensmittel, die sie nicht mögen. Sie hat einige Speisen, die sie mag. Sie liest die Speisekarte keine zwei Minuten und schon kommt ihr Satz: „Knoblauch? Der bekommt mir nicht." „Von Curry kriege ich Pickel." „Ist da Schinken drin? Schinken ist zu fett für mich!" … Na, Mahlzeit!

B _____

Seine Hand wartet am Salzstreuer. Kaum ist das Essen auf dem Tisch, kommt seine typische Handbewegung: schütteln. Er salzt aus Prinzip. Er probiert das Essen vorher nicht einmal! Salz fehlt immer. Es gibt noch andere ähnliche Typen: den Ketschup-Mann und den Maggi-Mann zum Beispiel.

C _____

„Für mich bitte Wiener Schnitzel, Pommes frites und Salat." Diesen Satz werden Sie immer und immer wieder von ihm hören. Seit seinem dritten Lebensjahr isst er immer die gleichen vier Gerichte. Auch im Urlaub auf Mallorca oder sonstwo gilt: Was er nicht kennt, isst er nicht.

D _____

Das Tagesmenü besteht aus: Tomatencremesuppe, Steak und Salat, Aprikoseneis. Sie bestellt das Menü, aber sie sagt: „Statt Tomatensuppe möchte ich Gemüsesuppe, statt Steak doch lieber ein Jägerschnitzel. Aprikoseneis klingt gut! Aber es sollte doch deutlich nach Orange schmecken."

E _____

Er sagt: „Der Champagner kostet dreimal so viel wie im Supermarkt. Unglaublich! Das Menü schmeckt bestimmt sehr gut, aber fünf-und-zwanzig-Euro-fünf-zich! Davon kann ich ja eine Woche lang leben." Er lädt nie Freunde in ein teures Restaurant ein. Und wenn Freunde ihn einladen, dann isst er auch nur billige Gerichte. Er ist wirklich arm dran!

Sie sind im Restaurant. Spielen Sie: die „Mimose", den „Wie-Immer-Mann" …

Wählen Sie ein Thema und schreiben Sie (aus den Stichworten) einen ähnlichen Text.

1 Die „Diätspezialistin"
ein paar Freunde ins Restaurant eingeladen – gemütliches Essen – Speisekarte kommt – alle finden schnell etwas – Brigitte nicht – Brigitte macht Diät: das Eisbein? zu fett! – das Wiener Schnitzel + die Pommes? zu viel Kalorien! Bier? ungesund! – nur Salat, Mineralwasser – die anderen essen und trinken alles, nach einer halben Stunde bestellt Brigitte: riesige Portion Mousse au chocolat – nicht mehr zuschauen können – morgen Diät!

Die Diätspezialistin
Man hat ein paar Freunde ins Restaurant eingeladen und freut sich auf ein gemütliches Essen. Die Speisekarte kommt …

2 Der „Ketschup-Mann"

3 …

Kurz & bündig

Körperteile und Krankheiten

Welche Körperteile und Krankheiten kennen Sie auf Deutsch?

_____

_____

_____

Arztbesuch

Sie sind beim Arzt. Der Arzt fragt: Was fehlt Ihnen denn? Was sagen Sie?

_____

Ratschläge geben

Ein Freund möchte abnehmen und fragt Sie um Rat. Was sagen Sie?

_____

Komparativ und Superlativ

Meine Regel für den Komparativ:

_____

_____

Meine Regel für den Superlativ:

_____

_____

„Wenn"-Sätze

Was machen Sie, wenn Sie Heimweh haben?

_____

_____

Meine Regel für „wenn"-Sätze:

_____

_____

Essen im Restaurant

Sie sind im Restaurant und lesen auf der Speisekarte: „Schneegestöber". Sie wissen nicht, was das ist. Fragen Sie den Kellner.

_____ ?

Jemand fragt Sie nach einer typischen Speise aus Ihrem Heimatland. Was sagen Sie?

_____ .

_____ .

Interessante Ausdrücke

_____

_____

_____

Farben und Typen

A

Meine Lieblingsfarbe

A 1

Welche Wörter sind positiv, welche negativ?

Neid ◆ Revolution ◆ Nervosität ◆ Liebe ◆ Fernweh ◆ Glaube ◆ Fantasie ◆ Aberglaube ◆ Angst ◆
Gefahr ◆ Trauer ◆ Hoffnung ◆ Ruhe ◆ Tradition ◆ Kälte ◆ Energie ◆ Wärme ◆ Treue ◆ Aktivität

+	−

**Welche Wörter haben den Akzent nicht auf der
ersten Silbe?**

Hören und markieren Sie.

4/14

> **Nomen aus anderen Sprachen**
> Nomen mit den Endungen **-tät, -ion** und
> **-ie** sind immer feminin. Man betont sie auf
> der letzten Silbe.
> Merkwort: die **Tätionie**

KURSBUCH
A 2-A 4

A 2   **Machen Sie das Kreuzworträtsel und ergänzen Sie die passenden Wörter.**

Waagerecht:

2 _____ wie ein Regenbogen

6 _____ wie eine Maus

7 _____ wie bittere Schokolade

8 _____ wie die Veilchen

10 _____ wie der Salat

11 _____ wie die Milch

Senkrecht:

1 _____ wie eine Tomate

2 _____ wie der Himmel

3 _____ wie die Nacht

4 _____ wie eine Apfelsine

5 _____ wie die Sonne

9 _____ wie das Meer

Blau steht Ihnen gut!

Was passt? Sortieren Sie die Adjektive.

hell ◆ schwarz ◆ blond ◆ rot ◆ grau ◆ graugrün ◆ glatt ◆ ~~lockig~~ ◆ braun ◆ blau ◆ blass ◆ schwarz ◆ dunkel ◆ kraus ◆ mit Sommersprossen ◆ grün

Haare *lockig* _____

_____

Augen _____

_____

Haut/Teint _____

_____

Beschreiben Sie nun eine Kursteilnehmerin / einen Kursteilnehmer. Die anderen raten. Machen Sie vorher Notizen.

Ihre Haare sind braun.

Ihre Augen sind auch braun. …

Das ist …

KURSB
B 1-

Ordnen Sie die Überschriften den einzelnen Abschnitten zu.

Farbtypen und Länder ◆ Farbtypen und Jahreszeiten ◆ Farben und Alter

_____

Beim Kleiderkauf und auch beim Einrichten der Wohnung ist guter Rat oft teuer. Aus Amerika kommt jetzt die Idee der Farbberatung; von dort stammt auch der Vorschlag, die Farbtypen nach den vier Jahreszeiten zu benennen: Frühlings-, Sommer-, Herbst- und Wintertyp. Mary Spillane hatte mit ihrer „Erfindung" der Farbberatung großen Erfolg: Über 700 Beraterinnen arbeiten heute in Europa, Afrika, Asien und Australien nach ihrem System mit dem amerikanischen Namen „Color Me Beautiful".

_____

Das beliebte Farbsystem gilt für alle Volksgruppen – aber eine ausgewogene Mischung der Jahreszeiten ist selten. In Japan beispielsweise, wo die Menschen nicht von Natur aus helle Haare oder blaue Augen haben, gibt es keine Frühlings- und Sommertypen. Auch in Indien und in Afrika sind die meisten Menschen dunkle Herbst- und Wintertypen. So ist es kein Wunder, dass ein indischer Sari meistens klare Farben oder dunkle „Gewürzfarben" enthält. In Skandinavien dagegen ist der echte Wintertyp selten, und es gibt dort mehr Frühlingstypen als in Mitteleuropa.

_____

Persönliche Vorlieben für bestimmte Farben ändern sich mit der Zeit. Kindern gefällt ein grelles Rot oder ein kräftiges Gelb, Jugendlichen eher mattes Blau, dunkle Brauntöne oder Schwarz. Die persönliche Lieblingsfarbe von Erwachsenen kann sich immer wieder ändern, und alte Menschen haben oft eine Vorliebe für zarte Pastelltöne. Ihnen rät Mary Spillane, beim Kleiderkauf auf ihre innere Stimme zu hören: „Kaufen Sie den hellblauen Pullover, wenn er Ihnen gefällt, und einen rosafarbenen Blazer dazu!" Da siegt dann spontane Kauflust über die festen Regeln der Farbberatung …

B 3

Was passt? Ergänzen Sie mit den Informationen aus dem Text.

Land/Länder	Typ	Altersgruppen	Farbe
Indien		Kinder	
		Erwachsene	

B 4

Suchen Sie die Adjektive im Text. Markieren Sie die Endungen und ergänzen Sie die Regel.

	Nominativ		Akkusativ	
f	die persönliche _____ eine _____ _____	Lieblingsfarbe Mischung Kauflust	wie Nominativ **!**	
m	der _____ ein _____ _____	Wintertyp Sari Rat	den _____ einen _____ _____	Pullover Blazer Erfolg
n	das _____ ein _____ _____	Farbsystem Rot Blau	wie Nominativ **!**	
Plural	die _____ _____	Menschen Herbst- und Wintertypen	die _____ _____	Regeln Augen

---

Adjektive ◆ Artikel-Ende ◆ -e ◆ f ◆ n ◆ nach Artikel ◆ Plural ◆ r ◆ s

1 Alle _____ haben vor Nomen mindestens eine e-Endung.
2 Das Genus-Signal ist gleich wie beim bestimmten Artikel:
   feminin: _-e_ , maskulin: _____ , neutrum: _____ .
   Das Genus-Signal steht entweder am _____ oder am Adjektiv-Ende.
3 Im Plural enden die Adjektive _____ auf „-n" .
4 Bei _f_ , _____ und _____ sind Akkusativ und Nominativ gleich.
5 Bei _____ steht im Akkusativ Singular bei Artikel und Adjektiv ein „-n".

KURSBUCH
B 5

B 5

**Sie möchten sich von Mary Spillane beraten lassen.
Beschreiben Sie sich und Ihre Lieblingsfarben.**

_____

Sehr geehrte Frau Spillane,

ich habe von Ihrer Farbberatung gehört und möchte mich nun gerne beraten lassen.
Ich habe
Besonders gern trage ich

Lesen Sie die Bildbeschreibung und ergänzen Sie die Adjektiv-Endungen.

Türkisches Café

Ein rotbraun___ 1) Baumstamm *(m)* zieht sich rechts im Bild nach oben, grüngelb___ 2) Blätter *(Pl)* formen ein Dach über dem stillen Platz vor einem Café und filtern das grell___ 3) Sonnenlicht *(n)*. Ein groß___ 4) Blatt *(n)* begrenzt die link___ 5) Seite *(f)* des Bildes.

Neben dem Eingang des Cafés steht ein klein___ 6) rot___ 7) Tisch *(m)*; daran sitzt ein einsam___ 8) Gast *(m)*. Man kann nur seinen Rücken sehen. Sein grün___ 9) Burnus* *(m)* erscheint durch die Sonne in einem hellen Gelb. Er trägt einen hellrot___ 10) Turban** *(m)* als Schutz vor der Mittagshitze.

Auf dem Tisch ist nur Platz für eine klein___ 11), weiß___ 12) Teetasse *(f)* und eine kristallen___ 13) Karaffe *(f)* mit Wasser. Im Vordergrund steht ein gelb___ 14) Stuhl *(m)*. Ein zart___ 15) Rosa *(n)* hat der Künstler für die rosafarben___ 16) Markise *(f)* über dem Eingang benützt. Man kann sie hinter den Blättern kaum sehen.

Das warm___ 17) Ziegelrot *(n)* des Platzes geht in das Café hinein und erscheint in der Tür wie ein orangefarben___ 18) Feuerball *(m)*, der sein warm___ 19) Licht *(n)* wieder auf den Platz zurückwirft. Die blau___ 20) Mauern *(Pl)* des Cafés strahlen im Gegensatz dazu eine angenehm___ 21) Kühle *(f)* aus.

Die Atmosphäre in diesem Bild ist friedlich___ 22) und harmonisch___ 23). Klar___ 24) Formen *(Pl)* und Farben stellen das ruhig___ 25), einfach___ 26) Leben *(n)* einer vergangenen arabischen Welt dar.

* Mantel mit Kapuze der arabischen Beduinen
** Kopfbedeckung der Hindus und Muslime

Malen Sie das Bild mit den Farben im Text aus.

August Macke, geb. am 03. 01. 1887, gest. am 26. 09. 1914, war Mitglied der Künstlervereinigung „Der blaue Reiter" und ein Freund von Franz Marc. Das Bild „Türkisches Café" entstand 1914 nach seiner Reise in Tunesien, die er zusammen mit Paul Klee und Louis Moillet machte.

Kleiderkauf

C 1 Schreiben Sie Wortkarten und sortieren Sie die Kleider.

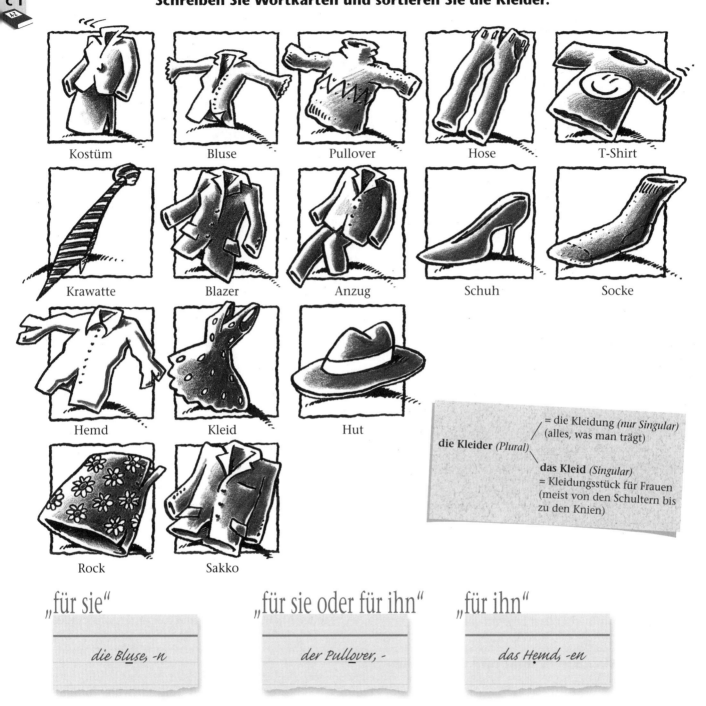

Kostüm · Bluse · Pullover · Hose · T-Shirt

Krawatte · Blazer · Anzug · Schuh · Socke

Hemd · Kleid · Hut

Rock · Sakko

die Kleider *(Plural)*
= die Kleidung *(nur Singular)*
(alles, was man trägt)

das Kleid *(Singular)*
= Kleidungsstück für Frauen
(meist von den Schultern bis
zu den Knien)

„für sie"

die Bluse, -n

„für sie oder für ihn"

der Pullover, -

„für ihn"

das Hemd, -en

C 2 Welche Kleider ziehen Sie wo oder wann an?

Machen Sie Notizen und vergleichen Sie.

In der Freizeit trage ich oft T-Shirts. Und du?
    Ich auch. Zu Hause ziehe ich am liebsten ein T-Shirt und Jeans an.
Aber zu einer Einladung …
    Und was tragen Sie bei der Arbeit? …

Freizeit:
T-shirt, Jeans,

Arbeit:

Wohin gehen die Leute? Hören und markieren Sie.

		Dialog 1	Dialog 2
1	zu einer Hochzeit		
2	zu einem Betriebsfest		
3	zu einem Picknick		
4	zu einer Beerdigung		
5	zu einer Geburtstagsparty		

C 4

Was passt zusammen? Markieren Sie.

1 Welche Hose soll ich nur anziehen?
2 Welchen Anzug ziehst du denn an?
3 Was für einen (Salat) machst du denn?
4 Was für ein Geschenk hast du besorgt?
5 Was für Bücher liest er wohl gern?

a) Ich dachte an den graublauen und das grüne Hemd.
b) Eine CD von „Badesalz". Die hat er sich gewünscht.
c) Die schwarze Satinhose oder die braune Leinenhose? [*1*]
d) Ich glaube, er mag englische Krimis.
e) Vielleicht einen Gurkensalat mit einer Sahnesauce.

 Hören Sie noch einmal und vergleichen Sie.

C 5

Ergänzen Sie die Regel.

bestimmtem ◆ ohne ◆ unbestimmtem

Regel: Nach Fragen mit ...   kommen oft Antworten mit ...

1 Welch- ... ?   →   _____ Artikel.

2 Was für (ein) ... ?   →   _____ Artikel.

oder _____ Artikel.

C 6 Worüber sprechen die Leute? Wo sind die Leute? Hören und markieren Sie.

	Dialog		Dialog
Kollege		indisches Gericht	
in der Wohnung		Termin	
im Kleidergeschäft		Pullover	
am Telefon		neue Wohnung	
		in der Kantine	

C 7 **Was passt zusammen?**

1 Wie gefällt dir die neue Wohnung? ____

2 Na, schmeckt es Ihnen? ____

3 Wie passt es dir am Samstagabend? ____

4 Wie gefällt Ihnen unser neuer Mitarbeiter? Ich finde er macht einen sehr guten Eindruck. ____

5 Wie steht mir der Pullover? ____

6 Probier den doch mal in Türkis. Ich glaube, das steht dir besser. ____

a) Am Samstagabend? Hm, am Samstag, da war doch was …

b) Türkis? Meinst du wirklich? Ich finde Türkis so kühl.

c) Der passt dir so ganz gut. Aber die Farbe …
Also, ich finde, die Farbe passt einfach nicht zu dir.

d) Sehr gut. Sie ist schön hell und die Aussicht ist wirklich toll.

e) Hmmm, ausgezeichnet. Mir schmeckt es sehr gut.

f) Stimmt, da haben Sie Recht. Er gefällt mir auch ganz gut.

Hören Sie noch einmal und vergleichen Sie.

C 8 **Unterstreichen Sie diese Verben in C 7 und ergänzen Sie die Regel.**

~~passen~~ ◆ schmecken ◆ gefallen ◆ passen ◆ stehen ◆ finden

Zeit/Termin:	*passen* _____	+ DAT		
Kleidung:	(Größe) _____	+ DAT	(Farbe, Form …) _____	+ DAT
Personen/Gegenstände:	_____	+ DAT	_____	+ AKK + QUA
Essen:	_____	+ DAT		

„Passen, stehen, gefallen, schmecken" sind Verben mit _____ . Mit diesen Verben können Sie eine Person nach ihrer Meinung fragen und selbst etwas beurteilen.

C 9 **Fragen und beurteilen Sie. Arbeiten Sie zu zweit. Machen Sie Notizen.**

die neue CD von …

das neue Buch von …

Termin am Samstag

Lerntipp:

Es gibt nicht sehr viele Verben mit Dativ. Lernen Sie diese Verben immer mit einem Dativ-Pronomen, z. B. „ihr": „ihr gefallen", „ihr passen", „ihr stehen", „ihr helfen".
Auch Verben mit Präpositionen können Sie so leichter lernen: „zu ihr passen".

Hören und antworten Sie.

C 10
4/22

Sie wollen ausgehen. Aber was sollen Sie anziehen? Sie stehen vor Ihrem Kleiderschrank und überlegen. Ihre Freundin macht Vorschläge, aber Sie sind unsicher.

... steht mir nicht	In ... sehe ich furchtbar aus.	... kann ich nicht mehr tragen. ... ist ...	... steht mir gut. Und was soll ich dazu anziehen?
Kostüm (blau)	Rock (grau)	Kleid (grün) – zu altmodisch	Hose (rot)
Blazer (schwarz)	Bluse (gelb)	Pullover (dunkelgrün) – zu klein	Pullover (türkisfarben)
Anzug (hellgrau)	Hose (braun)	Anzug (hellblau) – zu altmodisch	Hose (dunkelgrün)
Sakko (gelb)	Hemd (rot)	Pullover (dunkelrot) – zu eng	Pullover (violett)

Beispiele:

Zieh doch das blaue Kostüm an.

> *Das blaue Kostüm steht mir nicht.*

Das blaue Kostüm steht dir nicht? Na, dann nimm halt den grauen Rock.

> *In dem grauen Rock sehe ich furchtbar aus.*

Was? In dem grauen Rock siehst du furchtbar aus? Das finde ich nicht. Aber gut – wie wär's mit dem grünen Kleid?

> *Das grüne Kleid kann ich nicht mehr tragen. Das ist zu altmodisch.*

So-so, das grüne Kleid kannst du nicht mehr tragen. Das ist zu altmodisch. Und was ist mit der roten Hose?

> *Die rote Hose steht mir gut. Und was soll ich dazu anziehen?*

D

Typen ...

D 1

Wo arbeiten die Leute? Was sind sie von Beruf?

1　Konservative Branchen: Anwälte, Banken, Buchhaltung, Versicherung
2　Kreative Branchen: Werbung, Medien, Verlage, Touristik
3　Lehrberufe:　Schulen, Universitäten

D 2

Was passt zu welcher Berufsbranche?

Die Farbberaterin rät:

Farben

2　Vermeiden Sie die Durchschnittsfarben und Schwarz, wenn Sie in diesem Sektor tätig sind. Setzen Sie Ihre Palette kreativ ein.

3　Seien Sie nicht zu zurückhaltend und vernünftig. Überraschen Sie Ihre Schützlinge mit interessanten Farben, die ihre Aufmerksamkeit fesseln, aber nicht ablenken.

1　Understatement ist Ihr Ziel. Tragen Sie das klassische Kostüm oder den klassischen Anzug mit einer leuchtenden Bluse bzw. mit einem einfarbigen Hemd.

Accessoires

Unterstreichen Sie die klassische Eleganz Ihrer Kleidung mit einer guten Uhr. Seien Sie vorsichtig mit auffälligem Schmuck - tragen Sie maximal zwei gediegene Ringe.

Setzen Sie Akzente mit topmodischen Accessoires, aber seien Sie zurückhaltend, wenn Sie mit konservativen Kunden arbeiten.

Zu viel lenkt die Schülerinnen und Schüler ab. Auffallende Farben und Formen kommen für Sie nicht in Frage – die nächste Klassenarbeit ist wichtiger als Ihr Schmuck!

offizielle Treffen

Auch in dieser Situation sieht man Sie noch in Ihrer Rolle als Vorbild. Seien Sie also nicht zu elegant oder modisch – zeigen Sie, dass Ihnen innere Qualiäten wichtiger sind.

Mit dem tiefen Dekolleté am Abend wirken Sie zu sexy, mit Smoking und weißem Seidenschal sind Sie „overdressed". Bleiben Sie bei der klassischen Eleganz.

Übertreiben Sie es nicht mit dem individuellen Stil Ihres Outfits, sonst ist es mit der Autorität bei den Kunden vorbei.

Arbeitsalltag

Seien Sie vorsichtig mit topmodischem Outfit, gehen Sie mit dem Trend mit, ohne übertrieben modisch zu wirken.

Hier sind die Möglichkeiten begrenzt. Mit einem modischen Anzug oder einem klassischen Kostüm liegen Sie auf jeden Fall richtig und vermitteln ein Bild von unauffälliger Eleganz. Keine dünnen Stoffe und keine Schuhe mit hohen Absätzen oder auffälligen Accessoires.

Mit modischen Kostümen sind Sie am besten gekleidet. Auch schicke Hosenanzüge sind eine Alternative.

D 3

Ergänzen Sie die Tabelle und die Regeln.

	bestimmter Artikel		unbestimmter Artikel		ohne Artikel	
f	bei de___	Eleganz	mit eine___	Uhr	von ___	Eleganz
m	mit de___	Stil	mit eine___	Kunden	mit ___	Schmuck
n	Mit de___	Dekolleté	mit eine___	Hemd	mit ___	Outfit
Pl	mit de___	Stücken	mit ___	Farben	wie unbestimmter Artikel!	

1 Die Genus-Signale für den _____ : feminin: -r, maskulin und neutrum: -m, Plural: -n.
2 Die Endung bei den Adjektiven nach _____ ist im Dativ immer „-en". Sie steht am Artikel-Ende oder am _____ .
3 Im _____ steht bei den meisten Nomen am Ende ein -n. (Ausnahme: Plural auf „-s".)

D 4

Arbeiten Sie zu viert. Sprechen oder schreiben Sie über das Schaubild.

Outfit nach Noten

Was Unternehmen in Deutschland bei ihren Angestellten gern oder ungern sehen*

	sehr gut
1	sehr gut
2	gut
3	befriedigend
4	ausreichend
5	mangelhaft
6	unbefriedigend

	Daimler-Benz	Honda	Deutsche Bank	Hoechst	Microsoft	Apple	Lufthansa	Coca-Cola	Krupp Hoesch	Thyssen	Reynolds Tobacco	Roland Berger	Kienbaum & Partner	Allianz	Hamburg-Mannheimer	Lintas	Scholz und Friends
Kostüm / Anzug	1	2	2	1	1	4	2	2	1	1	2	1	1	1	2	1	1
gedeckte Farben	3	4	2	2	2	4	2	3	2	1	5	1	1	1	2	2	1
Krawatte	1	2	2	1	1	3	2	2	1	1	2	1	1	1	2	2	1
T-Shirt	5	5	5	5	5	5	5	4	6	5	3	6	4	5	5	2	4
Jeans	5	2	5	4	5	5	4	4	3	5	5	3	6	3	5	2	4
Turnschuhe	6	5	5	5	6	5	4	4	6	6	6	6	5	5	5	5	4
Shorts	6	5	5	6	6	5	6	5	6	5	6	6	5	6	6	5	5
Sandalen	4	5	5	4	6	5	5	3	5	3	6	6	4	5	6	6	6
Hawaiihemden	6	3	5	6	6	4	6	3	6	6	6	6	5	5	6	6	6
lange Haare	6	3	5	3	2	4	5	3	4	6	6	5	5	4	2	4	4
Ohrring	5	5	5	6	3	5	5	4	5	6	5	6	5	5	3	3	3

* Bewertet von den Personalchefs oder Pressestellen mit Schulnoten

Bei Daimler Benz dürfen Männer mit einem Ohrring _____

Zwischen den Zeilen

Welche Nomen und Adjektive passen zusammen? Machen Sie eine Liste.

Du traurige Person!

Deine ängstliche Vernunft!
　　Meine Angst ist vernünftig.
Dein vorsichtiger Verstand!
　　Meine Vorsicht ist verständlich.
Deine ruhige Natur!
　　Meine Ruhe ist natürlich.
Du traurige Person!
　　Meine Trauer ist persönlich.

Dieser jugendliche Übermut!

Diese jugendliche Energie!
　　Die Jugend ist energisch.
Diese jugendliche Ungeduld!
　　Die Jugend ist ungeduldig!
Dieser jugendliche Übermut!
　　Die Jugend ist übermütig.

Sprüche und Ratschläge

Es gibt vielleicht keine menschliche Vernunft, aber doch ein paar vernünftige Menschen.

Nimm dir freundliche Personen als persönliche Freunde!

Auch ein nützlicher Beruf bringt nicht nur beruflichen Nutzen.

Lieber mal ein fürchterlicher Schreck als ständig schreckliche Furcht!

Lieber ein langweiliger Tag als tägliche Langeweile.

Nomen	Adjektiv
die Angst	ängstlich
die Vernunft	vernünftig
der Verstand	

Unterstreichen Sie die Adjektiv-Endungen und ergänzen Sie die Regeln.

> ◆ Wörter mit der Endung _____ , _____ oder _-isch___ sind Adjektive. Man kann sie von Nomen ableiten. Dabei werden „a", „o" und „u" oft zu _____ , _____ und _____ .

Ergänzen Sie die passenden Nomen und Adjektive und vergleichen Sie mit dem Wörterbuch oder der Wortliste.

farbig	*die Farbe*	das Blut	*blutig*
gefährlich	_____	der Mann	_____
lustig	_____	der Neid	_____
schmutzig	_____	der Punkt	_____
unterschiedlich	_____	der Saft	_____

Ergänzen Sie passende Nomen oder Adjektive aus E 2.

1　Ein _____ Steak ist oft noch ein bisschen _____ .

2　Frühlingstypen und Wintertypen sollten _____ tragen.

3　Neid ist keine typisch weibliche oder _____ Eigenschaft: Fast alle Menschen sind manchmal _____ .

4　„Ständig kommst du zu spät, nie bist du _____ . Und ich muss immer warten – das finde ich überhaupt nicht _____ ."

5　Zu viel _____ ist _____ : Er ist oft Ursache von Krankheiten.

F

Der Ton macht die Musik

F1

4/23

Hören und vergleichen Sie.

„R" spricht man im Deutschen konsonantisch [r] oder vokalisch [ɐ].	[r]	[ɐ]
	rot	Tor
	Oh|ren	Ohr
	spa|ren	spar|sam
	grau	gern

F2

Lesen Sie die Wörter und unterstreichen Sie alle „r".

	konsonantisches „r" [r]	vokalisches „r" [ɐ]		konsonantisches „r" [r]	vokalisches „r" [ɐ]
Rock	X		braun		
Nach|bar		X	Fir|ma		
Klei|der			rot		
grün			Pro|blem		
immer			Haa|re		
Haar			war|ten		
hö|ren			fer|tig		
Pul|lo|ver		.	trau|rig		

4/24 Konsonantisches oder vokalisches „r"? Hören und markieren Sie.

F3

Ergänzen Sie die Regeln und die Beispielwörter.

Am Wort- oder Silben-Anfang spricht man das _____ „r" [r]:
Rock, _____

Am Wort- oder Silben-Ende spricht man das _____ „r" [ɐ] (= „r" klingt wie „a"):
Nachbar, _____

4/25

Üben Sie das konsonantische „r" [r].

Nehmen Sie ein Glas Wasser und „gurgeln" Sie.

Dann „gurgeln" Sie bitte ohne Wasser und sprechen ganz langsam:
rrrosa – rrosa – rosa,
rrrot – rrot – rot,
rosarote Röcke,
grasgrüne Krawatten

Sprechen Sie erst ganz langsam und dann immer schneller und leiser:
rosarote Röcke und grasgrüne Krawatten, rosarote Röcke und grasgrüne Krawatten …

Oder sagen Sie „ach" [x]. Fügen Sie den Stimmton hinzu – [x] wird zu [r]:
Sagen Sie: Ach | Rita   nach | Rom   Nach|richt   einfach | richtig

Wo hört man das konsonantische „r"? Markieren Sie.

Paar – Paare ◆ Monitor – Monitore ◆ Tastatur – Tastaturen ◆ Formular – Formulare ◆ Tür – Türen ◆
Fahrer – Fahrerin ◆ Mechaniker – Mechanikerin ◆ Friseur – Friseurin ◆ Schauspieler – Schauspielerin ◆
studieren – studiert ◆ fahre – fährst ◆ spart – sparen ◆ erklären – erklärst ◆ notiert – notieren ◆
schwer – schwerer – die schwerste ◆ teuer – teurer – der teuerste ◆ klar – klarer – am klarsten

Hören Sie, sprechen Sie nach und vergleichen Sie.

Hören Sie und sprechen Sie nach.

im Erdgeschoss ◆ dritter Stock ◆ vierte Etage ◆ bei der Herrenmode ◆ ein grauer Pullover ◆
ein rotes Kleid ◆ ein schwarzer Rock ◆ blaugrüne Krawatten ◆ braune Strümpfe ◆
ein orangefarbener Blazer ◆ traurige Farben ◆ Frühlingsfarben ◆ für eine Bewerbung ◆
für die Freizeit ◆ für die Arbeit ◆ fürs Büro ◆ die richtige Größe ◆ wirkt sehr interessant ◆
zu groß ◆ zu kurz ◆ zu teuer ◆ eine Nummer kleiner ◆ andere Modelle ◆ preiswerte Sonderangebote

Üben Sie zu zweit und machen Sie kleine Dialoge.

> *Guten Tag. Ich suche Krawatten.*
>> *Krawatten sind im Erdgeschoss.*
> *Ich suche einen orangefarbenen Blazer.*
>> *Tut mir Leid, wir haben nur schwarze, graue und grüne Blazer.*
> *…*

Hören Sie und sprechen Sie nach.

Grau und schwarz sind Problemfarben für Herbsttypen.
Herbsttypen brauchen warme Farben!

Teure Kleider brauchen teure Kleiderschränke
und teure Kleiderschränke brauchen teure Kleider.

Graugrüne Strümpfe zu rotbraunen Röcken
oder rotbraune Strümpfe zu graugrünen Röcken?

Von Februar bis April verkaufen wir farbenfrohe Winterkleider vierunddreißig Prozent billiger.

Fröhliche Frühlingsfarben bringen frisches Leben
in Ihre vier Wände!

**Wählen Sie einen „Zungenbrecher", lernen Sie ihn auswendig und
üben Sie „Schnellsprechen".**

Farbe bekennen

G

G 1 Lesen Sie den Text und unterstreichen Sie die Farben.

Farbe bekennen

Götz Keitels Kunden kommen aus der ganzen Welt: ein Penthouse in New York, eine Bar in Venedig, eine Büro-Etage in Barcelona. Tabu-Farben kennt Keitel nicht. Meistens kombiniert er mehrere verschiedene Farben.
5 So hat er zum Beispiel in einer Münchner Kneipe Tresen, Tische und Barhocker <u>türkis</u> gestrichen und die Wände in einem warmen Rot. Danach war die Kneipe jeden Abend überfüllt: „Die Kneipenbesucher möchten alle cool sein, also türkis. Gleichzeitig haben sie aber einen
10 geheimen Wunsch nach Schutz und Geborgenheit, also warmes Rot."
Götz Keitel hat sich auf eine Frage spezialisiert, die selbst von einigen Innenarchitekten nicht ernst genug genommen wird: Welche Farben braucht der Mensch,
15 damit er sich wohl fühlt? Und wer weiß schon, was für ein Farbtyp er ist? Manchmal hilft ein Farb-Test, aber der Test allein reicht meistens nicht aus. Deshalb versucht der 40-jährige Malermeister in Gesprächen, den Farbtyp seiner Kunden herauszufinden. „Es bleibt ein Rest
20 Intuition. Aber ich habe noch nie daneben gelegen", bemerkt Herr Keitel selbstbewusst.
Seine Kenntnisse bezieht Keitel aus einer Fülle von Literatur, angefangen bei der Optik Newtons über Goethes Farbenlehre bis zu den Büchern des Schweizer
25 Farbpsychologen Max Lüscher. Bestimmte Wirkungen von Farben sind bei allen Menschen gleich. So verlangsamt Blau zum Beispiel den Blutkreislauf und Rot beschleunigt ihn. Das gilt bei Frauen und Männern genauso wie bei Jung und Alt, bei Senegalesen in Afrika
30 und bei den Inuit in Grönland. Wenn Menschen mit dem Wunsch nach Ruhe zu ihm kommen, heißt das aber noch lange nicht, daß Götz Keitel ihnen blaue Wände empfiehlt. Die Farbe Blau kann nämlich auch gefährlich werden: „Blau ist die Ruhe des Meeres, aber im Meer
35 kann man auch untergehen. Braun ist für diese Kunden besser, Braun erdet sofort. Denken Sie an die Marlboro-Werbung: der braungebrannte Mann in den braunen Überhosen, in brauner Landschaft, auf einem braunen Pferd. Viele Menschen wollen raus aus einem stressigen
40 Leben und mit dem ganzen Körper die Natur erleben. Wenn man kurz vor einem Herzinfarkt steht, dann ist Braun die ideale Farbe."
Seit kurzem unterrichtet er an der Fachhochschule für Architektur in Düsseldorf und überrascht seine
45 Studenten mit einem kleinen Experiment: Zunächst muss jeder Student eine Farbe unter mehreren Angeboten auswählen. Danach zeigt Keitel den Studenten verschiedene Wohnungen, darunter auch ein Penthouse mit einer großen Glasfront und Blick auf Manhattan. „Wer möchte hier einziehen?" Stets melden
50 sich einige Studenten, die vorher alle die Farbe Gelb ausgewählt hatten. „Der Gelb-Typ hat Sehnsucht nach unbegrenzter Entfaltung und strahlender Weite, eine Sehnsucht nach dem unberechenbaren Abenteuer", erklärt Keitel und fährt fort: „Violett ist nicht so offen.
55 Der Violett-Typ hat ein Ziel: die Veränderung. Violett ist revolutionär. Nicht zufällig war Violett insbesondere bei vielen Frauen in den 70er Jahren so modern."
Aber wenn die Farben so wichtig sind, warum wohnen dann immer noch so viele Menschen in Wohnungen mit
60 weißen Tapeten? „Weiß ist neutral", lacht Keitel, „viele Menschen wollen sich nicht festlegen. Wenn Sie Farbe bekennen, dann müssen Sie auch damit rechnen, daß manche Menschen Ihre Farbe nicht mögen."

G 2 Lesen Sie den Text noch einmal und machen Sie eine Liste.

Farbe: Assoziation:
türkis   *cool,*

G 3 Arbeiten Sie in Gruppen und gestalten Sie ein Geschäft.
Welche Farben wählen Sie aus?

Boutique ◆ Bäckerei ◆ Metzgerei ◆
Blumenladen ◆ Restaurant ◆ Café ◆ ...

Wände ◆ Boden ◆ Vorhänge ◆ Geschirr ◆
Möbel ◆ Theke ◆ Decke ◆ ...

Kurz & bündig

Was ziehen Sie am liebsten an?

Zur Arbeit: _____

Zu Hause: _____

Ins Theater, zum Tanzen ...: _____

Was sind Ihre Lieblingsfarben? Warum?

_____

_____

Adjektive

Sie stehen morgens vor Ihrem Kleiderschrank. Was hängt im Kleiderschrank? Was ziehen Sie an?

_____

_____

_____

Meine Regeln für die Adjektiv-Endungen:

_____

_____

„Welch-" und „Was für ..." ?

_____ Hose suchen Sie? Eine einfache oder eine elegante?

_____ , für _____ .

_____ Blazer gefällt dir besser? Der grüne oder der blaue?

_____ , der _____ .

_____ Jahreszeitentyp sind Sie? _____

_____ Farben können Sie tragen? _____

Was sagen Sie?

Sie suchen eine Hose und gehen in ein Kaufhaus. Was sagen Sie?

_____

Der Verkäufer fragt Sie: Welche Größe haben Sie?

_____

Er fragt: Und in welcher Farbe möchten Sie die Hose?

_____

Verben mit Dativ

Sie fragen eine Freundin/einen Freund nach ihrer/seiner Meinung

zu einem Treffen am Wochenende: Wie _____ ?

zur neuen Frisur: Wie _____ ?

zum Essen: Wie _____ ?

Interessante Ausdrücke

_____

_____

_____

A

Test

Test

A 1 **Was ist richtig: a, b oder c ? Markieren Sie bitte.**

Beispiel: ● Wie heißen Sie?
■ Mein Name _____ Schneider.

☐ a) hat
☒ b) ist
☐ c) heißt

1 ● Und wer ist das hier auf dem Foto?
■ Das ist _____ kleiner Bruder.

☐ a) mein
☐ b) meinen
☐ c) meine

2 ● Mein Leben in 20 Jahren stelle ich mir so vor:
Reihenhaus, Mercedes 200 D, Frau und zwei
Kinder, Stammtisch.
■ Ist das wirklich dein _____ .

☐ a) Meinung
☐ b) Beruf
☐ c) Ernst

3 ● Was willst du mal werden? Fotografin ____ Ärztin?
■ Ich weiß noch nicht. Vielleicht Fotografin.

☐ a) aber
☐ b) und
☐ c) oder

4 ● Holst du die Kinder von der Schule _____ ?
■ Nein, ich kann heute nicht.

☐ a) zu
☐ b) auf
☐ c) ab

5 ● Wo ist denn der Mülleimer?
■ Der steht unter _____ in _____ .

☐ a) die Spüle – die Küche
☐ b) der Spüle – der Küche
☐ c) eine Spüle – eine Küche

6 ● Wohin gehst du?
■ _____ Klavierstunde.

☐ a) In der
☐ b) In die
☐ c) Ins

7 ● Warum wohnst du denn noch bei deinen Eltern?
■ _____ ich noch nicht genug Geld verdiene.

☐ a) Weil
☐ b) Warum
☐ c) Obwohl

8 ● _____ du mit 15 abends allein in die Disko
gehen?
■ Nein, meine Eltern waren sehr streng.

☐ a) Wolltest
☐ b) Musstest
☐ c) Durftest

9 ● Wo _____ du denn heute morgen?
■ Ich musste zum Zahnarzt gehen.

☐ a) bist
☐ b) warst
☐ c) war

10 ● Was _____ Sie als Kind werden?
■ Journalistin.

☐ a) wollten
☐ b) mussten
☐ c) konnten

11 ● Und wie gefällt es dir in deiner WG?
■ Ganz gut, _____ es manchmal sehr laut ist.

☐ a) obwohl
☐ b) weil
☐ c) aber

12 ● Das Auto sollte doch gestern schon fertig sein.
■ _____ , _____ der Meister war
krank.

☐ a) Ja, aber
☐ b) Nein, aber
☐ c) Doch, aber

13 ● Wie war denn dein Urlaub?
■ Oh, der war _____ super!

☐ a) etwas
☐ b) wirklich
☐ c) ziemlich

14 ● Seid ihr gut in Peking angekommen?
■ Ja, aber wir hatten eine Stunde _____ .

☐ a) Verspätung
☐ b) Abflug
☐ c) Ankunft

15 ● _____ ihr auch zum Grand Canyon geflogen?

■ Nein, wir haben den Bus verpasst.

- a) Habt
- b) Seid
- c) Wollt

16 ● Warum bist du nicht _____ ?

■ Ich habe keinen Urlaub bekommen.

- a) mitgefahren
- b) mitfahren
- c) fahren mit

17 ● _____ Fluss fließt von Dresden nach Hamburg?

■ Die Elbe.

- a) Welches
- b) Welche
- c) Welcher

18 ● Und dir _____ wirklich nichts passiert?

■ Nein, nichts. Es war nur ein kleiner Unfall.

- a) hast
- b) hat
- c) ist

19 ● Was fehlt Ihnen denn?

■ Ich habe seit drei Tagen starke _____ .

- a) Kopfschmerzen
- b) Fieber
- c) Blutdruck

20 ● Und was kann ich tun, Frau Doktor?

■ Sie _____ ein paar Tage im Bett bleiben.

- a) wollen
- b) sollten
- c) möchten

21 ● Ich fahre lieber mit dem Fahrrad.

■ Warum? Mit dem Auto ist es doch viel

_____ .

- a) mehr
- b) bequem
- c) bequemer

22 ● In welchem Land leben _____ Menschen?

■ In China.

- a) mehr als
- b) die meisten
- c) meistens

23 ● Kochst du jeden Tag?

■ Nein, leider nicht. Ich koche nur, _____ ich Zeit habe.

- a) weil
- b) dass
- c) wenn

24 ● _____ hat Vera Geburtstag?

■ Am 4. August.

- a) Wann
- b) Wenn
- c) Welche

25 ● Haben Sie auch _____ Hemden?

■ Ja, natürlich.

- a) grünen
- b) grünes
- c) grüne

26 ● Wie _____ dir der blaue Rock?

■ Ja, nicht schlecht.

- a) gefällt
- b) findest
- c) mag

27 ● Was habt ihr gestern noch gemacht?

■ Wir waren in einem _____ Restaurant.

- a) schicken
- b) schickes
- c) schickem

28 ● Später möchte ich mal Pilot werden.

■ Was? Du hast doch eine Vier in Englisch! Da _____ ich aber _____ .

- a) sehe … schwarz
- b) sehe … rot
- c) fahre … schwarz

29 ● Die Deutschen essen jeden Tag Kartoffeln.

▲ Und die Italiener Nudeln.

■ So ein Quatsch. Das sind doch nur

_____ .

- a) Tabus
- b) Klischees
- c) Wahrheiten

30 ● _____ Kleid gefällt dir besser.

■ Das blaue. Das steht dir sehr gut.

- a) Was für ein
- b) Was für eins
- c) Welches

Wie viele richtige Antworten haben Sie?

Schauen Sie in den Lösungsschlüssel im Anhang. Für jede richtige Antwort gibt es einen Punkt. Wie viele Punkte haben Sie?

_____ Punkte

Jetzt lesen Sie die Auswertung für Ihre Punktzahl.

(24–30 Punkte:) Wir gratulieren! Sie haben sehr gut gelernt. Weiter so!

(13–23 Punkte:) Schauen Sie noch einmal in den Lösungsschlüssel. Wo sind Ihre Fehler? In welcher Lektion finden Sie die Übung dazu? Machen Sie eine Fehlerliste.

Nummer	Lektion	(G) = Grammatik	(W) = Wortschatz
2	7, B-Teil		X
6	7, E-Teil	X	
	8,		

- **Ihre Fehler sind fast alle in einer Lektion?** Zum Beispiel: Fragen 8, 9, 11, und 13 sind falsch. Dann wiederholen Sie noch mal die ganze Lektion 8.

- **Ihre Fehler sind Grammatikfehler (G)?** Dann schauen Sie sich in allen Lektionen die Grammatik-Teile von „Kurz & bündig" noch einmal an. Fragen Sie auch Ihre Lehrerin oder Ihren Lehrer, welche Übungen für Sie wichtig sind.

- **Ihre Fehler sind Wortschatzfehler (W)?** Dann wiederholen Sie in allen Lektionen die _Nützlichen Ausdrücke_ von „Kurz & bündig". Lernen Sie mit dem Vokabelheft und üben Sie auch mit anderen Kursteilnehmern. Dann geht es bestimmt leichter.

- (Tipps zum Vokabel-Lernen finden Sie in Tangram 1 A Arbeitsbuch, Lektion 6.)

(5–12 Punkte:) Wiederholen Sie noch einmal gründlich alle Lektionen. Machen Sie ein Programm für jeden Tag. Üben Sie mit anderen Kursteilnehmern. Und sprechen Sie mit Ihrer Lehrerin oder Ihrem Lehrer.

(0–4 Punkte:) Lernen Sie lieber Englisch oder vielleicht ein Musikinstrument.

Lesen wie ein Profi

Was lesen Sie wie? Warum? Markieren Sie.

Textsorte	Ich suche konkrete Informationen	Ich will alles genau verstehen	Ich will einen Überblick bekommen	Ich lese schnell und oberflächlich	Ich lese langsam und gründlich	komplett von Anfang bis Ende	nur einzelne Teile des Textes
spannendes Buch (Krimi)							
Veranstaltungstipps fürs Wochenende							
Urlaubspost von Freunden							
Reiseprospekt über Österreich							
Speisekarte im Restaurant							
Rezept im Kochbuch							
Lerntipp in TANGRAM							
Wörterbuch							
Zeitungsartikel über eine neue Diät							
Stellenanzeigen in der Zeitung							

Arbeiten Sie zu dritt und vergleichen Sie oder schreiben Sie einen kleinen Text.

Ein spannendes Buch lese ich langsam und gründlich, weil ich alles genau
verstehen will. Aber Veranstaltungstipps ...

Lesen Sie den Text und markieren Sie.

		richtig	falsch
1	Lesen heißt: einen Text laut vorlesen.		
2	Beim Lesen will man immer alles verstehen.		
3	Nicht alles in einer Zeitung ist interessant.		
4	Man liest meistens alle Veranstaltungstipps in der Zeitung gründlich.		
5	Oft sucht man nur eine ganz spezielle Information.		
6	Manche Texte liest man zweimal oder dreimal.		
7	In fremdsprachigen Texten muss man alle Wörter genau verstehen.		

Wie wir lesen

Wenn wir Texte in unserer Muttersprache lesen, lesen wir meistens still. Manche Texte lesen wir langsam und gründlich, viele Texte aber nur schnell und oberflächlich: Lesen und lesen – das sind dann ganz verschiedene Dinge.

Wenn wir die Zeitung lesen, lesen wir oft „diagonal", nur die Überschriften. Wenn wir
5 eine Überschrift interessant finden, lesen wir schnell den Anfang des Zeitungsartikels. Wenn wir den Text und das Thema dann immer noch interessant finden, lesen wir langsamer und gründlicher weiter.

Den Veranstaltungskalender in einer Zeitung oder Zeitschrift lesen wir nicht von vorne
10 bis hinten. Wenn wir sowieso keine Zeit haben, lesen wir ihn gar nicht. Wenn wir Zeit haben und ausgehen wollen, überlegen wir: Was wollen wir machen?, Wann haben wir Zeit? … Dann suchen wir die passende Rubrik (z.B. Filmtipps oder Konzerttipps) und den passenden Termin. Dort lesen wir zuerst schnell alle Angebote (wir „überfliegen" sie)
15 und lesen dann die interessanten Angebote langsamer, genauer und gründlicher.

Wenn wir schon eine Veranstaltung ausgesucht haben, aber die genaue Zeit oder den Ort nicht mehr wissen, dann überfliegen wir die Veranstaltungstipps in der passenden Rubrik. Wenn wir dann ein passendes Stichwort finden (Filmtitel oder Name einer
20 Band), stoppen wir, lesen gründlich weiter und finden die gesuchte Information.

Und wenn ein Text (z.B. eine Geschichte oder ein Gedicht) sehr interessant oder wichtig für uns ist, dann lesen wir ihn auch mehrmals. Wir versuchen, alles ganz genau zu verstehen – die Informationen im Text und „zwischen den Zeilen". Wir überlegen: Was
25 will uns der Text sagen? Sind wir einverstanden mit den Aussagen? Haben wir ähnliche Erfahrungen gemacht? Finden wir die Formulierungen passend oder schön? Gefällt uns der Text? Warum (nicht)? – wir interpretieren den Text.

Beim Lesen in der Muttersprache sind wir also sehr flexibel. Aber beim Lesen in einer
30 Fremdsprache vergessen wir das oft: Wir lesen alles ganz langsam und gründlich, wollen jedes Wort genau verstehen und sagen gleich beim ersten unbekannten Wort: „Dieses Wort verstehe ich nicht. Ich verstehe überhaupt nichts. Der Text ist zu schwer." Doch auch in fremdsprachigen Texten sind oft nur ganz bestimmte Informationen wichtig –
35 wir müssen nicht immer alles verstehen. Deshalb sollten wir üben, auch in einer Fremdsprache so flexibel zu lesen wie in unserer Muttersprache.

Sind Sie einverstanden? Diskutieren Sie zu dritt oder viert.

Welche Probleme beim Lesen haben Sie? Markieren Sie.

Probleme beim Lesen

A Was soll das? Warum muss ich diesen Text lesen? Das ist oft mein Problem, wenn ich im Unterricht lesen soll. Deshalb verstehe ich die Texte dann auch nicht. ▪

B In der Aufgabe steht: „Lesen Sie die Texte. Welche Überschrift passt wo?" Die Aufgabe ist mir zu einfach. Ich kann die Aufgabe lösen, obwohl ich die Texte gar nicht richtig verstanden habe. ▪

C Das Lesen geht bei mir sehr langsam. Wenn ich einen Satz gelesen habe, haben die anderen schon den ganzen Text gelesen. ▪

D Ich soll einen Text lesen, aber ich verstehe überhaupt nichts. Wenn ich alle Wörter nachschlage, dann brauche ich mindestens eine Stunde. ▪

E In einem Text kommt ein unbekanntes Wort vor und ich weiß ganz genau: Das Wort ist wichtig. Aber ich kenne das Wort nicht. Deshalb verstehe ich dann den Text nicht. ▪

F Manchmal verstehe ich einen Text nicht, obwohl ich die meisten Wörter im Text kenne. ▪

G Meistens verstehe ich die Texte und kann die Aufgaben lösen. Aber ein paar Wörter kenne ich nicht und verstehe ich nicht. ▪

Welche Tipps passen zu Ihren Problemen? Markieren Sie.

Tipps für Lese-Profis

1 **Machen Sie den Text interessant!** Spielen Sie zum Beispiel „Hellseher" (vgl. Lerntipp im Arbeitsbuch S. 134): Lesen Sie die Überschrift und schauen Sie sich die Bilder oder Zeichnungen und das Layout an. Überlegen Sie: Was für ein Text ist das wohl? Wo findet man ihn? Was ist wohl das Thema? Was weiß ich über dieses Thema? Was steht vielleicht im Text? Jetzt sind Sie bestimmt ein bisschen neugierig auf den Text – also los!

2 **Die Aufgaben sind wichtig!** Und wenn Sie die Aufgabe lösen können, dann haben Sie natürlich auch etwas verstanden. Die Aufgaben helfen Ihnen, auch bei schwierigen Texten etwas zu verstehen – manchmal ganz konkrete Informationen, manchmal nur das allgemeine Thema oder die Textsorte, manchmal ein paar wichtige Aussagen. Vergessen Sie deshalb beim Lesen nie die Aufgaben, dann ist es leichter. ▪

3 **Achten Sie auf internationale Wörter und Wortfamilien!** Beim ersten Lesen helfen „internationale Wörter", die Sie schon aus anderen Sprachen kennen. Bei einigen neuen Wörtern kennen Sie zwar nicht das Wort im Text (z. B. „unblutig" oder „Langsamkeit"), aber ein anderes Wort aus der Wortfamilie (also „Blut"/„blutig" und „langsam") und können deshalb die Bedeutung raten. ▪

4 **Sie kennen ein Wort nicht?** Raten Sie mal! Greifen Sie nicht immer gleich zum Wörterbuch – das dauert viel zu lange und ist oft nicht nötig. Wenn das Wort wichtig ist, lesen Sie noch einmal den Satz davor und lesen Sie dann noch ein Stück weiter: Oft kommt eine Erklärung für ein Wort erst später. Bei vielen Wörtern können Sie raten, was für ein Wort es sein muss: ein Name, ein Ort, eine Zeitangabe … Und denken Sie immer daran: Sie müssen nicht alle Wörter verstehen, um die Aufgabe zu lösen! ▪

5 **Machen Sie ein Textgerüst!** Nehmen Sie ein großes Blatt Papier und malen Sie mit Stichworten ein Bild von der Struktur des Textes. Achten Sie dabei auf die Wörter, die Sätze und Satzteile verknüpfen: Konjunktionen wie „und", „aber", „oder", „weil", „obwohl", „dass", „deshalb" und Pronomen oder Artikel wie „sie", „ihnen", „unsere", „kein". Sie helfen Ihnen, die Struktur des Textes zu malen – und so zu verstehen. ▪

6 **Benutzen Sie das Wörterbuch!** Aber nur, wenn das Wort wirklich wichtig ist und Raten nicht weiterhilft. Vorsicht: Viele Wörter haben nicht nur eine Bedeutung. Lesen Sie alle Erklärungen im Wörterbuch und versuchen Sie, die passende Bedeutung zu finden. ▪

7 **Machen Sie eigene Aussagen!** Kombinieren Sie alle bekannten Wörter und überlegen Sie: Wie können die Wörter einen Sinn ergeben? Probieren Sie verschiedene Möglichkeiten aus und vergleichen Sie immer wieder mit dem Text – so findet man oft eine Lösung. Vergleichen Sie dann mit anderen Ihre Ideen und Lösungen. ▪

8 **Trainieren Sie „Schnell-Lesen"!** Üben Sie zum Beispiel „Lese-Raten" (vgl. Lerntipp im Kursbuch S. 92) oder „Wortsuche": Lesen Sie einen Text, den Sie vorher schon einmal gelesen haben. Unterstreichen Sie dabei alle Wörter, die Sie schnell erkennen. Machen Sie dann eine Liste von „schwierigen" Wörtern, die Sie trainieren möchten. Lesen Sie einen anderen Text und suchen Sie dort ein oder zwei Wörter aus Ihrer Liste. ▪

9 **Herzlichen Glückwunsch!** Wenn Sie die Aufgaben lösen konnten, haben Sie das Wichtigste verstanden und sind auf dem besten Wege, auch in der Fremdsprache ein guter Leser zu werden ▪

Diskutieren Sie zu dritt. Welche Probleme haben Sie beim Lesen?
Wie finden Sie die Tipps? Kennen Sie weitere Tipps?

Der Ton macht die Musik

Hören und vergleichen Sie.

Hauchlaut [h]	Neueinsatz [|]
Halt!	alt
Hände	Ende
hier	ihr
hofft	oft
Hund	und
Haus	aus
heiß	Eis

Üben Sie das „h".

Tief atmen:
Atmen Sie tief durch die Nase ein und durch den offenen Mund wieder aus.

Hauchlaut „h" = [h]
Halten Sie einen Spiegel vor den Mund und hauchen Sie beim Ausatmen den Spiegel an: Der Spiegel „beschlägt".
„hhhhhhhhhhhhh"

Atmen Sie aus, fühlen Sie den warmen Atem an der Hand und beenden Sie das Ausatmen mit „a":
„hhhhhaaaaaaaa"
Sagen Sie: hhhaus, hhaus, Haus

Sagen Sie: Hanna, hat, heute, Husten – Hanna hat heute Husten
Heinz, holt, Hanna, Hustentropfen – Heinz holt Hanna Hustentropfen.

Wo hört man [h]? Hören Sie, sprechen Sie nach und markieren Sie.

	[h]	kein [h]		[h]	kein [h]
Hals	X		frü-her		
F<u>ah</u>-rer		X	ge-hen		
Flug-hafen	X		heißen		
Hallo			W<u>oh</u>-nung		
J<u>ah</u>r			S<u>ah</u>-ne		
S<u>oh</u>n			hören		
helfen			wo-h<u>i</u>n		
wo-h<u>er</u>			Fl<u>oh</u>-markt		
heute			R<u>u</u>-he		
F<u>eh</u>-ler			Husten		
An-hang			N<u>ä</u>-he		

Ergänzen Sie.

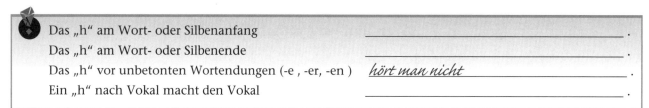

Das „h" am Wort- oder Silbenanfang	_____.
Das „h" am Wort- oder Silbenende	_____.
Das „h" vor unbetonten Wortendungen (-e , -er, -en)	*hört man nicht* _____.
Ein „h" nach Vokal macht den Vokal	_____.

C 4

Wo hört man das „h"? Markieren Sie.

geh nach <u>H</u>ause ◆ gleich <u>h</u>alb zehn ◆ haben Sie hier auch Hüte? ◆ halb so alt wie Hans ◆
hilf mir doch mal ◆ hol dir Halstabletten ◆ ich habe Husten ◆
ich heiße Anna Hortmann ◆ lass mich in Ruhe ◆ nach Hamburg oder Heidelberg ◆
sehr höflich und zurückhaltend ◆ sehr hübsche Schuhe ◆ sind Sie Hanna Ortmann? ◆
stehen mir die Schuhe? ◆ wie alt ist Hanna? ◆ wie findest du Herrn Huber? ◆ wie viel Uhr ist es? ◆
wohin fahrt ihr? ◆ wir führen nur Hemden und Hosen ◆ hilf dir selbst

4/32

Hören Sie, sprechen Sie nach und vergleichen Sie.
Üben Sie zu zweit und machen Sie kleine Dialoge.

Guten Tag, haben Sie hier auch Hüte?

Tut mir Leid, wir führen nur Hemden und Hosen.

C 5
4/ 33-36

Hören und sprechen Sie.

Leben zwischen -heit und -keit

Kindheit: Freiheit,
Sicherheit und Fröhlichkeit,
Tollheiten, Dummheiten,
Direktheit und Echtheit.

Unabhängigkeit: Unsicherheit,
Möglichkeiten, Gelegenheiten,
Grobheiten, Gemeinheiten,
Verliebtheiten und Peinlichkeiten.

Hochzeit: Zufriedenheit,
Herzlichkeit und Schönheit,
Verschiedenheiten, Schwierigkeiten,
Bekanntheit und Gewohnheit.
Gemütlichkeit, Bequemlichkeit,
Klarheiten, Wahrheiten.

Krankheit: Unmöglichkeit,
Gesundheit eine Seltenheit,
Traurigkeit, Müdigkeit,
dann Dunkelheit und Freiheit.

Erziehung

Hör auf! Hör zu!
Sei ruhig! Lass mich in Ruh'!
Geh weg! Komm her!
Erziehung ist schwer!

Gute Besserung!

Ich habe Husten,
du hast Husten,
er hat Husten und
sie hat auch Husten.
Wir haben Husten,
ihr habt Husten,
sie haben Husten und
Sie haben auch Husten.

Guten Appetit

Heut' hab' ich Hunger
auf Kohlrouladen:
Zwiebeln hacken,
Hackfleisch in Weißkohl,
heißes Öl,
Brühe mit Mehl
und viel Sahne.
Hmhmhm – herrlich!

Lösungsschlüssel

Lektion 1

A1 Guten Morgen. / Guten Tag. / Wie geht es Ihnen? / Gut, danke.
Hallo, wie geht's? / Danke, gut.

A2 Hallo Nikos. / Hallo Lisa! Hallo Peter! / Wie geht's? / Danke, gut.
Entschuldigung, sind Sie Frau Yoshimoto? / Ja. / Guten Tag, mein Name ist Bauer. / Ah, Frau Bauer! Guten Tag. / Wie geht es Ihnen? / Gut danke.

A3 Guten Morgen. / Guten Tag. / Wie geht es Ihnen? / Danke, gut. Und Ihnen? / Auch gut, danke.

B1 Meier, Doris, Meier, Julia

B2 2 B per Sie 3 C per du

B3 per du: A, B; per Sie: C, E, F; per du oder per Sie: D, G, H

B4 … Weininger. … Sie? / … Spät. / … Daniel. … du? / Eva.

B5 Wie heißen Sie? Wie heißt du? Ich heiße Nikos. Ich heiße Werner Raab.

C1 Österreich, Frankreich, China, England, Argentinien, Deutschland, Brasilien, Australien, Türkei, Schweiz, Kanada, Japan, Griechenland

C2 Kommst du aus <u>Ö</u>sterreich? / <u>Nein</u>, ich komme aus der <u>Schw</u>eiz. Und <u>du</u>? Woher kommst <u>du</u>? / Ich komme aus <u>Ka</u>nada, aus To<u>ron</u>to.
Woher <u>kom</u>men Sie? / Ich komme aus <u>Frank</u>reich? / Und Sie? Kommen Sie aus <u>Deutsch</u>land? / <u>Ja</u>, aus <u>Köln</u>.

C3 Beruf, Frau, Hallo, Herr, kommen, Lehrer, Polen, Was, Woher, danke, gut, heißen, Kellner, Land, Name, Türkei, Wie
Name: Frau, Herr, heißen; *Land*: kommen, Polen, woher, Türkei; *Beruf*: Lehrer, was, Kellner

C4 Frau …: Jablońska, Wang, Kahlo
Herr …: Márquez, Born, Palikaris

C6 siehe Kasten C4

C7 Sind, kommst, Kommen, sind, Bist

C8 2↘ 3↗ 4↘ 5↘ 6↗ 7↘ 8↗ 9↘ 10↗ 11↘ 12↗
W-Frage und Aussagen: ↘
Ja/Nein-Fragen und Rückfragen: ↗

D1 Vorwahl von Deutschland: 0049

D2 fünf, elf, dreiundvierzig, zwanzig, sechzehn, sechs, neunzehn, achtzig: Flugzeug

D3 3, 20, 13, 40, 50, 16, 70, 80, 19, 34, 76, 98

D4 7, 23, 19, 49, 34, 42

D5 3, 7, 20, 26, 29, 42, Zusatzzahl 32, Superzahl: 1; 2 richtige Zahlen

E1 1 b 2 b 3 b 4 a 5 a

F2 Hallo, danke, das, Name, macht, die, ist, woher, kommen, was, sind, Ihnen, hier, ich, Fahrer, Lufthansa, Entschuldigung, richtig, Flugsteig, Morgen, jetzt, alle

G1 *Brasilien* – Portugiesisch; *China* – Chinesisch; *Deutschland* – Deutsch; *Frankreich* – Französisch, *Griechenland* – Griechisch; *Italien* – Italienisch; *Kanada* – Englisch und Französisch; *Kenia* – Suaheli und Englisch; *Marokko* – Arabisch und Französisch; *Österreich* – Deutsch; *Portugal* – Portugiesisch; *Polen* – Polnisch; *Schweiz* – Deutsch, Französisch und Italienisch; *Spanien* – Spanisch; *Türkei* – Türkisch

G2 Kindergarten C, (Sauer)Kraut F, Schnitzel B, Zickzack D, Walzer A, Bier E

G3 *die:* Nummer, Information, Frage, Übung; *der:* Flughafen, Name, Beruf, Pass; *das:* Rätsel, Wort, Taxi, Land

H1 Entschuldigung, ich suche Olympic Airways. / Halle B, Schalter 55. / Danke.
Guten Tag. Ich möchte bitte ein Ticket nach Athen. / Athen, kein Problem. Und wie ist Ihr Name, bitte? / Weininger, Max Weininger. / … So, Ihr Ticket, Herr Weininger. Gehen Sie bitte gleich zu B 46. / B 46. Danke. Auf Wiedersehen. / Auf Wiedersehen und guten Flug.

H3 … in die USA und nach Südamerika, 1 253 Starts, Landungen und 135 000 Passagiere, 81 Millionen, wichtigsten, nur 12 S-Bahn-Minuten, 460 Firmen und Behörden, 62 000 Arbeitsplätze, Landebahn

I (Guten Tag.) Wie geht es Ihnen? / Danke, gut.
Name: Wie heißen Sie? Wie heißt du? / Ich heiße … / Mein Name ist …
Land: Woher kommen Sie? Woher kommst du?/ Ich komme aus …
Beruf: Was sind Sie von Beruf? Was bist du von Beruf?/ Ich bin (Berufsbezeichung ohne Artikel).
Verben: kommen, sein
W-Fragen: Position 2; *Aussage:* Position 2; *Ja/Nein-Frage:* Position 1
Zahlen: null, (eins), zwei, drei, vier, fünf, sechs, sieben, acht, neun, zehn, elf, *zwölf*, drei*zehn*, vier*zehn*, fünf*zehn*, *sechzehn, siebzehn,* achtzehn, neunzehn *zwanzig*, ein*undzwanzig*, zweiund*dreißig*, dreiund*vierzig*, vierund*fünfzig*, fünfund*sechzig*, sechsund*siebzig*, siebenund*achtzig*, achtund*neunzig*, … neun*und*neun*zig*, (ein)hundert
Wortakzent: danke, Name, heiße, komme / Beruf, woher, wohin, / Französisch, Entschuldigung, Familienname Tschüs!

Lektion 2

A1 *17* siebzehn, *60* sechzig, *66* sechsundsechzig, *70* siebzig, *98* achtundneunzig, *134* (ein)hundertvierunddreißig, *277* zweihundertsiebenundsiebzig, *391* dreihunderteinundneunzig, *409* vierhundertneun, *615* sechshundertfünfzehn, *856* achthundertsechsundfünfzig

A2

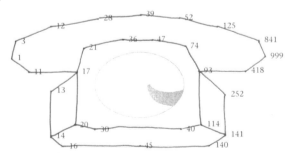

A4 FAZ die Frankfurter Allgemeine Zeitung; ICE der Inter City Express; KFZ das Kraftfahrzeug; ZDF das Zweite Deutsche Fernsehen; GB der Gewerkschaftsbund; VHS die Volkshochschule; EU die Europäische Union; VW der Volkswagen

A8 2b 3b 4a 5a 6a 7a 8b 9a

B1 1, 2, 3, 7, 10, 5, 9, 8

B2 1 Antonio und Ricarda sind 2 Anja ist …, Ricarda ist …, sind … 3 Anja ist …, Ricarda ist …, Antonio und Oliver sind … 4 Antonio und Oliver sind …, Anja und Ricarda sind … 5 Anja und Antonio haben …, Oliver und Ricarda haben … 6 Anja und Oliver haben …, Antonio und Ricarda haben ….

B3 1 sind, Seid 2 Antonio: ist, sind, haben 3 Ricarda: ist, bin, seid 4 Anja: bin, ist 5 Antonio: Bist, Hast 6 Oliver: bin, habe, hat, Habt 7 Ricarda: ist, hat, bin, habe …

C1 geht, gehe, arbeitet, kommst

C4 *ich* -e, *du* -st, *er, sie, es* -t, *wir* -en, *ihr* -t, *sie* -en, *Sie* -en
1 Verb-Endung 2 -en, -t 3 -t

C5 Kommen, Sind / wohne / wohnen, ist arbeitet, Kommen, Kommt / kommen, sind, Bist / bin, / Arbeitest / arbeite, wohnen / sind, wohnen

D1 *Eine* Zahl, ein Dialog und ein Formular sind auf der Meldestelle.
„Guten Tag, mein Name ist 38", sagt *die* Zahl. „Guten Tag", sagt die Angestellte. „Sie sind *eine* Zahl? Das ist gut. – Zahlen sind hier immer willkommen. Wie heißt Ihr Partner? Alter, oder Hausnummer, oder Postleitzahl, oder … ?" „Ich bin nicht verheiratet", sagt *die* Zahl. „Oh nein!", sagt *die* Angestellte. „ *Eine* ledige Zahl? Das geht nicht! Auf Wiedersehen!" Traurig geht *die* Zahl nach Hause.
„Hallo, wie geht's?", sagt *der* Dialog. „Guten Tag. Wie ist Ihr Name?", sagt *die* Angestellte. „Ich weiß nicht," sagt *der* Dialog. „Ich bin *ein* Dialog." „So, so", sagt *die* Angestellte."
„Und wo wohnen Sie?" „Hier!", sagt *der* Dialog. „Oh nein!", sagt *die* Angestellte. „ *Kein* Name? Das geht nicht! Auf Wiedersehen!" Traurig geht *der* Dialog nach Hause.
„Guten Tag! Bin ich hier richtig?", fragt *das* Formular. „Sie sind *ein* Formular? Sehr gut.", sagt *die* Angestellte. „Und wie heißen Sie?" „Ich heiße »Anmeldung«", sagt *das* Formular. „Oh, wie schön!", sagt die Angestellte, „da sind Sie hier richtig. – Formulare sind hier immer richtig."
Deshalb sind auf der Meldestelle viele Formulare, aber *keine* Dialoge, und nur verheiratete Zahlen.

D2 *die:* eine / *der und das:* ein, kein / *die:* keine
In Texten, Dialogen … steht zuerst der unbestimmte Artikel, dann der bestimmte Artikel.

D3 2 ein Bild 3 ein Dialog 4 ein Fahrer 5 die Kursliste 6 das Formular 7 die Adresse 8 das Foto 9 ein Telefon

E1 4 in Sachsen 5 Gris Gott 2 Norddeutschland 3 Österreich

E2 3 du 2 Sie 4 Sie 5 du

E3 Tschüs / Auf Wiedersehen, (Danke,) gut., Hallo. / Guten Tag.

F1 1 Würstchen 2 Eier 3 Kuchen 4 Gulaschsuppe 5 Orangensaft 6 Mineralwasser 7 Apfelsaft 8 Käsebrot 9 Rotwein, Weißwein 10 Tee 11 Cola 12 Salat 13 Bier 14 Schinkenbrot 15 Kaffee
Orangensaft, Mineralwasser

F2 *Gast 1:* Käsebrot und Bier, *Gast 2:* Salat mit Ei und ein Mineralwasser

G2 lang, lang, kurz, kurz

H1 eine Werbung, ein Sportverein

H2 1 die Montagsgruppe 2 die Spielgruppe

I Woher kommt er? Wie alt ist er? Was ist Herr Palikaris von Beruf? Wann ist er geboren? Wo wohnt er? Wo arbeitet Frau Barbosa? Wie ist ihre Telefonnummer? Wie lange ist sie (schon) in Deutschland? Was spielt ihr? Was möchten Sie gern?

Lektion 3

A1 Russland: Rubel; Schweiz: Franken; USA: Dollar; Indien: Rupien; Tunesien: Dinar; Ägypten: Pfund; Deutschland: Euro; Norwegen: Kronen; Südafrika: Rand; Japan: Yen; Chile: Pesos

A2 2 650, 40 000, 5 312, 9 220, 8 800

A3 1 89 000 2 300 3 7 790 569 4 630 800 5 25 000

B2 der Schreibtisch; das Hochbett; der Kleiderschrank; der Küchenschrank; der Gartenstuhl; das Einbauregal

B3 altmodisch, bequem, ganz hübsch, günstig, interessant, langweilig, modern, nicht billig, nicht schlecht, nicht so schön, originell, praktisch, sehr günstig, super, unbequem, unpraktisch, zu teuer

B4 unbequem, teuer/nicht billig, hässlich/nicht so schön, interessant, unpraktisch, nicht so schön, langweilig (andere Lösungen möglich)

B5 2 Hübsch? Das finde ich nicht so schön. 3 Praktisch? Das … unpraktisch. 4 Bequem? Den … unbequem. 5 Günstig? Die … teuer. 6 Interessant? Den … langweilig. 7 Teuer? Die … günstig. 8 Nicht so schön? Den … super. 9 Langweilig? Die … interessant. 10 Super? Die … langweilig.
Nominativ: die … der … das … die … / *Akkusativ:* die … den … das … die …
1 *Nominativ:* der *Akkusativ:* den … *gleich:* f, n *und* Plural
2 *Verb mit Akkusativ:* finden; *Verb ohne Akkusativ:* sein

B6 Warum fragst du nicht die Verkäuferin? / Entschuldigung. Wir suchen ein Hochbett. / Betten finden Sie im ersten Stock. Wie findest du die Schreibtischlampe? Ist die nicht schick?/ Die ist zu teuer. Die kostet ja fast 150 Euro! / Entschuldigung. Haben Sie auch einfache Schreibtischlampen? / Nein, tut mir Leid. Wir haben nur Markenfabrikate. Guten Tag. Wo sind denn hier Gartenmöbel, bitte? / Die sind gleich hier vorne. Wir suchen ein paar Stühle. Haben Sie auch Sonderangebote? / Ja, natürlich. Wie findest du die Stühle hier? Sind die nicht praktisch? / Die finde ich nicht schlecht … Nein! Die sind unbequem. / Wir brauchen aber neue Gartenstühle.

B7 A: Wir suchen ein Hochbett. Wir haben nur Markenfabrikate. Wir suchen ein paar Stühle. (Wir brauchen aber neue Gartenstühle.)
B: Betten finden Sie im ersten Stock. Die finde ich nicht schlecht.
C: Warum fragst du nicht die Verkäuferin? Wie findest du die Schreibtischlampe? Wie findest du die Stühle (hier)?
D: Haben Sie auch einfache Schreibtischlampen? Haben Sie auch Sonderangebote?

B9 eine Einbauküche, einen Schreibtisch, ein Ledersofa, einen Sessel, einen Beistelltisch, einen Kombi-Schrank, ein Regal-System, – Teppiche und – Lampen
Nominativ: eine, ein, ein, – / *Akkusativ:* eine, einen, ein, – / *Akkusativ:* einen

C1 **5** eine Bügelmaschine **6** keinen Herd **7** keinen Kühlschrank **8** eine Mikrowelle **9** eine Tiefkühltruhe **10** kein Bücherregal; **11** eine Stereoanlage **12** keinen CD-Player **13** kein Telefon **14** keinen Video-Recorder **15** keinen Fotoapparat **16** keinen Fernseher **17** ein Fax-Gerät **18** ein Handy **19** einen Computer **20** eine Videokamera **21** ein Fahrrad **22** einen Wohnwagen **23** ein Auto **24** keinen Führerschein.

C2 *Waagrecht*: **2** Fotoapparat **4** Fahrrad **5** Kühlschrank **7** Stereoanlage **9** Staubsauger **11** Computer *Senkrecht*: **1** Wohnwagen **2** Fernseher **3** Mikrowelle **6** Telefon **8** Handy **10** Auto

C3 *fast alle*, über 80%, etwa 80%, fast 80%, drei Viertel, zwei Drittel, *über die Hälfte*, fast die Hälfte, *ein Drittel*, ein Viertel, *etwa ein Viertel*, nur wenige

D1 4. Stock: Betten, Bilder, Sessel, Sofas, Stehlampen, Stühle, Teppiche
3. Stock: Computer, Fernseher, Fotoapparate, Handys, Stereoanlagen, Videokameras
2. Stock: Fahrräder, Jogginganzüge
1. Stock: Mäntel
Erdgeschoss: Kulis, Wörterbücher, Zeitungen
Untergeschoss: Kühlschränke, Spülmaschinen, Staubsauger
Teppich*e*, Bett*en*, Stehlamp*en*, Bild*er*, Schal*s*, Staubsauger

D3 -*e/-̈e*: der Kühlschrank, der Stuhl, der Teppich, der Topf, der Jogginganzug / -*(e)n*: die Spülmaschine, die Stehlampe, die Stereoanlage, die Zeitung / -*er/-̈er*: das Wörterbuch / -*s*: das Handy, der Kuli, das Sofa, die Videokamera / -/-̈ : der Mantel, der Sessel, der Staubsauger
1 a / o = der Topf, die Töpfe / u = der Stuhl, die Stühle **2** die Spülmaschine **3** der Computer

D6 Guten Tag. Kann ich Ihnen helfen? / Ja, bitte. Ich suche ein Handy. / Handys sind gleich hier vorne. Was für eins suchen Sie denn? / Ich weiß auch nicht genau. Entschuldigung. Haben sie hier keine Computer? / Doch, natürlich. Computer finden Sie da hinten rechts. Fragen Sie doch bitte dort einen Verkäufer. / Vielen Dank.

E1 *a*: Land, Plan, Glas, Mantel, Schrank / *ä*: Länder, Pläne, Gläser, Mäntel, Schränke / *o*: Ton, Topf, Wort, froh, schon / *ö*: Töne, Töpfe, Wörter, fröhlich, schön

E2 **1** b, c **2** a, c **3** a, b **4** a, b **5** a, b

E4 Gläser, Glas; Fahrrad, Fahrräder; männlich, Mann; ganz, ergänzen; nämlich, Name; Tag, täglich

E5 möchte, hören, Töpfe, öffnen, Töne, Französisch, schön, Möbel, zwölf, höflich

F1 Waschmaschine 1090, Computer 8300, Fernseher 1700, Einbauküche 1030, Kühlschrank 1080, Stehlampe 1290, Sessel 1200, Sofa 1200, Tisch 1220

F3 EBK: Einbauküche; f.: für; gt. Zust.: guter Zustand; kl.: klein; m.: mit; NP: Neupreis; Proz.: Prozent; u.: und; VB: Verhandlungsbasis; WaMa: Waschmaschine

G1 **3** B **4** A **5** A **6** A **7** B **8** A **9** B **10** A **11** B **12** A

G2 **3** sagt **4** Sprechen **5** sagen **6** sprichst **7** sagen **8** Sprechen **9** spreche **10** sagen

G3 **1** sprechen **3** sagt **4** sprechen **5** finde **6** finde **7** sagt **8** sage **9** finde **10** sagt **11** sprichst **12** findest **13** sagt **14** sagt

H2 **1**b **2**a **3**b **4**b **5**b **6**a

I Regeln für den Akkusativ: s. Kursbuch S. 33, Arbeitsbuch S. 36 ff

Lektion 4

A3 Du schenkst ihr … / Sie schenkt ihm …/ Er schenkt euch …/ Ihr schenkt ihnen …/ Sie schenken uns …/ Ich schenke Ihnen gern …
ich/mir, du/dir, er/ihm, sie/ihr, es/ihm, wir/uns, ihr/euch, sie/ihnen, Sie/Ihnen

A4 **2** Daniel schenkt ihr einen Volleyball. **3** Ich gebe euch einen. **4** Anna kauft ihm ein Überraschungsei. **5** Gibst du uns dein Auto? **6** Ich schenke Ihnen gern ein paar Pralinen. **7** Gibst du ihnen die Telefonnummer?
schenken, geben / Person / links

B1 **1** D im Supermarkt **2** E auf dem Flughafen **3** A im Möbelhaus

B3 Du gibst – ich nehme, du nimmst – ich gebe: wir tauschen./ Du gibst – sie nimmt, du nimmst – sie gibt: ihr tauscht. / Sie gibt – er nimmt, sie nimmt – er gibt: sie tauschen. / Wir geben – ihr nehmt, wir nehmen – ihr gebt: wir tauschen. / Ihr gebt – sie nehmen, ihr nehmt – sie geben: ihr tauscht. / Und Sie? Geben Sie? Nehmen Sie? Tauschen Sie auch? Ich esse, also bin ich. / Du bist, also isst du. / Er isst, also ist er. / Sie ist, also isst sie. / Wir essen, also sind wir. / Ihr seid, also esst ihr. / Sie sind, also essen sie. / Sie essen, also sind Sie. / Man ist, also isst man – oder isst, also ist man? Ich helfe dir (und du hilfst mir, / sie hilft ihm) und er hilft ihr, / wir helfen euch und ihr helft uns, / sie helfen Ihnen / und Sie helfen ihnen.
du gibst, nimmst, sprichst, hilfst, isst / *er, sie, es* gibt, nimmt, spricht, hilft, isst

C1 Öl, Pfeffer, Waschpulver, Pizza, 2 l Milch, Mehl

C2 **1** b **2** b **3** b **4** a **5** a **6** b

C3 6,20 € = sechs Euro zwanzig; 2,60 € = zwei Euro sechzig; 3 l = drei Liter; 1/2 kg = ein halbes Kilo; 0,5 l, 1/2 l = ein halber Liter; 5 kg = fünf Kilo; 250 g = ein halbes Pfund; 500 g = ein Pfund; 6,20 = sechs zwanzig; 0,79 € = neunundsiebzig Cent; 250 g = zweihundertfünfzig Gramm; 620 € = sechshundertzwanzig Euro

C5 *Backwaren*: Brot, Mehl, Zucker; *Fleischwaren*: Salami, Schinken, Würstchen; *Gemüse*: Kartoffeln, Salat, Tomaten; *Getränke*: Bier, Mineralwasser, Wein; *Gewürze*: Curry, Pfeffer, Salz; *Haushaltswaren*: Klopapier, Putzmittel, Waschmittel; *Käse*: Camembert, Gouda; *Milchprodukte*: Butter, Joghurt, Milch; *Obst*: Bananen, Orangen; *Spezialitäten*: Erdnuss-Öl, Sardellen, Jasmintee; *Süßwaren*: Bonbons, Kaugummis, Kuchen, Schokolade; *Tiefkühlkost*: Eis, Pizza; *andere Lebensmittel*: Fisch, Reis

C7 **1** K Entschuldigung, können Sie mir helfen? / V Aber natürlich. *Was suchen Sie denn?* / K Die Leergut-Annahme. / V Die ist gleich *hier vorne rechts*, bei den Backwaren./ K Danke. / V *Bitte, bitte.*
2 K Entschuldigen Sie, *wo finde ich hier* Fisch? / V Den bekommen Sie bei *der Tiefkühlkost*, im nächsten Gang links. / K *Gibt es hier keinen frischen* Fisch? / V Nein, tut mir Leid.
3 V Kann ich Ihnen helfen? / K Ja, bitte. *Ich suche* Waschpulver. / V *Da sind Sie hier falsch.* Waschpulver gibt es bei den Haushaltswaren. / K Haushaltswaren? *Wo ist das, bitte?* / V *Ganz da hinten*, im letzten Gang. / K *Vielen Dank!* / V Nichts zu danken.

C8 **2** g + d, g + k **3** e + f **4** e + f, l **5** c + l, c + e, c + f, h **6** b + i

D1 **1** u **2** ü **3** u **4** u **5** ü **6** u **7** ü **8** u **9** ü **10** ü **11** u **12** ü **13** u **14** ü **15** ü **16** ü **17** u **18** u **19** u **20** ü **21** u **22** ü **23** ü **24** u

D2 süß, Stück, fünf, üben, Tür, über, flüstern, Gemüse, Würstchen, Bücher, Küche, Tüte, für, wünschen, Stühle, gemütlich, günstig, natürlich

E1 Nein,↗ das ist ein bisschen <u>viel</u>.↘ / Ja,↗ ein Pfund Tom<u>a</u>ten, bitte.↘ / Haben Sie Jas<u>min</u>tee?↗ / Nein, <u>danke</u>.↘ Was kostet denn das <u>Bauern</u>brot da?↘ / Ja, <u>gut</u>.↘ Aber bitte nur ein <u>Pfund</u>.↘ / Nein, <u>danke</u>.↘ / Das <u>wär's</u>.↘ / <u>Hier</u> bitte,→ 20 <u>Euro</u>.↘ / Ja, <u>bitte</u>.↘ ... <u>Danke</u>.↘ ... <u>Wieder</u>sehen!↘

E2 Haben Sie – Fisch? Haben Sie – Kandiszucker? Ich suche – Curry. <u>Einen Kasten</u> Mineralwasser, bitte. Ich hätte gern <u>3 Kilo</u> Kartoffeln. <u>Zehn</u> Eier, bitte. Was kostet <u>das</u> Brot? Ich möchte <u>drei</u> Joghurts. Ich suche – Kräutertee. Was kosten <u>die</u> Eier? Ich hätte gern <u>2 Dosen</u> Tomaten. Was kostet <u>der</u> Kaffee? Ich möchte <u>ein Viertel</u> Salami. <u>Zwei Liter</u> Milch, bitte.

ohne, mit, Artikel, Zahl, mit

E4 1 Pfund: eine Maßeinheit, keine Verpackung 2 Flasche: eine Verpackung, keine Maßeinheit 3 Tomaten: ein Gemüse, kein Getränk 4 Salami: eine Wurstware, kein Milchprodukt 5 Luftballon: ein Spielzeug, keine Süßware 6 Kartoffeln: ein Gemüse, kein Obst 7 Wein: ein Getränk, kein Gewürz

F1 1 das Fleisch + die Waren 2 die Vanille + das Eis 3 das Spielzeug + das Auto 4 die Luft + der Ballon 5 das Klo + das Papier 6 der Toast + das Brot 7 die Butter + der Käse 8 der Apfel + der Kuchen 9 die Orange(n) + der Saft 10 der Verein (s) + das Lokal 11 die Praline (n) + die Schachtel 12 der Hammel + das Fleisch
Bei Komposita bestimmt das *letzte* Wort den Artikel.

F2 1 das Wörterbuch 2 die Kaffeemaschine 3 das Möbelhaus 4 die Gemüsesuppe 5 die Zigarettenschachtel 6 das Überraschungsei 7 das Käsebrot 8 die Buttermilch 9 die Haustür 10 das Weinglas 11 die Salzstangen 12 der Küchentisch
Bei Komposita hat fast immer das *erste* Wort den Wortakzent.

G1 Geld: E Lebensmittel, ...: C, D, F Kommunikation: A, B
1 E 2 F 3 C 4 D 5 A 6 B

G2 Spiegel online ...: A Probieren Sie ...: F Du willst fit sein? ...: C

G3 2 Machen Sie mehr aus Ihrem Geld – sprechen Sie mit Experten! 3 Kommt zu uns in den Verein! 4 Geh nicht nach Amerika – flieg mit uns! 5 Gebt den Tieren eine Chance! 6 Arbeiten Sie nicht so viel – machen Sie Urlaub! 7 Schenken Sie ihr nicht einfach nur Pralinen! 8 Sei nett – sag „Ja"! 9 Nehmen Sie nicht irgendwas – nehmen Sie Persil! 10 Bestellen Sie ganz bequem von zu Hause! 11 Nutz die Chance – spiel Lotto! 12 Seid cool – trinkt Milch!

G4 1 Kommen Sie zur Party? 2 Nehmen Sie eine Gulaschsuppe! 3 Trinken Sie Buttermilch? 4 Kaufen Sie „das inserat"! 5 Spielen Sie Lotto! 6 Machen Sie einen Deutschkurs? 7 Bezahlen Sie mit Scheck! 8 Fliegen Sie nach Australien?

H1 1a 2a 3a, 4b

H2 1 Obst & Obstsäfte 2 Brot & Gebäck 3 Gemüse & Blumen 4 Spezialitäten 5 Honig & Marmeladen 6 Fleisch & Wurst 7 Milch & Milchprodukte 8 Wein & Spirituosen

H3 1 die Jahreszeit 2 frisch aus dem Garten und vom Feld 3 Äpfel, Birnen, Orangen 4 hier: aus Hessen 5 frisch aus dem Ofen 6 gute Qualität 7 jeden Tag 8 schmeckt sehr gut 9 Camembert, Butterkäse, Gouda 10 wie vor 100 Jahren

I *Einkaufen*: Entschuldigung. Wo gibt es Hefe? / Können Sie mir helfen? Ich suche Hefe.
Haben Sie Erdnussöl, Kandiszucker ...?
Ich möchte 200g Gouda, bitte.
Tut mir Leid. Wir haben heute keinen Gouda.
Ergänzen: wir euch, sie ihm, du ihr, sie mir, er uns, sie dir, Sie mir
ihm, ihnen, mir, uns
Verben: s. Arbeitsbuch S. 50
Imperativ: Schau doch ins Wörterbuch. / Bestell dir doch einen Salat. / Kauf ihr doch Blumen. / Setzt euch doch. / Nehmt doch noch ein Stück Kuchen (eine Tasse Kaffee). / Bleibt doch noch etwas.

Lektion 5

A1 1 Journalistin 2 Fotografin 3 Automechaniker 4 Arzthelferin 5 Hausmann 6 Sekretärin 7 Bankkauffrau 8 Hotelfachfrau 10 Kamerafrau 11 Taxifahrer 12 Friseur

A2 2 Friseur: Dialog 1 3 Fotografin: Dialog 2 4 Sekretärin: Dialog 5 5 Automechaniker: Dialog 3 6 Arzthelferin: Dialog 6

A3 Friseur, Journal<u>i</u>stin, Hot<u>e</u>lfachfrau, <u>Au</u>tomechaniker, <u>Ka</u>merafrau, Fotograf, T<u>a</u>xifahrer, <u>Hau</u>smann, <u>Ba</u>nkkauffrau, Ingeni<u>eu</u>r, Sekret<u>ä</u>rin, <u>A</u>rzthelferin, Sch<u>au</u>spieler, F<u>u</u>ßballspieler, <u>Ä</u>rztin, F<u>o</u>tomodell, L<u>o</u>kführer, W<u>e</u>rbekauffrau, Fl<u>u</u>gbegleiterin, K<u>e</u>llner

A4 1a 2b 3a 4b 5a 6a

A5 Kameramann, Schauspieler, Fußballspieler, Opa
kann, muss, möchte, kann, muss, möchte, muss, möchte, muss, kann

A6 in Deutschland, bei (der) Lufthansa, im Sportstudio, im Hotel, in Lissabon, bei Taxi-Schneider, in Halle, in der Taxi-Zentrale, im Gasthaus, im Taxi, beim Schiller-Theater in Wuppertal, beim Fernsehen, im Theater

B1 1 in die Disko gehen 2 in die Oper gehen 3 ins Kino gehen 4 in die Stadt gehen 5 ins Theater gehen 6 ins Museum gehen 7 ins Konzert gehen 8 Fußball spielen 9 Karten spielen 10 Tennis spielen 11 fotografieren 12 joggen 13 schwimmen 14 Musik hören 15 Fahrrad fahren 16 lesen 17 spazieren gehen

B3 18.30 Uhr: Es ist achtzehn Uhr dreißig. / 15.20 Uhr: Es ist fünfzehn Uhr zwanzig. / 7.40 Uhr: Es ist sieben Uhr vierzig. / 19.40 Uhr: Es ist neunzehn Uhr vierzig. / 10.10 Uhr: Es ist zehn Uhr zehn. / 22.10 Uhr: Es ist zweiundzwanzig Uhr zehn. / 2.55 Uhr: Es ist zwei Uhr fünfundfünfzig. / 14.55 Uhr: Es ist vierzehn Uhr fünfundfünfzig. *oder* Es ist fünf vor drei. / 5.15 Uhr: Es ist fünf Uhr fünfzehn. / 17.15 Uhr: Es ist siebzehn Uhr fünfzehn. *oder* Es ist Viertel nach fünf. / 9.45 Uhr: Es ist neun Uhr fünfundvierzig. / 21.45 Uhr: Es ist einundzwanzig Uhr fünfundvierzig. *oder* Es ist Viertel vor zehn. / 11.03 Uhr: Es ist elf Uhr drei. / 23.03 Uhr: Es ist dreiundzwanzig Uhr drei. *oder Es ist kurz nach* elf. / 4.27 Uhr: Es ist vier Uhr siebenundzwanzig. / 16.27 Uhr: Es ist sechzehn Uhr siebenundzwanzig. *oder* Es ist kurz vor halb fünf.

B4 20.00 Uhr, 19.30 Uhr, 20.00 Uhr, 20.30 Uhr, 19.30 Uhr, 22.45 Uhr, 20.30 Uhr

C1 2 A 3 C 4 B 5 D 6 F

C2 1 F 2 B 3 A 4 C 5 E 6 D 7 B 8 D 9 A 10 F 11 C 12 F 13 B 14 E 15 F 16 E

C3 Verben, Modalverb, Verb im Infinitiv

C4 sollen, sprechen, essen, arbeiten, wollen, können, helfen, müssen, lesen, geben

D1 2 E offiziell 3 B offiziell 4 D informell 5 A informell

D2 2a 3c 4c 5c 6b

D3 1 sieben Uhr dreißig 2 Viertel nach zwei 3 elf Uhr sechzehn 4 Viertel vor sechs 5 fünfzehn Uhr zweiundvierzig

E1 Ein Monat *hat 4* Wochen. Eine Woche *hat 7* Tage. Ein Tag *hat 24* Stunden. Eine Stunde *hat 60* Minuten. Eine Minute *hat 60* Sekunden.

E2 Der zweite Juli ist ein Mittwoch. Der dritte September ist ein Mittwoch. Der vierte April ist ein Freitag. Der siebte August ist ein Donnerstag. Der zehnte Oktober ist ein Freitag. Der elfte Februar ist ein Dienstag. Der zwölfte Januar ist ein Sonntag. Der siebzehnte März ist ein Montag. Der dreiundzwanzigste November ist ein Sonntag. Der neunundzwanzigste Juni ist ein Sonntag. Der sechzehnte Dezember ist ein Dienstag.
Di = Dienstag, Mi = Mittwoch, Do = Donnerstag, Fr = Freitag, Sa = Samstag, So = Sonntag

E3 Am vierzehnten Februar; Am achten März; Am ersten Mai; Am ersten Juni; Am ersten August; Am dritten Oktober; Am sechsundzwanzigsten Oktober; Am fünfundzwanzigsten und sechsundzwanzigsten Dezember; Am einunddreißigsten Dezember

E4 1 Unbequeme Nachrichten 2 Heute nicht 3 Praktische Grammatik

E5 können: kann, kannst, kann, können, könnt; müssen: muss, musst, muss, müsst; wollen: will, willst, will, wollen; sollen: soll; dürfen: darfst, darf; möchten: möchte
1 Vokalwechsel, muss, will, darf 2 Verb-Endung, möchten

E6 Willst / kann, muss / muss / kannst / muss, darf / wollen, kann (will), darf, muss / muss (soll)

F1 [ai] … ei und manchmal ai. [oy]… eu oder äu. [au] … au.

F4 Was heißt die „deutschsprachigen Länder"? Das weiß ich nicht genau. Ich glaube, das sind Deutschland, Österreich und die Schweiz.
Schau mal, die Einbauküche! Was meinst du? Schau mal, der Preis! Die ist einfach zu teuer.

G1 *etwas später:* zum Kino, zum Arzt, zum Rendezvous, zum Fußballspiel; *pünktlich:* zum Theater, zur Arbeit, zum Unterricht, zum Essen, zum Zug, in die Oper; *egal:* in die Disko, zur Party
(auch andere Lösungen möglich)

G2 Radio und Fernsehen: 25–30; eine Einladung zum Essen: 20–24; Oper und Theater: 19–20; eine Einladung zur Party: 5–9; Kino: 10–18

G3 Zur Party geht man eine Stunde später; ins Kino kann man eine halbe Stunde später gehen; in der Oper und zum Theater muss man pünktlich sein; zum privaten Essen darf man nicht eine Dreiviertelstunde später kommen.

I *Modalverben:* S. Arbeitsbuch S. 77

Lektion 6

A1 1 c (W) → L. 1, A 2 a (G) → L. 1, B 3 c (W) → L. 1, C
4 a (W) → L. 1, H 5 c (G) → L. 1, C 6 b (G) → L. 1, C
7 b (W) → L. 2, A 8 b (W) → L. 2, A 9 b (W) → L. 2, B
10 a (G) → L. 2, F 11 c (G) → L. 2, B 12 a (W) → L. 2, A
13 b (G) → L. 3, D 14 c (G) → L. 3, B
15 a (W) → L. 3, B 16 a (G) → L. 3, C
17 c (W) → L. 3, D 18 b (W) → L. 3, B
19 a (W) → L. 4, C/F 20 a (G) → L. 4, A/B
21 c (W) → L. 4, C 22 c (W) → L. 4, E
23 b (G) → L. 4, G 24 b (G) → L. 4, A
25 b (W) → L. 5, B 26 b (W) → L. 5, B
27 a (G) → L. 5, B 28 a (G) → L. 5, D
29 b (W) → L. 5, D 30 c (G) → L. 5, D

B2 Gruppe A: Pass, Preise, Kinder, Antwort, Autos, Ausweis, Konto, Frankreich, Teppiche
Gruppe B: Italienisch, Portugiesisch, Spanisch, Französisch, Griechisch, Chinesisch, Englisch, Russisch, Koreanisch
Gruppe C: acht, vierundvierzig, dreißig, achtzig, dreizehn, sechzehn, einundzwanzig, zwölf, achtzehn
Gruppe D: ADAC, ZDF, VHS, USA, BRD, BMW, ICE, RTL, ARD
Gruppe E: Hausaufgabe, Vokabelkarte, Himbeereis, Hammelfleisch, Schinkenbrot, Apfelsaft, Butterkäse, Gemüsesuppe, Wörterbuch

C3 die Kamera, in Südlamerika, am Samstag, am |Anfang, das passende, Wochen|ende, immer | interessant, im | Erdgeschoss, bitte sortieren, bitte | ordnen, hier | oben, da | unten, heute nur, neun | Uhr, Sie können, ge | öffnet, ich | übe, ich bin müde, ein | Urlaub, im | August, ein | Erdbeerleis, Basmatireis, auf Deutsch, in | Europa

C4 in | Österreich, mein Freund | in Sofia, meine Freundin Sofia, einen Termin ver | einbaren, um | acht | Uhr, oder | erst | um elf?, im | ersten Stock, jetzt | ist | es | eins, ein | Einbauregal, das | ist mir | egal, nicht vergessen, etwas | essen, ich spreche | Arabisch

C5 Am Wochenende ist das Ordnungsamt nicht geöffnet. Ein Urlaub in Österreich ist immer interessant. Er wohnt oben im ersten Stock und sie wohnt unten im Erdgeschoss. Ich hätte gern ein Erdbeereis und einen Eiskaffee.

Lektion 7

A1 A – H, B – G, C – F, D – E

A2 *Großeltern:* Großmutter, ¨; Großvater, ¨; *Eltern:* Mutter, ¨; Vater, ¨; *Geschwister:* Schwester, -n; Bruder, ¨; *Kinder:* Tochter, ¨; Sohn, ¨e; *Enkelkinder:* Enkeltöchter, ¨; Enkelsohn, ¨e; *andere:* Tante, -n; Onkel, -; Schwägerin, -nen; Schwager, ¨; Nichte, -n; Neffe, -n

A3 1 Sie ist meine Schwägerin 2 Sie ist meine Tante.
3 Das sind mein Bruder und meine Schwester
4 Das ist mein Neffe. 5 Das sind meine Tochter und mein Sohn. 6 Das ist meine Enkeltochter / Enkelin.
8 Das sind meine Schwiegereltern. 9 Er ist mein Enkelsohn / Enkel. 10 Er ist mein Onkel.

A4 1 4 Jungen und 3 Mädchen 2 große Schwester = 20 Jahre, mittlerer Bruder = 10 Jahre, kleiner Bruder = 5 Jahre
3 2 Schwestern und 2 Brüder

B2 1 richtig 2 falsch 3 richtig 4 falsch 5 richtig
6 richtig 7 falsch

B3 2 Absender 5 Anrede 1 Datum 8 Unterschrift
3 Empfänger 7 Gruß 6 Text 4 Betreff

B4 *Name*: Virginie Dubost *Alter*: 17 Jahre, im Dezember wird
sie 18. *Wohnort*: Montpellier. *Zukunftspläne*: Sprachen
studieren, Dolmetscherin werden. *Familie*: Sie versteht sich
sehr gut mit ihren Eltern. Ihr Bruder ist Lehrer von Beruf,
ist 25 Jahre, wohnt allein, wird bald heiraten. *Hobbys*:
andere Länder und Sprachen kennen lernen, Tennis spielen,
Reiten. *Lieblingsfächer*: Englisch, Deutsch und Musik.
Andere Informationen: Sie macht bald ihren Führerschein.
Sie hat ein großes Ferienhaus. Tanzen ist für sie sehr
wichtig. Sie hat einen Hund. Er heißt Jacques.
ich – du – sie – er – es/man wir – ihr – sie – Sie

B5 *vgl. Grammatik*; 2 *f, n* und *Plural* 3 *m* und *n*

C3 2 Wir holen Ihre Wäsche freitags ab. 3 und bringen
sie Ihnen montags fix und fertig zurück.
4 – das Wochenende gehört Ihnen. 5 Natürlich können
wir Ihre Wäsche auch an jedem anderen Tag abholen.
6 Unsere Köche und Köchinnen bereiten täglich köstliche
Mittagessen zu. 7 Mit unserem Party-Service gelingt
jede Feier. 8 Wir stellen Ihnen ein komplettes Buffet
zusammen. 9 Rufen Sie uns an.
1 Verben; anrufen, abholen, zubereiten, aussehen...;
Verb; trennbare Vorsilbe 2 Position 2; Ende.
3 verstehen, besprechen, bestehen.

C4 *normale Verben*: kochen, waschen, geben, bügeln, raten,
kaufen; *trennbare Verben*: zubereiten, einkaufen, anbieten,
aufhängen, aufstehen, aufräumen; *nicht-trennbare Verben*:
ergänzen, gelingen, verbrauchen, verstehen, besuchen,
besorgen

C5 *trennbar*: 1, 2, 7, 10, 11, 16;
nicht-trennbar: 3, 4, 5, 6, 8, 9, 12, 13, 14, 15

C6 *vgl. Hörtexte im Kassetten-/CD-Einleger*

D3 [p] Rap, halb, paar, liebt, Schreibtisch Urlaub [b] Bier,
November, abends [t] Tasse, unterwegs, Lied, Liter,
Südamerika [d] Dose, modern, Lieder [k] Kästen, Tag,
fragt, schick, Stücke [g] Gäste, beginnt, Frage
„b" = [p]: halb, Schreibtisch.; „d" = [t]: Lied, Südamerika;
„g" = [k]: Tag, fragt; „ck" = [k]: Schick, Stücke

D4 [p] habt ihr Zeit?, ab und zu, Obst und Gemüse, es gibt,
sieben Tage Urlaub, am liebsten [t] tut mir Leid, bald
geht's los, nach Deutschland [k] Guten Tag., Sonntag zum
Mittagessen, besorgst du die Getränke?, wohin fliegt ihr?

E1 *siehe Ausdrücke mit Präpositionen in E2*

E2 *Wo?* am Flügel, auf seinem Teppich, auf dem Klavier, auf
dem Teller, hinter dem Klavier, im Flur, im Gang in der
Reihe, in einer dunklen Ecke, neben dem Regal, neben dem
Klavier, über dem Sessel, zwischen der Vase und der
Lampe *Wohin?* an den Flügel, ans Konservatorium, auf den
Boden, auf den Notenständer, auf meinen Rücken, in den
fünften Stock, in die Wohnung, in den Sessel, ins Heft, in
meine Tasche, neben den Sessel, neben die Vase, unter den
Stuhl, vor das Regal, zwischen die Noten
1 an, auf, hinter, in, neben, über, unter, vor, zwischen;
Dativ, Akkusativ 2 feminin: der, einer, keiner, maskulin
und neutrum: dem, einem, keinem, Plural: den, -, meinen
3 im Dativ Plural

E3 *keine Bewegung*: sitzen, stehen, sein; *Bewegung von A nach
B*: sehen, laufen, (sich) legen, kommen, (sich) setzen,
stellen

F1 1 schreiben an + AKK / erzählen von + DAT / berichten
über + AKK / bitten um + AKK 2 schreiben an + AKK /
schreiben über + AKK / erzählen über + AKK / berichten

von + DAT / einladen zu + DAT / bitten um + AKK
3 erzählen von + DAT / denken an + Akk. / sprechen mit
+ DAT + über + AKK 4 jdm gratulieren zu + DAT /
einladen zu + DAT / sprechen über + AKK / diskutieren
mit + DAT + über + AKK

F2 *an + Akk*: schreiben an International Penfriends; denken an
den Nachmittag; *mit + Dat*: sprechen mit den Kindern,
diskutieren mit; *über + Akk*: berichten über die Hobbys,
erzählen über die Zukunftspläne, sprechen über Geburtstage; diskutieren über Familienfeste; *von + Dat*: berichten
von den Ferien, erzählen von der Familie; *zu + Dat*:
einladen zum Kaffeetrinken, gratulieren zum Geburtstag;
um + Akk: bitten um weitere Informationen

G2 1d 2a 3a, b 4a, b, c 5a, b, c 6a 7d

Lektion 8

A1 mit einem Lebenspartner zusammen / allein / In einer
Wohngemeinschaft / im Wohnheim

A2 3 man lernt einen Beruf (meistens drei Jahre) 4 allein
leben können, niemand fragen müssen 5 was man im
Monat für eine Wohnung bezahlen muss 6 „Ja!" –
„Nein!" – „Ja!" – „Nein!"... 7 die Unordnung, das
Durcheinander 8 morgen, nächstes Jahr, in fünf Jahren …
9 ohne Arbeit 10 eine andere Möglichkeit 11 die Zeit an
der Universität 12 sie oder er macht eine Lehre
Wortakzent: vgl. Hörtexte im Kassetten-/CD-Einleger

A4 1 Nebensätze; „Weil"-Sätze; „obwohl"-Sätze; Komma
2 Verb; Verb im Infinitiv; Modalverb 3 „weil" oder
„obwohl"

A5 *Sätze 1-10: vgl. Hörtexte im Kassetten-/CD-Einleger*
11 Julia spricht perfekt …, weil sie in … geboren ist.
12 Susanne trinkt abends oft …, weil sie dann gut schlafen
kann. / Susanna trinkt abends nie …, weil sie dann nicht
gut schlafen kann. / Susanna trinkt abends oft …, obwohl
sie dann nicht gut schlafen kann. / Susanna trinkt abends
nie …, obwohl sie dann gut schlafen kann.
Satzmelodie: Hauptsatz →, Nebensatz ↘

B1 *von links nach rechts*: B, A, D, C *von oben nach unten*:
B1, C2, D3, B4

B2 A musste, war B hatten, waren, sollte, musste, durfte,
musste, hatte, wurden, war C wollte, konnte, waren,
sollte, musste, wurde, war D war, musste, durfte, musste,
hatte, wollte

B3 1B, 2A, 3D, 4C

B4 1 plötzlich schick war; damals auch Raucher war. 2 den
Mülleimer ausleeren und ihr dreckiges Geschirr sofort
spülen.; weggehen 3 nur zusammen weggehen.; wieder
zu Hause sein. 4 und Rock-Star werden.; sonst überhaupt
keine Chance hat, einen Ausbildungsplatz zu finden.

B5 *vgl. Grammatik*; 1 *t* 2 *Sie/er/es, sie/Sie* 3 *o, u Regel
Nummer 1*

B6 letztes Jahr. früher. seit zwei Wochen. vor zwei Jahren.
damals. in den 70er-Jahren. gestern.

C1 1 Du solltest doch schon um sechs Uhr zu Hause sein.
2 Wir mussten zu Hause bleiben, weil unser Babysitter
nicht kommen konnte. 3 Konntest du nicht anrufen.
4 Tut mir Leid, aber es ist noch nicht fertig. 5 Ich musste
Peter noch bei den Hausaufgaben helfen. 6 Eigentlich
schon, aber wir konnten keine Tickets mehr bekommen.
7 Eigentlich schon, aber der Meister war die ganze Woche
krank. 8 Ich möchte mein Auto abholen. 9 Wo wart ihr

denn gestern Abend. **10** Aber es sollte doch heute fertig sein. **11** Wolltet ihr nicht heute nach Berlin fliegen? **12** Schade, die Party war wirklich gut.

C2 *vgl. Hörtexte im Kassetten-/CD-Einleger*

C3 *vgl. Hörtexte im Kassetten-/CD-Einleger*

D1 1e 2f 3b 4c 5d 6a

D2 Doch, Eigentlich schon, Ja , Eigentlich schon

E2 Ba<u>n</u>k, de<u>n</u>ken, E<u>ng</u>land, E<u>n</u>kel, entla<u>ng</u>, Fra<u>n</u>ken, Frühli<u>ng</u>, Ga<u>ng</u>, Gesche<u>n</u>k, Hu<u>ng</u>er, I<u>ng</u>e, ju<u>ng</u>, kli<u>ng</u>eln, kra<u>n</u>k, la<u>ng</u>sam, li<u>n</u>ks, O<u>n</u>kel, Pu<u>n</u>kt, sche<u>n</u>ken, Schwa<u>ng</u>er, si<u>ng</u>en, tri<u>n</u>ken, Werbu<u>ng</u>, Zeitu<u>ng</u>

F2 Sina 1,2,4 Kirsten 5 Falko 4,6 Tobias 7 Sandra 1,2 Yasmin 3,1,7

Lektion 9

A1 in Frankreich Urlaub machen, eine Kreuzfahrt in der Karibik machen, am Plattensee in Ungarn Urlaub machen, eine Wanderung im Harz machen, an den Gardasee fahren, in die Berge fahren, am Meer Urlaub machen, Camping in Italien machen, einen Deutschkurs in Zürich machen, eine Städtereise nach Berlin machen, nach Paris fahren, eine Weltreise machen, auf Mallorca fahren, mit der Transsib von Moskau nach Peking fahren, eine Radtour von Heidelberg nach Stuttgart machen, eine Bus-Rundreise durch Österreich machen, mit dem Auto nach Tschechien fahren.

A3 am Strand in der Sonne liegen, Land und Leute kennen lernen, Sehenswürdigkeiten besichtigen, Ausflüge machen, Sport treiben, einfach mal nichts tun, einen Tenniskurs machen, im Haushalt arbeiten, Zeit für Familie und Hobbys haben, Geld ausgeben

B1 Frankfurt, Bangkok, Tokio, Honolulu (Hawaii), San Francisco, Las Vegas, Grand Canyon

B2 9, 5, 11, 12, 10, 3, 1, 6, 8, 2

B3 **1** Wir haben meistens am Strand in der Sonne gelegen. **2** Manchmal haben wir Tischtennis und Volleyball gespielt. **3** Wir wollten auch viele Ausflüge machen. **4** Aber unser Auto ist kaputtgegangen. **5** Wir haben einmal einen Tagesausflug mit dem Bus nach Florenz gemacht. **6** Dort haben wir eine Stadtrundfahrt gemacht. **7** Wir haben viele Sehenswürdigkeiten besichtigt. **8** Dann haben wir einen Stadtbummel gemacht. **9** Wir haben Souvenirs gekauft. **10** Dort haben wir gut gegessen und viel Wein getrunken. **11** Um Mitternacht sind wir dann zum Campingplatz zurückgefahren. **12** Der war aber schon geschlossen. **13** Wir hatten keinen Schlüssel. **14** und mussten im Freien schlafen. **15** Wir haben am nächsten Tag unseren Nachbarn von unserem Ausflug erzählt. Im Perfekt spricht man über *gestern oder letztes Jahr.* „Haben" oder „sein" stehen auf *Position 2,* das Partizip Perfekt steht *am Ende.* ... benutzt man nicht das *Perfekt,* sondern das *Präteritum.*

B5 *vgl. Hörtexte im Kassetten-/CD-Einleger*

B6 *vgl. Hörtexte im Kassetten-/CD-Einleger*

B7 **1** fliegen, fallen, gehen, kommen, umsteigen, umziehen. **2** losgehen, aufwachen, aufstehen, einschlafen, erscheinen

B8 haben gewartet, sind abgeflogen, haben verpasst, sind angekommen, haben gearbeitet, sind zurückgeflogen, haben gemacht, sind gefallen, habe geschlafen, bin ausgezogen, habe gefunden, bin umgezogen, bin gefahren, habe gesessen, bin gegangen.

C1 **3** die **10** das **2** das **4** der **9** die **7** der **8** die **1** der **5** die **11** die **6** der

C2 **1** das Reisegepäck **2** die Europareise **3** der Reisepreis **4** der Reiseleiter/die Reiseleiterin **5** die Weltreise **6** die Reisegepäckversicherung **7** die Reisepläne.

C3 1a 2b 3a 4b

D1 *vgl. Karten im Umschlag*

D2 *Waagerecht:* **7** Welcher Berg **9** Welche Stadt **10** Welche Stadt **12** Welcher See **16** Welches Bundesland **17** Welche Stadt **18** Welcher Wirtschaftszweig/Welche Industrie *Senkrecht:* **1** Welches Bundesland **2** Welche Stadt **3** Welches Bundesland **4** Welches Bundesland **5** Welche Stadt **6** Welcher Berg **8** Welcher See **11** Welche Stadt **13** Welche Stadt **14** Welche Stadt **15** Welche Stadt.

E1 Ich muss ... sprechen. ... aber sie kann ... sprechen. ... Gestern in der Italienischstunde war ich die Lehrerin: Die anderen Schülerinnen haben gefragt, und ich habe ... erzählt ... Nachmittags machen Franziska und ich zusammen Hausaufgaben .. Ein Mädchen, Mela, hat mich für ... eingeladen. Gestern hat Franziska mit mir ... gemacht und mir ... gezeigt. Dann sind wir in das berühmte ... gegangen. Am Samstag haben wir ... besucht und haben ... gemacht. Am Sonntag waren wir ... und sind ... gefahren. ... Nächste Woche wollen wir ... besuchen. ... bitte schreib mir mal!

E2 1b 2b 3a 4a

E3 **1** hat gewartet **2** war, angerufen. **3** sind gefahren, war **4** war, hat gemacht **5** fahren **6** gehen **7** ist, hat **8** hat korrigiert, gefunden.

E4 *vgl. Hörtexte im Kassetten-/CD-Einleger*

F2 [s]: ist, außerdem, alles, Preis, Disko, Glas, Tasse, etwas, dreißig, Pässe, heißen, Bus, bis, Schluss. [z]: Sonntag, sehr, günstig, super, Musik, Saft, Suppe, Käse, sofort. „ß" = [s]: außerdem; „s" am Wortanfang = [z]: Suppe, Saft; „s" am Wortende = [s]: Bus, bis; „s" im Wort = am Silberanfang [z]: günstig / am Silbenende = [s]: Glas.

F3 [z] also, sicher, sechs, Sachen, besuchen, sehen, Süden, Osten, Kurse, Gläser, Samstag, selten, sehen, leise, lesen, Sonne, Reise, süß, Pause, Sofa

F4 [ʃ] **Sch**ule, Men**sch**, Fla**sch**e, zwi**sch**en, **sch**enken, fal**sch**, **Sp**ort, **sp**ät, **sp**ielen, **sp**annend, **sp**rechen, **Sp**anisch, Bei**sp**iel, Ge**sp**räch, Ver**sp**ätung, **St**reit, **St**unde, **st**ill, **St**ock, **st**ark, **St**ück, ver**st**ehen, be**st**immt, an**st**rengend, **Sp**rech**st**unde, Herbst**sp**aziergang, Ga**st**spiel „sch" = [ʃ]; „sp" am Wort- oder Silberanfang = [ʃt]:Gastspiel, bestimmt; „st" am Wort- oder Silberanfang = [ʃp]: Sprechstunde, anstrengend.

G2 *Kästchen von oben nach unten:* 5, 1, 4, 2, 3

G4 eine Reise gebucht, Bücher gekauft, Medikamente gekauft, die Koffer gepackt.

Lektion 10

A2 **1** Busen **2** Hand **3** Bein **4** Bauch **5** Auge **6** Rücken **7** Mund **8** Knie **9** Arm **10** Fuß **11** Nase **12** Kopf **13** Ohr

A4 b, c, e. *normale Krankheiten* : Husten, Schnupfen, Grippe, Kopfschmerzen, Erkältung *schwere Krankheiten*: Tuberkulose, Lungenkrebs, Magengeschwür, Herzinfarkt.

A5 **1** müde sein/werden **2** krank sein/werden **3** gesund sein/werden **4** Kopfschmerzen haben **5** Tabletten (ein)nehmen **6** Bauchschmerzen haben **7** Rückenschmerzen haben **8** Tropfen (ein)nehmen **9** Medikamente (ein)nehmen **10** zu dick sein/werden **11** hohen Blutdruck haben **12** eine Erkältung haben **13** Übergewicht haben.

A8 *vgl. Hörtexte im Kassetten-/CD-Einleger*

B5 **2** Wieso können Diäten dick machen? **3** Was sagen Sie als Wissenschaftler zu den neuen Light-Produkten? **4** Welche Tipps können Sie den Leuten, die abnehmen wollen, noch geben? **5** Herr Dr. Kundel, wir danken Ihnen für das Gespräch.

B6 schlimm, schlimmer, am schlimmsten, schlimmste; viel, mehr, am meisten, meiste; wenig, weniger, am wenigsten, wenigste; dick, dicker, am dicksten, dickste; gut, besser, am besten, beste; wichtig, wichtiger, am wichtiger, wichtigste; lang, länger, am längsten, längste; schön, schöner, am schönsten, schönste; gesund, gesünder, am gesündesten, gesündeste; schlank, schlanker, am schlanksten, schlankste; teuer, teurer, am teuersten, teuerste; sparsam, sparsamer, am sparsamsten, sparsamste; niedrig, niedriger, am niedrigsten, niedrigste; langsam, langsamer, am langsamsten, langsamste; schnell, schneller, am schnellsten, schnellste
Komparativ, Komparativ + „als" **1** am + Adjektiv + Endung „-(e)sten" (ohne Nomen) **2** die/der/das + Adjektiv + Endung „(e)ste" (mit Nomen).

B8 **1** teuerste **2** größte **3** größte **4** wertvollste **5** bekannteste **6** meisten **7** jüngste **8** erfolgreichste

C1 **1** Jockey **2** Ärztin **3** Model **4** Gewichtheber

C3 *vgl. Hörtexte im Kassetten-/CD-Einleger*

C4 **1** „weil"- und „obwohl"- Sätze. **2** am Ende. **3** das Subjekt. **4** Nebensatz

C5 *vgl. Hörtexte im Kassetten-/CD-Einleger*

D1 **4** krank – die Krankheit **5** ähnlich – die Ähnlichkeit **6** gesund – die Gesundheit **7** schwierig – die Schwierigkeit **8** pünktlich – die Pünktlichkeit.
-keit, groß

D2 **1** die Betonung **2** die Bezahlung **3** die Lieferung **4** die Lösung **5** die Übung **6** die Wohnung

D3 **1** Freundlichkeit **2** Pünktlichkeit **3** Ähnlichkeit **4** Gesundheit **5** Schönheit **6** Krankheit **7** Wohnung **8** Schwierigkeiten **9** Betonung **10** Die Lieferung, Bestellung, Bezahlung **11** Lösungen, Übungen

E2 [x]: machen, lachen, Koch, Woche, suchen, Kuchen, Bauch, brauchen [ç]: Licht, richtig, König, sprechen, Würstchen, Gespräch, Griechenland, möchten, Küche, Bäuche, gleich, euch, Brötchen, manchmal, Milch, durch. **1** [ç] **2** a,o,u; au; [x] **3** [ç] **4** [ç]

E3 *vgl. Hörtexte im Kassetten-/CD-Einleger*

F *Bilder von links nach rechts unten:* 5, 2, 1, 3, 4

G1 4, 3, 7, 2, 5, 1, 6

G2 **A** Die Mimose **B** Der Salzer **C** Der Wie-immer-Mann **D** Die Ja-Aber-Frau **E** Der Sparsame

Lektion 11

A1 +: Liebe, Glaube, Fantasie, Hoffnung, Ruhe, Energie, Wärme, Treue, Aktivität. –: Neid, Revolution, Nervosität, Fernweh, Aberglaube, Angst, Gefahr, Trauer, Kälte
Wortakzent: *vgl. Hörtexte im Kassetten-/CD-Einleger*

A2 *Waagerecht:* **2** bunt **6** grau **7** dunkelbraun **8** violett **10** grün **11** weiß; *Senkrecht:* **1** rot **2** blau **3** schwarz **4** orange **5** gelb **9** türkis

B1 *Haare:* lockig, schwarz, blond, rot, grau, glatt, kraus. *Augen:* graugrün, braun, blau, schwarz, grün. *Haut/Teint:* hell, dunkel, blass, mit Sommersprossen.

B2 Farbtypen und Jahreszeiten. Farbtypen und Länder. Farben und Alter.

B3 Indien – Herbst-/Wintertypen, Japan – Herbst-/Wintertypen, Afrika – Herbst-/Wintertypen, Skandinavien – Frühlings-/Sommertypen
Kinder – Rot/Gelb, Jugendliche – Blau/Brauntöne/Schwarz, Erwachsene – immer wieder andere Farben, alte Menschen – Pastelltöne

B4 *vgl. Grammatik;* **1** Adjektive **2** maskulin: -r, neutrum: -s, Artikel **3** nach Artikeln **4** n und *Plural*

B6 **1** rotbrauner **2** grüngelbe **3** stillen **4** grelle **5** großes **6** linke **7** kleiner **8** roter **9** einsamer **10** grüner **11** hellen **12** hellroten **13** kleine **14** weiße **15** kristalle **16** gelber **17** zartes **18** rosafarbene **19** warme **20** orangefarbener **21** warmes **22** blauen **23** angenehme **24** friedlich **25** harmonisch **26** Klare **27** ruhige **28** einfache.

C1 *für sie:* Bluse, Pullover, Hose, T-Shirt, Blazer, Schuh, Socke, Kleid, Hut, Rock *für sie oder für ihn:* Pullover, Hose, T-Shirt, Schuh, Socke, Hut *für ihn:* Bluse, Pullover, Hose, T-Shirt, Krawatte, Anzug, Schuh, Socke, Hemd, Hut, Sakko.

C3 **1** zu einer Hochzeit **2** zu einer Geburtstagsparty

C4 **1**c **2**a **3**e **4**b **5**d

C5 **1** bestimmten **2** unbestimmten / ohne

C6 **1** in der Wohnung, neue Wohnung **2** in der Wohnung, indisches Gericht **3** Telefon, Termin **4** in der Kantine, Kollege **5** im Kleidergeschäft, Pullover

C7 **1**d **2**e **3**a **4**f **5**c **6**b

C8 Kleidung: (Größe) passen, (Farbe, Form) stehen; Personen/Gegenstände; gefallen, finden; Essen: schmecken *Dativ*

D1 3, 2, 1

D2 *Accessoires:* 1,2,3 *offizielle Treffen:* 3,1,2 *Optionen für den Alltag:* 3,1,2

D3 *vgl. Grammatik;* **1** Dativ **2** Artikeln **3** Plural

E1 verständlich, die Natur – natürlich, die Person – persönlich, die Jugend – jugendlich, die Energie – energisch, die Ungeduld – ungeduldig, der Übermut – übermütig; -ig, -lich, ä, ö, ü

E2 die Gefahr, die Lust, der Schmutz, der Unterschied, männlich, neidisch, pünktlich, saftig

E3 **1** saftig, blutig **2** Farben **3** männliche, neidisch **4** pünktlich, lustig **5** Schmutz, gefährlich

F2 [r] grün, hören, braun, rot, Problem, Haare, traurig [ɐ] Kleider, immer, Haar, Pullover, Firma, warten, fertig

F3 konsonantische (s. F2), vokalische (s. F2)

F5 [ɐ] Paar, Monitor, Tastatur, Formular, Tür, Fahrer, Mechaniker, Friseur, Schauspieler, studiert, fährst, spart, erklärst, schwer, schwerste, teuer, teurer, teuerste, klar, klarer, am klarsten

Lektion 12

A1 **1** a (G) → L. 7   **A 2** c (W) → L. 7   **B 3** c (W) → L. 7
B/F 4 c (W) → L. 7   **C 5** b (G) → L. 7   **E 6** b (G) → L. 7
E 7 a (G) → L. 8   **A 8** c (W) → L. 8   **B 9** b (G) → L. 8
B 10 a (W) → L. 8   **B 11** a (G) → L. 8   **A 12** a (W) → L. 8
C 13 b (W) → L. 9   **C 14** a (W) → L. 9   **B 15** b (G) → L. 9
B 16 a (G) → L. 9   **B 17** c (G) → L. 9   **D 18** c (G) → L. 9
E 19 a (W) → L. 10   **A 20** b (G) → L. 10   **A 21** c (G) → L. 10
B 22 b → L. 10   **B 23** c (G) → L. 10   **C 24** a (G) → L. 10
C/D 25 c (G) → L. 11   **A 26** a (W) → L. 11
B 27 a (G) → L. 11   **C 28** a (W) → L. 11
D 29 b (W) → L. 11   **C/E 30** c (G) → L. 11 **F**

B2 falsch, falsch, richtig, falsch, richtig, richtig, falsch

C3 [h]: Hals, Flughafen, Hallo, helfen, woher, heute, Anhang, heißen, hören, wohin, Husten; **kein [h]**: Fahrer, Jahr, Sohn, woher, Fehler, früher, gehen, Wohnung, Sahne, Flohmarkt, Ruhe, Nähe
Das „h" am Wort oder Silbenanfang *hört man.*
Das „h" am Wort- oder Silbenende *hört man nicht.*
Ein „h" nach Vokal macht den Vokal *lang.*

C4 haben Sie hier auch H̲üte?, h̲alb so alt wie H̲ans, h̲ast du h̲eute Zeit?, h̲eute bleibe ich zu H̲ause, h̲ilf mir doch mal, h̲ol dir H̲alstabletten, ich h̲abe H̲usten, ich h̲eiße Anna H̲ortmann, lass mich in Ruhe, nach H̲amburg oder H̲eidelberg, sehr h̲öflich und zurückh̲altend, sehr h̲übsche Schuhe, sind Sie H̲anna Ortmann?, stehen mir die Schuhe?, wie alt ist H̲anna?, wie findest du H̲errn H̲uber?, wie viel Uh̲r ist es?, woh̲in fahrt ihr?, wir führen nur H̲emden und H̲osen, h̲ilf dir selbst

Quellenverzeichnis

Umschlagfoto mit Alexander Aleksandrow, Manuela Dombeck, Anja Jaeger, Kay-Alexander Müller und Lilly Zhu:
Arts & Crafts, Dieter Reichler, München

Seite 2:   *Fotos: F:* Bavaria Hotelberufsfachschule, Altötting; *D:* Arts & Crafts, Dieter Reichler, München
Seite 11:   *Zeppelin:* Archiv der Luftschiffbau Zeppelin GmbH Friedrichshafen; *Kapitän:* Deutsche Lufthansa AG, Pressestelle, Köln; *alle anderen:* Flughafen Frankfurt Main AG (FAG-Foto R. Stroh / S. Rebscher)
Seite 19:   *Fotos: „Anja und Oliver Puhl":* Eduard von Jan, Frankfurt; *die beiden anderen:* MHV-Archiv (Klaus Breitfeld, Madrid)
Seite 21:   *Tangram am Computer:* Reza Bönzli, Reichertshausen
Seite 33:   *Fotos oben: Einbauküche:* IKEA Deutschland, Niederlassung Eching; *alle anderen:* Segmüller Promotion-Team, Friedberg; *unten: Schreibtisch, Einbauregal:* hülsta, D-48702 Stadtlohn; *Hochbett:* IKEA Deutschland, Niederlassung Eching; *Küchenschrank:* Poggenpohl Möbelwerke, Herford; *Kleiderschrank:* Segmüller Promotion-Team, Friedberg
Seite 53:   *Foto oben:* Arts & Crafts, Dieter Reichler, München
Seite 61:   American Express: Ogilvy & Mather, Werbeagentur, Frankfurt; Dannemann, Lübbecke; CMA Centrale Marketing-Gesellschaft, Bonn; Spiegel Online: Der Spiegel, Hamburg
Seite 69:   *Foto 1:* MHV-Archiv (Klaus Breitfeld, Madrid); *2:* Rosa-Maria Dallapiazza; *3:* Mateusz Joszko
Seite 74:   *Fotos A und D:* Arts & Crafts, Dieter Reichler, München
Seite 79:   *Foto:* Isolde Ohlbaum, München
Seite 83:   Visum-Fotoarchiv, Hamburg (plus 49/Jörg Brockstedt)
Seite 89:   *Fotos A+H:* Süddeutscher Verlag, Bilderdienst, München; *B+G:* Angelika Rückert, Ismaning; *C+F:* Ernst Kirchstein, Ismaning; *D+E:* Kurt Bangert, Wolnzach
Seite 99:   Wörterbuchauszüge aus: Hueber-Wörterbuch Deutsch als Fremdsprache, Ismaning 2003
Seite 129:   Wörterbuchauszüge aus: Langenscheidts Großwörterbuch Deutsch als Fremdsprache, München, 1998
Seite 108:   *Foto links Mitte, 2 x rechts oben/links unten:* Gerd Pfeiffer, München; *Haltestelle:* Jens Funke, München
Seite 111:   *Foto:* Gerd Pfeiffer, München
Seite 118:   *Fotos:* siehe Kursbuch Seite 104
Seite 133:   *Foto links:* Otto Versand, Hamburg; *rechts:* MHV-Archiv
Seite 137:   *Foto 1:* (André Durand), *2:* (dpa), *3:* (Markus Beck), *4:* (Jung) alle dpa Frankfurt/Main; *Text aus:* Stern 10/93, © Volker Pudel, Georg Westermeyer/STERN, Picture Press, Hamburg
Seite 139:   *Flugzeug:* DASA, München; *Auto:* Adam Opel AG, Rüsselsheim; *Ballon:* Pionier Travel, Stöttham; *Bahn:* Deutsche Bahn AG, Berlin; *alle anderen:* Prospektmaterial
Seite 140:   *Foto oben links/rechts:* (Mike Nelson)/Stringer) dpa Zentralbild, Berlin; *Modell:* Wöhrl Bekleidung, Nürnberg
Seite 141:   *Gedicht aus:* Gesammelte Werke von Erich Fried, Verlag Klaus Wagenbach, Berlin
Seite 143:   *Zeichnungen* von Katja Dalkowski aus: Sprechen Hören Sprechen, Verlag für Deutsch, Ismaning
Seite 145:   *Text aus:* Stern 51/94, Hans-Heinrich Ziemann/STERN, Picture Press, Hamburg
Seite 150:   *Bild:* Städtische Galerie im Lenbachhaus, München
Seite 154:   *Fotos:* Siegfried Kuttig, Lüneburg
Seite 155:   *Schaubild aus:* Stern 37/95, © STERN, Picture Press, Hamburg
Seite 159:   *Textauszug aus:* Stern 45/94, © Uwe Rasche/STERN, Picture Press, Hamburg

Art & Crafts, Dieter Reichler, München: Seiten 106, 108 (alle anderen), 115, 136, 140 (alle anderen), 144
Manfred Tiepmar, Rosa-Maria Dallapiazza, Eduard von Jan: Seiten 94, 134, 137,
Werner Bönzli, Reichertshausen: Seiten 98, 108 *(Inseratleserin, Zwiebeln, Kalender),* 114, 129.
Alle anderen Fotos: Werner Bönzli, Reichertshausen

Wir haben uns bemüht, alle Inhaber von Bild- und Textrechten ausfindig zu machen. Sollten Rechteinhaber hier nicht aufgeführt sein, so wäre der Verlag für entsprechende Hinweise dankbar.